clave

Robert T. Kiyosaki es un inversor multimillonario, emprendedor, educador, conferenciante y autor del best seller *Padre rico, padre pobre*, el libro de finanzas personales más vendido de todos los tiempos. Después de jubilarse, a los 47 años, fundó Cashflow Technologies y creó la compañía Rich Dad, que hoy en día ofrecen a millones de personas en el mundo consejos para ser independientes a nivel financiero. Robert ha escrito más de veinte libros que han vendido decenas de millones de ejemplares en todo el mundo.

ROBERT T. KIYOSAKI

Más importante que el dinero

Traducción de
Rodolfo Jacinto González

DEBOLS!LLO

Papel certificado por el Forest Stewardship Council®

Título original: *More Important than Money*

Primera edición: septiembre de 2022

Travessera de Gràcia, 47-49. 08021 Barcelona
This edition is published by arrangement with Rich Dad Operating Company, LLC.
Esta edición se ha publicado por acuerdo con Rich Dad Operating Company, LLC.

La cubierta es una adaptación de la edición original.

Printed in Spain – Impreso en España

ISBN: 978-84-663-5809-5
Depósito legal: B-11.873-2022

Impreso en Black Print CPI Ibérica
Sant Andreu de la Barca (Barcelona)

P 3 5 8 0 9 5

En este libro aprenderás por qué ir a la escuela nos
roba el emprendedor natural que llevamos dentro.

Y lo más importante, en este libro aprenderás
cómo recuperar su espíritu emprendedor.

Todos somos emprendedores.
Todos podemos construir un puesto de limonada.

Este libro trata sobre las diferencias entre
los emprendedores que construyen puestos de limonada
y los emprendedores que construyen
negocios globales como Apple y Facebook.

No puedes conectar los puntos viendo hacia adelante;
sólo puedes conectarlos viendo hacia atrás.

Por eso tienes que confiar en que los puntos
se conectarán de alguna manera en tu futuro.
Tienes que confiar en algo, tu instinto,
destino, vida, karma, lo que sea.

Este enfoque nunca me ha decepcionado
y ha hecho toda la diferencia en mi vida.

Steve Jobs

Al espíritu emprendedor en todos nosotros.

Índice

PARTE TRES: Cómo dominar el Triángulo D-I

Prefacio
Robert Kiyosaki

Muchas personas tienen ideas millonarias. Creen que su nuevo producto o servicio las hará ricas y que todos sus sueños se harán realidad. El problema es que pocas personas saben cómo convertir su idea millonaria en millones de dólares.

P: ¿Por qué las personas no pueden convertir sus ideas en millones de dólares?

R: Porque casi todas las personas fueron a la escuela para aprender a ser empleados, no emprendedores.

Por eso a casi todos se les dice: "Ve a la escuela y consigue un trabajo". Nunca escuchas: "Ve a la escuela y aprende a crear trabajos", justo lo que hacen los emprendedores exitosos.

La mayoría de las personas va a la escuela para aprender a *trabajar por dinero*, un sueldo constante. Pocas personas *aprenden a crear dinero* para que nunca necesiten un sueldo constante. Si leíste *Padre Rico, Padre Pobre*, quizá recuerdes que la lección 1 de padre rico es: "Los ricos no trabajan por dinero". Los emprendedores entienden bien esa lección y encuentran formas de hacer que su dinero trabaje para ellos. Construyen activos que les dan tanto flujo de efectivo como capital.

David, Goliat y Pee Wee

Hay tres tipos distintos de emprendedores en el mundo: los Davids, los Goliats y los Pee Wee Hermans.

Los Goliats son emprendedores como Steve Jobs, fundador de Apple Inc., una de las empresas más ricas en América. Otros Goliats son Larry Ellison, fundador de Oracle; Henry Ford, fundador de Ford Motor Company; Bill Gates, fundador de Microsoft; Thomas Edison, fundador de General Electric; Richard Branson, fundador de Virgin; y Walt Disney, fundador de Walt Disney Company.

Un punto importante a tener en cuenta es que todos estos Goliats empezaron como Pee Wee Hermans.

Otro punto importante es que todos en algún momento fueron Davids —Davids que se enfrentaron a Goliats en una batalla por la cima—. La película *Piratas de Silicon Valley* trata sobre los jóvenes Bill Gates y Steve Jobs enfrentándose a Goliats, IBM y Xerox. La película explica cómo Bill Gates se "robó" el negocio de PCs del gigante de computadoras centrales IBM y Steve Jobs le "robó" a Xerox lo que se convertiría en el mouse y la Macintosh. *Piratas de Silicon Valley* es una película que los Pee Wees y Davids deben ver, pequeños hombres con el valor para enfrentarse a gigantes... y posiblemente convertirse en Goliats algún día.

La historia de Richard Branson tiene un tema similar. Branson, un emprendedor del rock and roll, se convirtió en David cuando tuvo la audacia de enfrentarse con su nueva compañía Virgin Airways al gigante de las aerolíneas mundiales, British Airways. Hoy los negocios Virgin son "matagigantes" que van tras gigantes corporativos gordos, flojos, hinchados y costosos. Por ejemplo, cuando Richard vio la "grasa" (conocida como *márgenes*) en el negocio de la telefonía celular creó Virgin Mobile. Hoy Virgin Mobile es la marca destacada en tiendas Walmart de toda América y se encuentra entre los principales operadores de telefonía móvil.

No todos los Davids matan a Goliats. Algunos Pee Wees se convierten en Goliats inventando productos que cambian el mundo. Por ejemplo, Thomas Edison pasó de Pee Wee a David y luego a

Goliat cuando inventó la bombilla eléctrica, un invento que llevó a la creación de General Electric.

Mark Zuckerberg empezó como Pee Wee en su dormitorio de Harvard, trabajando en Facebook. Se convirtió en David cuando expandió Facebook de Harvard a otros campus universitarios y se convirtió en Goliat cuando llevó Facebook a todo el mundo.

Elon Musk pasó de Pee Wee a David y después a Goliat cuando su compañía SpaceX se enfrentó a la NASA.

Elon después se enfrentó a gigantes automovilísticos como General Motors con su compañía Tesla, haciendo autos eléctricos deportivos y sexys.

Pee Wee cambia el mundo

No necesitas ser un David o Goliat para cambiar el mundo. Los Pee Wees pueden cambiar el mundo siendo aletas de compensación. En mi libro *Segunda oportunidad*, publicado en 2015, escribí sobre el doctor R. Buckminster Fuller y cómo cambió mi vida. De no ser por el doctor Fuller, o "Bucky" como le decían, no existiría The Rich Dad Company. Probablemente seguiría en el negocio del rock rí roll como Richard Branson y jamás me hubiera convertido en un maestro o emprendedor educativo.

Tuve la buena fortuna de estudiar con el doctor Fuller tres veces en los veranos de 1981, 1982 y 1983. El doctor Fuller falleció pocas semanas después de la clase que tuve con él en 1983. Su partida me inspiró a dejar el negocio del rock and roll y convertirme en aleta de compensación, un Pee Wee en el negocio de la educación. The Rich Dad Company produjo un video titulado *El hombre que podía ver el futuro*, un minidocumental sobre la crisis financiera sin costo para cualquiera interesado en aprender cómo ver el futuro y cómo resolver la crisis financiera por medio de la educación financiera. Para ver este documental visita: RichDad.com/RDTV.

Actualmente The Rich Dad Company se enfrenta a la vieja, anticuada, extravagante y extremadamente cara industria educativa. Nuestro trabajo no es matar a Goliat. Nuestro trabajo es ser aleta de compensación en el ss Titanic, también conocido como el sistema educativo.

P: ¿Qué es una aleta de compensación?

R: Una aleta de compensación es una superficie diminuta en el borde de salida de una superficie de control más grande de un barco o avión. Una aleta de compensación es como el timón de un barco, es como los barcos se estabilizan para mantener su curso sin que el operador deba aplicar fuerza constante para controlarlos.

Fuller solía preguntarse: "¿Qué puedo hacer? Sólo soy un pequeño hombre…" Fue entonces cuando decidió convertirse en una aleta de compensación. En lugar de convertirse en un republicano o demócrata para competir por un puesto político —esperando convertirse en el capitán de la nave— se convirtió en la aleta de compensación en la parte trasera del barco. Una fuerza pequeña pero fuerte pudo influir en la dirección y producir un cambio. En 1927 se convirtió en un Pee Wee, un tipo pequeño que cambió el mundo. En el video *El hombre que podía ver el futuro* podrás ver algunos de los logros en la vida de Fuller, logros tales como la cúpula geodésica en la Expo 67, la Feria Mundial de 1967 en Montreal, Canadá. Verás cómo influyó en mí para convertirme en un Pee Wee, una aleta de compensación en la educación.

The Rich Dad Company se enfrenta al sistema escolar como un "pequeño hombre"… como una aleta de compensación que puede cambiar el mundo. Eso es lo que hacen los emprendedores. Hoy en día, el juego Cashflow se usa en todo el mundo como una herramienta educativa que no utiliza al sistema escolar.

Este libro está escrito para cualquiera al que le interese convertirse en emprendedor y cambiar el mundo siendo líder empresarial rico e inteligente. Ya sea que te enfrentes a los grandes o conquistes territorio no explorado, el éxito como emprendedor no es un camino sencillo.

Se requiere fuerza, compromiso y disciplina además de visión y confianza para rodearte de un equipo de asesores inteligente, experimentado y confiable.

Creo que descubrirás, igual que yo, que tu equipo puede estar entre tus activos más grandes. Pueden ser la diferencia entre sólo tener una idea millonaria o convertirla en un negocio multimillonario.

Parte uno

¿Quién está en tu equipo?

Los negocios y las inversiones son deportes de equipo.

Padre Rico

Introducción
Robert Kiyosaki

Hace algunos meses hablaba con mi doctor, quien orgullosamente me dijo: "Soy millonario. Por fin tengo más de un millón de dólares".

Lo felicité y, como somos amigos cercanos, me sentí cómodo preguntando: "¿Cuánto pagaste en impuestos?"

"Como 700 000 dólares", respondió tímidamente.

"Eso es mucho dinero", dije asfixiándome.

"Bueno, ¿tú cuánto pagas en impuestos?", me preguntó. "Sé que ganas más que yo."

"Pago mucho menos de 700 000", le respondí. "Y sí gano más que tú. Bastante más... pero lo que doy al Tío Sam es mucho menor."

"¿Qué recomiendas que haga?", preguntó.

"Despide a tu contador."

Malos consejos

He tenido que despedir a muchos contadores, abogados, directores generales, presidentes y otros supuestos profesionistas a lo largo de los años. Tuve contadores y abogados de firmas renombradas y prestigiosas que no tenían remedio. Fui honesto con mi doctor cuando le dije: "Despide a tu contador".

Si has leído mis otros libros sabes que suelo escribir sobre la importancia de tener un equipo. En este libro escucharás a mi equipo. Son realmente buenos. Los asesores de Padre Rico, junto a otros emprendedores del equipo Rich Dad, compartirán sus experiencias, además de sus éxitos, desafíos y fracasos como emprendedores.

Mi equipo es mucho más importante que el dinero porque sin ellos probablemente no tendría dinero.

En este libro mi equipo *no sólo te dirá qué hace.* Te dirán *por qué lo* que hace es importante. Por ejemplo, mi contador Tom Wheelwright explicará *por qué* los ricos pagan mucho menos en impuestos y cómo puedes hacer lo mismo. La razón por la cual la sabiduría de Tom es mucho más importante que el dinero es porque los consejos de Tom me ahorran millones de dólares en impuestos de forma legal. Garrett Sutton hará lo mismo en el tema de entidades corporativas y protección de activos.

Quizá digas: *"No gano millones. De hecho no gano mucho dinero. ¿Me servirá este libro?"* La respuesta es: por supuesto. La razón por la cual muchas personas no ganan más dinero es la misma razón por la cual pagan más impuestos de lo necesario: malos asesores y malos consejos.

La cosa más importante

Según muchos científicos sociales, lo más importante en la vida es la red social y profesional de una persona. En otras palabras, la gente que te rodea, tu equipo y las personas con las que trabajas. Si tienes gente pobre a tu alrededor, probablemente eres pobre. Como dice el dicho: "Dios los cría y ellos se juntan".

El Cuadrante del flujo de dinero representa a los cuatro tipos de personas en el mundo de los negocios. Recuerda que hay emprendedores en tres de los cuatro cuadrantes: en el A, el D y el I.

E significa empleado
A significa autoempleado
D significa dueño (500 o más empleados)
I significa inversionista

Mi doctor es un emprendedor del cuadrante A… aquí también entran los especialistas, los negocios pequeños, los inteligentes y las estrellas como atletas profesionales y actores de cine.

Antes de despedir a su contador me preguntó: "¿Con quién debería hablr si despido a mi contador?"

Le di tres nombres: Tom Wheelwright, mi contador; Garrett Sutton, mi abogado; y Ken McElroy, mi socio inmobiliario.

"¿Por qué tengo que llamar a los tres?", me preguntó.

"Porque los negocios son un deporte de equipo y todos ellos son parte de mi equipo", le respondí. "Llevamos juntos muchos años. Hemos ganado millones juntos. Les confío mi vida."

"¿Pero por qué tres?", preguntó el doctor.

"Porque se requieren tres asesores diferentes para ganar dinero, proteger lo que ganamos de los impuestos y proteger nuestro dinero de depredadores. Si no fuera por ellos tres estaría igual que tú, ganando millones pero pagando demasiados impuestos y preocupándome de depredadores que quieran robar mi dinero por medio del sistema judicial."

"¿Te refieres a demandas?", preguntó.

Asentí con la cabeza.

"Demandas e impuestos. Verás, si planeas ser rico necesitas saber cómo protegerte, antes de ser rico."

Mi doctor tenía otra pregunta: "¿Por qué mi contador no me dio este consejo?"

Ésa es la pregunta del millón, ¿no crees? La respuesta es que no lo sé. Mi amigo tendría que hacerle esa pregunta a su contador. Lo que sí *sé* es que mis contadores anteriores en realidad tampoco sabían cómo proteger mi riqueza. Eran inteligentes y caros. Cuando entendí que no sabían o no entendían por qué invertía en bienes raíces, los dejé ir. Cuando otra firma contable me recomendó vender todos mis bienes raíces e invertir en fondos mutuos, los despedí de inmediato. Quizá eran contadores inteligentes en el cuadrante E, pero no eran contadores inteligentes en el cuadrante I.

En este libro aprenderás de mi equipo para que puedas construir tu propio equipo. Ser emprendedor no es gran cosa. Casi cualquiera puede ser un emprendedor.

Había una joven en mi vecindario que tenía un negocio de cuidado de niños. Sus padres le permitieron usar la casa familiar para recibir niños pequeños de diferentes edades por las tardes. Los padres dejaban a sus niños y con gusto pagaban los honorarios para poder disfrutar una velada sin sus hijos. Una vez que los niños dormían, la joven emprendedora hacía su tarea mientras ganaba 10 dólares por niño cada hora. En un sábado por la noche, su noche más ocupada, ganaba 70 dólares por hora más propina. Nada mal para una niña de 15 años.

Usó sus ahorros para pagar la mayor parte de su matrícula y gastos universitarios. En otras palabras, reinvirtió su dinero, lo cual la convirtió en una emprendedora más rica. Desconozco si pagó impuestos. Eso es entre ella, la agencia de impuestos y su conciencia.

El punto es que cualquier persona puede ser un emprendedor. El problema es que muy pocas personas se convierten en emprendedores ricos.

Las estadísticas muestran que la mayoría de los empresarios no se vuelven ricos. De hecho, muchos dueños de negocios chicos ganan menos que sus empleados. Los dueños de empresas pequeñas ganan menos porque su trabajo continúa después de que los empleados llegan a sus casas y porque trabajan incluso cuando el negocio está cerrado. Cuando calculas el número de horas que el dueño de una pequeña empresa trabaja y cuánto se les paga, muchos ganan menos por hora que sus empleados.

Hace poco se escribió un artículo de noticias sobre mi amiga, una emprendedora. El periódico declaró que ganaba 80 000 dólares al mes. Estoy seguro de que muchos se quedaron sin aliento al oír esa cantidad. Más tarde, cuando tomé café con ella, le pregunté: "¿Cuánto de esos 80 000 dólares mensuales logras quedarte?" Sonrió y dijo: "Nada. Reinvierto cada centavo para crecer el negocio. Sobrevivimos con el cheque de mi esposo".

Ser emprendedor es un trabajo de 24 horas y siete días a la semana. Incluso cuando no están físicamente trabajando, la mayoría trabaja mentalmente o se preocupa emocionalmente. Los empleados pueden irse a casa o de vacaciones. Casi ningún emprendedor puede hacerlo. He escuchado que Bill Gates no descansó un solo día en ocho años mientras iniciaba Microsoft.

Enfatizo esto porque muchos empleados creen que ser "el jefe" es fácil. Muchos empleados piensan que ellos hacen todo el trabajo y que el jefe lo tiene fácil ganando todo el dinero. Muchos empleados creen que el jefe no trabaja tan duro como ellos porque los empleados y los emprendedores realizan tipos de trabajo diferentes, trabajo que requiere habilidades diferentes.

Las estadísticas muestran que la razón por la cual nueve de cada 10 negocios pequeños quiebran en sus primeros cinco años es porque casi todos los empleados, incluso los egresados universitarios con títulos avanzados como maestrías, no poseen las habilidades esenciales para ser emprendedores. Para empeorar las cosas, de los nueve de cada 10 que sobreviven a los primeros cinco años, nueve de cada 10 quiebran a los siguientes cinco años. Lo sé, yo he sido parte de esas estadísticas. He tenido muchos más fracasos que éxitos.

Estoy bastante seguro de que la razón por la cual casi todos los empleados no se convierten en emprendedores es porque la idea de fracasar —y dejar de recibir ingreso fijo— los aterra. Si son incapaces de controlar ese miedo, lo mejor es que mantengan su trabajo normal, sus beneficios y sus vacaciones pagadas... registrando su salida a las 5 p.m., cenando, viendo televisión, disfrutando sus tres semanas de vacaciones anuales y apreciando la seguridad de ser un empleado.

¿Qué es un emprendedor?

Emprendedor es una palabra grande que significa diferentes cosas para diferentes personas. Barrons publicó un libro titulado *Manual de finanzas e inversiones* que ofrece esta definición de un emprendedor:

> ***Emprendedor***: *una persona que asume los riesgos de abrir un nuevo negocio. Muchos emprendedores tienen conocimientos técnicos con los cuales producen un producto viable o diseñan un nuevo servicio necesario.*

Buen intento, Barrons. A primera vista su definición es acertada. Sin embargo, la palabra *emprendedor* significa mucho más. Como mencioné antes, casi todos los emprendedores quiebran durante los primeros cinco años porque carecen de las habilidades que un emprendedor necesita. Mi vecina, la joven niñera, tiene las *habilidades técnicas* para ser una niñera exitosa. Para alguien de su edad, ganó mucho dinero y pagó sus estudios. No obstante, carece de las habilidades empresariales para construir un negocio y convertirse en emprendedora rica, incluso después de recibir su título universitario. Hoy es una empleada que gana mucho dinero en una corporación médica importante.

Quienes han leído mis otros libros saben que mi discurso es que nuestras escuelas enseñan a los jóvenes a convertirse en empleados, no en emprendedores. Por eso nos entrenan para memorizar y regurgitar, igual que los perros de Pavlov fueron entrenados para salivar cada que sonaba la campana de la cena, la sentencia: "Ve a la escuela y consigue un trabajo". *No* se nos entrena para decir: "Ve a la escuela para abrir negocios y crear trabajos".

Un joven amigo recientemente se graduó con una maestría en emprendimiento. Dijo que muchos maestros pasaron bastante tiempo enseñando a su clase cómo preparar su currículum... para conseguir un empleo bien remunerado. ¿Es broma? Los verdaderos emprendedores no se enfocan en su currículum. Los verdaderos emprendedores revisan el currículum de otros y contratan empleados con credenciales y habilidades para cubrir las necesidades del equipo.

Diferentes emprendedores

Los emprendedores vienen en muchos, muchos tamaños, formas y estilos. Otro de mis vecinos es un doctor que está en la práctica privada. Es un emprendedor. Otro hombre del mismo vecindario es un doctor que renunció a su trabajo en un hospital grande para convertirse en un emprendedor y trabajar en un nuevo medicamento para curar una enfermedad cerebral. Él y su esposa han tenido problemas financieros durante seis años mientras el nuevo medicamento pasa por el proceso de aprobación gubernamental. Otros tres vecinos hacen desarrollos inmobiliarios importantes. Otra vecina es una agente inmobiliaria que no construye, pero vende. Es una emprendedora y tiene una agencia inmobiliaria mediana. Otros dos vecinos son dueños de equipos deportivos profesionales, beisbol y baloncesto. Son emprendedores deportivos que contratan a atletas y entrenadores profesionales, pagando millones de dólares anuales a algunos atletas. Un par de vecinos son entrenadores de estos mismos equipos, empleados contratados por empresarios deportivos.

Los artistas suelen ser emprendedores. Muchos son pintores, músicos o activos profesionales. Los Beatles fueron emprendedores que ganaron una fortuna en el mundo de la música.

Muchos eligieron ser emprendedores porque odian ser empleados. Quieren ser sus propios jefes, hacer sus cosas y no recibir instrucciones de otros. Muchos se vuelven emprendedores porque no pueden conseguir o mantener un trabajo.

Hay muchos emprendedores llamados "emprendedores en serie". Abren un negocio y lo venden. Abren otro negocio y lo venden. Son parecidos a los que compran y arreglan propiedades sólo para venderlas lo más rápido posible.

Y algunos emprendedores se vuelven emprendedores para cambiar el mundo. Coloco a Henry Ford, Thomas Edison, Walt Disney, Steve Jobs, Bill Gates, Oprah Winfrey, Sergey Brin, Jeff Bezos, Richard Branson y Mark Zuckerberg en esta categoría. Su impacto en el mundo durará por décadas.

En relación con este libro, es importante señalar que Henry Ford, Walt Disney, Thomas Edison, Steve Jobs, Bill Gates, Oprah Winfrey, Mark Zuckerberg y Richard Branson no terminaron la escuela. Estos emprendedores nunca terminaron sus estudios porque no querían "ir a la escuela y conseguir un trabajo". Querían convertirse en emprendedores para cambiar el mundo y eso fue lo que hicieron.

¿Nacemos como empresarios?

La pregunta que muchos hacen es: "¿Las personas nacen emprendedoras o se hacen emprendedoras?"

Creo que todos nacemos emprendedores. Por eso empecé este capítulo con la historia de la joven de preparatoria y su negocio de cuidado de niños. Todos hemos visto a niños con sus puestos de limonada o a las Girl Scouts vendiendo galletas. Todos pueden ser emprendedores, seamos jóvenes o viejos, altamente educados o sin estudios escolares.

Durante la era agraria la mayoría de los agricultores eran emprendedores. Tenían una pequeña parcela de tierra que cultivaban, plantaban y cosechaban para alimentar a sus familias.

Vendían lo que no consumían. Después llegó la era industrial. Millones de agricultores dejaron la granja, se mudaron a las ciudades donde estaban las fábricas y se convirtieron en empleados.

Hoy en día nuestras escuelas continúan entrenando a jóvenes para ser empleados. El problema es que ahora estamos en la era de la información y la tecnología remplaza a los empleados. Cuando los empleados se van a huelga y demandan salarios más altos, los trabajos se trasladan al extranjero a países con salarios más bajos o una nueva tecnología remplaza al empleado. El rumor sobre el "ascenso de las máquinas" es real. Los supermercados actuales remplazan a los vendedores de cajas con estaciones de pago automático.

Con la idea de la seguridad laboral bajo asedio, ser un emprendedor es la nueva profesión de moda. Muchos analistas pronostican que el S&P 500 se reducirá a S&P 300 porque nuevos emprendedores harán que 200 de esas 500 compañías actuales se vuelvan obsoletas. Esto significa más desempleo para millones de empleados que encontraron trabajo en la empresa equivocada.

Quizá recuerdes que fue Steve Sasson, un empleado de Eastman Kodak, quien inventó la fotografía digital en 1974. Menos de cuatro décadas después, en 2012, Kodak —una empresa de 131 años— tramitó su protección por bancarrota. Fue su propia tecnología la que los sacó del mercado, costándoles a miles de empleados Kodak sus empleos.

Hoy el mantra de "ve a la escuela y consigue un empleo seguro" es una idea obsoleta. La competencial tecnológica y global algún día hará que todos nosotros, como empleados, seamos obsoletos. Quizá por eso muchos dormitorios universitarios son "incubadoras" para emprendedores estudiantiles que esperan crear el siguiente Facebook, la siguiente gran cosa... el próximo negocio que cambiará el mundo. El problema es que la mayoría de los emprendedores, incluso si logran que su negocio despegue, nunca serán ricos.

La realidad es que casi todos los emprendedores no son muy diferentes a un empleado que vive de cheque en cheque. El reto es convertirse en un emprendedor rico.

Pregunta a los emprendedores

El siguiente es un pasaje de la revista *Forbes* sobre la importancia de una educación colegial y el ser emprendedor:

Mientras que 69% de los dueños de negocios fueron a la universidad (muy por encima del promedio nacional), sólo 68% de este grupo de egresados universitarios creía que esta educación hizo una diferencia en su éxito. Compare eso con el 86% de la población general que cree que la universidad sigue siendo una buena inversión —aunque cada vez sea más costosa. Sólo 61% de todos los dueños de negocios sentía que una educación universitaria era muy o algo importante para el éxito en la economía actual—, un número que contrasta mucho con el sentimiento del público en general sobre el valor de un título universitario.

Traducción: Si vas a ser un empleado, un doctor o un abogado autoempleado, la educación tradicional es importante.

Emprendedor de taxi

En 1907 Harry N. Alien, emprendedor y fundador de la Taxicab Company de Nueva York, importó 600 taxis de gas de Francia. Él fue quien acuñó la palabra *taxicab* con la que millones de personas se convirtieron en empresarios llamados taxistas.

Hoy *Uber* remplaza a la palabra *taxi.* Muchos emprendedores independientes se convierten en conductores de Uber.

La pregunta es, ¿cuánto tiempo pasará antes de que los conductores de taxis *y* los conductores de Uber se vuelvan obsoletos? ¿Cuánto antes de que las innovaciones como el auto sin chofer de Google, un carro que no requiere un conductor humano, remplace tanto a conductores Uber como a taxistas?

En 2014 asistí a una reunión de compañeros pilotos en la Infantería de Marina en Pensacola, Florida. Pensacola es donde pasamos por el entrenamiento de pilotos en los años setenta antes de ir a Vietnam, sirviendo bajo el mismo escuadrón. No es sorpresa que la discusión entre viejos pilotos y nuevos pilotos se centre en la pregunta: "¿Necesitamos pilotos?" Muchos de los nuevos pilotos aprenden a pilotear *drones*, no *aviones*.

Si el carro Google puede remplazar la necesidad de conductores Uber, ¿los drones pueden remplazar la necesidad de pilotos? Como piloto retirado sé que los pilotos de hoy cada vez vuelan menos. Hoy en día los aviones modernos pueden despegar, volar y aterrizar sin necesidad de pilotos humanos. Los pilotos humanos son pilotos de respaldo; sólo están ahí para que los pasajeros se sientan seguros o en caso de que falle la tecnología.

En el mundo de la medicina, los robots son capaces de hacer un mejor trabajo en la sala de operaciones que los cirujanos humanos.

Deberíamos de preguntarnos: *¿Qué más será remplazado?*

¿Por qué convertirse en empresario?

Éstos son algunos ejemplos de por qué más y más personas se convierten en emprendedores. La tecnología y la competencia extranjera están haciendo obsoleta a la gente. La idea de un empleo bien pagado y un cheque de por vida es un concepto muy viejo... y obsoleto.

Hoy, millones de personas empiezan a darse cuenta de que ser un emprendedor puede ser más seguro que ser un empleado.

Andy Grove, uno de los fundadores y CEO de Intel Corporation, es conocido por su frase guía "sólo los paranoicos sobreviven". Este libro está escrito para aquellos que están paranoicos, aquellos que se dedican a volverse más inteligentes y aquellos que quieren ser más ricos siendo emprendedores.

Durante la era industrial los emprendedores eran conocidos por crear empleos y negocios. En la era de la información los emprendedores son conocidos por destruir trabajos y negocios.

Un ejemplo es la industria de los libros. Cuando *Padre Rico, Padre Pobre* se publicó por primera vez en 1997, el negocio de las librerías físicas estaba en auge. Después llegó Amazon y muchas librerías de la era industrial, como Borders, desaparecieron.

Hace unos días me encontraba en el supermercado cuando una de las personas en la tienda me detuvo y me preguntó: "¿Me recuerda?" Cuando fue obvio que no lo recordaba, dijo: "Yo era el gerente de Borders cerca de su casa. Solía programar todas sus pláticas y firmas de libros".

La conversación me rompió el corazón. Hice todo lo posible para mantenerme alegre y darle las gracias por todo lo que hizo por mis libros, mi negocio y por mí. Mientras hablábamos de los viejos tiempos, el mantra de Andy Grove —"sólo los paranoicos sobreviven"— resonaba en mi cabeza.

De nuevo, los emprendedores no crean trabajos. Hoy los emprendedores destruyen trabajos y negocios a gran velocidad.

El problema es que nuestras escuelas aún entrenan a estudiantes para ser empleados en busca de seguridad laboral en lugar de emprendedores en busca de seguridad financiera.

La buena noticia es que las escuelas ya ofrecen cursos en emprendimiento. Aunque aplaudo sus esfuerzos, me temo que las escuelas aún tienen empleados que tratan de enseñar a los estudiantes a ser emprendedores. Eso sería como aprender a surfear o jugar golf leyendo un libro. Si nunca has sido revolcado por una ola gigante, ¿cómo puedes saber lo que se siente cuando, como emprendedor, tu negocio es revolcado por la competencia?

En términos simples, los *empleados* ven el mundo con la mentalidad de empleados. Los *emprendedores* ven el mundo con un par de ojos distintos. Este libro habla sobre ver el mundo con los ojos de verdaderos empresarios.

Una de mis frases favoritas de Steve Jobs fue presentada al inicio de este libro. Es una idea poderosa que merece ser repetida:

No puedes conectar los puntos viendo hacia adelante; sólo puedes conectarlos viendo hacia atrás. Por eso tienes que confiar en que los puntos se conectarán de alguna manera en tu futuro. Tienes que confiar en algo, tu instinto, destino, vida, karma, lo que sea. Este enfoque nunca me ha decepcionado y ha hecho toda la diferencia en mi vida.

La mayoría no logra convertirse en emprendedor porque fue a la escuela y aprendió a manejar por la vida observando el retrovisor. Los emprendedores pueden ver el futuro.

Emprendedores reales

Kim, mi esposa y compañera de negocios, realmente es una emprendedora en bienes raíces. Ella y nuestros asesores han contribuido a este libro, porque el equipo que hemos creado en The Rich Dad Company y nuestras inversiones personales han sido la base de nuestro éxito. Nuestros asesores son emprendedores reales que están en las trincheras. Son experimentados, exitosos y apasionados al enseñar lo que han aprendido. Kim y yo les agradecemos por su contribución a este libro.

Los emprendedores en este libro comparten sus éxitos y, quizá más importante, sus errores, y cómo esos errores se convirtieron en lecciones invaluables. Si bien una educación universitaria puede ser importante, no hay mejor maestro que la experiencia empresarial en el mundo real.

Uno de los problemas con la educación tradicional es que nuestras escuelas aún creen que cometer errores es malo. Los maestros tradicionales castigan a sus estudiantes por cometer errores, lo cual significa que la persona que comete la menor cantidad de errores es etiquetada como el estudiante más inteligente.

En el mundo real del emprendimiento, el empresario que comete más errores y aprende de sus errores gana. Por ejemplo, Thomas Edison fracasó más de 1000 veces antes de inventar la bombilla eléctrica. Henry Ford se declaró en bancarrota cinco veces antes de que Ford Motor Company tuviera éxito. Steve Jobs fue despedido de su propia empresa, Apple, antes de regresar y rescatarla de la bancarrota. Hoy Apple es una de las compañías más ricas del mundo. Bill Gates fue acusado por el gobierno estadounidense por prácticas monopólicas y ganó. Mark Zuckerberg fue demandado por los gemelos Winklevoss, quienes afirmaban haber creado Facebook.

Menciono las pruebas y tribulaciones de estos grandes emprendedores porque por eso pasan los emprendedores reales. Pueden ser lecciones que determinen el futuro de un negocio, si buscamos la lección en cada error o fracaso.

En este libro aprenderás qué es importante, qué es valioso y qué necesitas aprender para ser un emprendedor exitoso. Y lo más importante, aprenderás que tener una "gran idea" sólo es el comienzo.

Código de honor del equipo

BLAIR SINGER

Lo vemos cada domingo por la tarde. Leemos sobre ello en historias increíbles de logros y valor. Nos ponemos la playera de nuestros favoritos. Es la dinámica mágica de un grupo de individuos comprometidos que se reúnen para producir algo extraordinario e incluso impredecible un día cualquiera. Lo llamamos juego de equipo de campeonato.

Para muchos es algo que sólo escuchan, pero nunca experimentan. Sin embargo, para cualquier emprendedor exitoso la habilidad de reclutar y construir un equipo de campeonato es —después de las ventas— la habilidad más importante a dominar para que su idea o sueño tenga vida y éxito.

¿Por qué es crítico? Por el mero hecho de que sólo tienes una cantidad limitada de tiempo, energía y recursos para hacer las cosas por tu cuenta. Necesitas un equipo capaz de cumplir una promesa a un público ansioso. Pero más que eso, hay una sinergia mágica que sucede en los grandes equipos cuando se da más de lo prometido y se crean resultados que exceden las expectativas una y otra vez. El doctor Buckminster Fuller definió la sinergia como sistemas enteros que son "impredecibles" por la suma de sus partes.

Construir un gran equipo de negocios no es algo que sucede por suerte. No sólo se limita a la mezcla "perfecta" de talento y química personal. Herb Brooks, el legendario entrenador del equipo olímpico de hockey de 1980, dijo a sus jóvenes jugadores que no tenían suficiente talento para ganar sólo con talento. Pese a ello vencieron a los mejores del mundo en Lake Placid ese año. Es algo que se puede crear con un liderazgo inspirado y algunos pasos muy definitivos.

Durante los últimos 25 años he construido mis propios equipos de negocio en las industrias de camiones, educación, franquicias y licencias. También he pertenecido a varios grandes equipos. He entrenado a miles de organizaciones para que construyan sus equipos. Desde compañías tan grandes como Singapore Airlines, L'Oreal, HSBC e IBM a pequeños negocios de cinco a 10 personas. En todos los casos, los principios de los equipos exitosos siguen siendo los mismos.

El primer paso es asegurarte de tener clara tu definición de "equipo". Para algunos, la familia es un equipo; para otros, es un grupo que asume un objetivo en común; para otros implica un nivel de transparencia y honestidad que muchos ni siquiera experimentan en sus relaciones primarias. No hay una definición correcta o incorrecta. Sin embargo, es importante que todos los miembros estén en la misma página.

Para simplificar esto, reduzcámoslo a algunos pasos clave:

Reclutamiento

El reclutamiento es la promesa que atrae a los jugadores al equipo. Para hacer eso hay un primer paso importante: ser claro con la misión. ¿Qué es lo que tratas de lograr… y por qué? Probablemente el *porqué* es lo más importante. Hace años Robert me presentó a uno de sus amigos, un general retirado del Cuerpo de Marines.

Era fascinante hablar con él, especialmente porque había estado a cargo del reclutamiento de marines.

Hizo hincapié en una de las cosas más importante sobre la construcción de equipos. Dijo que la escala salarial del Cuerpo de Marines era muy baja. Claramente los reclutas no llegaban por dinero. Dijo que la gente se enlista por *quienes esperan llegar a ser* en el proceso de convertirse en marines. Dijo que los jóvenes reclutas quieren ser parte de algo más grande que ellos mismos.

Ahora piensa en eso por un momento. No hay promesas de dinero, sólo el deseo de crecer y SER parte de algo significativo.

Como dueño de negocio, ¿puedo hacer la misma oferta? Por eso digo que tu habilidad número uno es la habilidad de vender. Sin eso te será difícil inspirar a personas para que trabajen contigo o para ti por las razones correctas. Piensa en una franquicia. Los franquiciados de hecho pagan por ser parte de un equipo.

Cuando era estudiante de la Universidad Estatal de Ohio tuve el privilegio de ser alumno administrador del equipo de futbol americano —los Ohio State Buckeyes— bajo el liderazgo del legendario entrenador Woody Hayes. Fue ahí donde aprendí la importancia de la disciplina, el trabajo duro, trabajar desinteresadamente por el equipo y jugar por algo más grande que un trofeo. La mayoría de los jugadores en el equipo sabían que no llegarían a jugar a nivel profesional, pero querían ser "parte de algo".

En mi primero negocio de camiones no éramos los empleadores que mejor pagaban, pero tuvimos baja rotación de personal y un gran equipo que sacaba al negocio de desastres inminentes una y otra vez. Nos ayudaron a convertirnos, en ese entonces, en una de las operaciones camioneras para transporte de carga aérea de mayor crecimiento.

Cuando era capitán del equipo de campo traviesa de una preparatoria que competía por un campeonato estatal, nuestro mantra era "permanezcamos juntos e impulsémonos entre nosotros". Si conoces algo sobre el campo traviesa, sabes que una o dos superestrellas no te harán ganar. Nos enorgullecíamos de correr juntos cerca de la delantera. Así es como ganamos. Cada día nos preguntábamos: "¿Qué clase de equipo tendríamos que ser para correr en campeonatos estatales?"

El código

Aprendí hace mucho tiempo tras ver al coach Hayes que todos los grandes equipos tienen una cosa en común. De hecho, esto es cierto en cualquier negocio, religión, civilización o familia.

Los que duran y tienen éxito tienen reglas. Una serie de reglas simples y entendibles que llamamos un código de honor.

Son una serie de reglas que toman los valores centrales de cualquier grupo, como el trabajo duro, la honestidad, la rendición de cuentas, el trabajo en equipo... y los protegen con estas reglas. Piensa en los Diez Mandamientos.

Ése es un código de honor clásico. Fue diseñado para tomar a un grupo de israelíes vagabundos y mantenerlos unidos y fuertes como cultura.

En un negocio o matrimonio, cuando las reglas son ignoradas o no se aplican, el caos y el desorden no tardan en aparecen. El coach Hayes explotaba de coraje si un jugador rompía el toque de queda, llegaba tarde a prácticas, decía groserías en el campo de práctica, faltaba el respeto a un entrenador o reprobaba una clase. El código los mantenía unidos. Cada jugador quería ser su mejor versión y el coach Hayes prometía que si seguías sus reglas te convertirías en tu mejor versión.

Lo primero que hacemos cuando iniciamos o entrenamos a una compañía es establecer un código de honor. ¿Por qué? Porque ante la falta de reglas, la gente inventa las propias.

Cuando el calor sube, las personas regresan a sus patrones de comportamiento instintivos... y eso rara vez es bueno para el equipo. No es porque sean malas personas, sino porque todos tienen sus propias experiencias, antecedentes y condicionamiento.

En la escuela nos enseñaron a hacer las cosas por nuestra cuenta. Esto no es bueno para el trabajo en equipo. La cooperación en la escuela se considera trampa, pero la colaboración empresarial suele ser la clave del éxito. Se me enseñó a ser un individuo fuerte y alguien que no tenía que pedir ayuda o apoyo. Eso no funcionará si intentas que todo un grupo trabaje junto. Es por eso que debes tener reglas.

En el equipo de asesores de Padre Rico, tenemos un código de honor al que nos suscribimos todos. En nuestros negocios individuales tenemos reglas diferentes porque tenemos equipos diferentes. Mi esposa y yo tenemos un código. Tenemos un código para nuestros hijos y familia. Tengo un código conmigo mismo. ¿Por qué?

En 2012 mi hijo de 12 años y yo fuimos a Tanzania para escalar el monte Kilimanjaro. La primera noche en la montaña mi hijo se enfermó mucho. Al día siguiente, aunque trató de moverse, empeoró. Ya no podía retener alimentos en su sistema. Estaba claro que tenía que descender y encontrar un doctor. Me enfrenté a una decisión. Bajar o dejar que uno de los porteadores lo bajara.

¡Me moría por escalar esa montaña! El oxígeno era bajo, mi emoción era alta y mi inteligencia es baja. Ésa es una mala combinación, pero no es diferente a muchas situaciones que enfrentamos en los negocios y en las relaciones.

Sin embargo, en medio de esa decisión, un pensamiento se cruzó por mi mente. Fue: *"¡Escribí un libro sobre esto!"* Se llama *Código de honor del equipo.* La primera regla que él y yo creamos antes de emprender el viaje fue: "Empezamos juntos, terminamos juntos". Nuestro código era claro: nunca abandones a un compañero que necesite ayuda. Decisión tomada; bajé con él.

Sin esas reglas, podría haber tomado una decisión catastróficamente mala a 10 000 pies de altura. ¡Actúo conforme a un código para protegerme de mí mismo! Tras un descenso de ocho horas, estuve a su lado en una dudosa clínica de tercer mundo hasta que se recuperó. Cimentó nuestra relación padre-hijo para siempre. Tan fue así que decidimos regresar al año siguiente y el 3 de julio de 2013, a las 11:27 de una mañana gloriosa, él y yo llegamos a la cima del Kili juntos. Le entregué un llavero con un colgante que había cargado conmigo todo ese tiempo, el cual decía:

Empezamos juntos, terminamos juntos.
Cuenta conmigo siempre.

Papá

Aprendí que hay algo más grande y más poderoso que una montaña. Se llama amor. Por fortuna creamos una regla para protegerlo. Lo creas o no, otras familias en otras expediciones no tomaron esas decisiones y las llevó a separarse.

Desempeño

Una de las reglas de los equipos es ésta: mientras más rendimiento haya, más estrictas son las tolerancias... y las reglas. Los equipos de campeonato son de disciplina fuerte. Dejan poco margen para evadir responsabilidades. Una vez que se establecen las reglas, todos en el equipo las cumplen y todos tienen la obligación de hacerlas cumplir. No siempre es fácil. Puede ser incómodo. Por eso tenemos que trabajar en dominar la vocecita, esa pequeña voz en nuestra cabeza que constantemente cuestiona y opina sobre qué podemos y no podemos hacer.

He visto muchos equipos que querían resultados de alto nivel pero operaban con tolerancias relajadas. Se preguntaban por qué no cumplían con sus expectativas. Es como tratar de modificar un Lamborghini de la misma manera en que modificarías una Vespa.

Puedo contarte incontables historias de negocios y equipo donde el verdadero acto de valor no era asumir la tarea en turno, sino ser vulnerable y abierto hacia los demás miembros del equipo. Ser capaz de decir la verdad con compasión y recibir retroalimentación para mejorar al equipo es clave para el éxito de un equipo.

No se trata de la cima

Ya he escalado la cima del Kilimanjaro varias veces. El reto en cada ocasión es cómo llevar a gente ordinaria (gente que no escala de todas las clases sociales) y forjarlas en un equipo que se apoya entre sí para convertirlas en lo mejor que pueden ser, superar sus propias limitaciones percibidas y escalar 5 895 metros. Esto es lo que he aprendido:

Disfruta el proceso

Hay dos partes en toda meta de equipo: la preparación y la meta en sí. Al ser líder, tú enseñas a tu equipo tanto a querer las partes como a **disfrutar todo el proceso**. Cuando escalas el Kili, todo puede pasar. Puedes torcerte el tobillo. El clima puede cambiar. Si sólo estabas enfocado en la cima, puedes sufrir una gran decepción y tu energía puede bajar precipitadamente.

Celebra todas las victorias

Sin embargo, si **celebraste todas las victorias** en el camino no hay nada que perder. Quienes sólo se enfocan en la cima trabajaron duro, pero no lo disfrutaron tanto. De hecho, probablemente se fatigaron más que el resto de nosotros. No tenían la energía de las victorias diarias para impulsarlos. Sólo tenían una vocecita preocupándose por el resultado final.

Mantente enfocado

Es importante **retirar distracciones externas** y **mantener enfocado al equipo**. En el Kili tuvimos más de 60 porteadores que cargaban nuestro equipo, preparaban los campamentos, cocinaban y desmontaban el campamento. Todo lo que teníamos que hacer era enfocarnos en la escalada. La lección de equipo más poderosa en el Kili es algo que he llevado a cada equipo en mi vida...

Un paso a la vez, una respiración a la vez

No voltees a ver la cima. Puede intimidarte. Mantente enfocado en lo que sucede en este momento. No se nos permite preguntar qué pasará mañana o el día siguiente. El resultado fue cinco días y medio de estar 100% presentes. Nuestras mentes estaban calladas. Nuestras intenciones estaban enfocadas. Estábamos en la zona.

Antes de cada campeonato o juego de Super Bowl las entrevistas a los equipos que compiten siempre son iguales. Cuando les preguntan cómo se sienten al jugar en el partido más grande de todos, siempre dicen: "No nos preocupa eso. Nos enfocamos en una jugada a la vez, damos nuestro máximo, hacemos correcciones y al final esperamos tener un gran resultado". Éste es el lenguaje de los campeones.

En los negocios, tú fijas las metas, haces el trabajo y das un paso a la vez. Divídelo en partes manejables. Como líder debes tener a tu equipo en esa zona. Si lo haces, cuando menos lo esperes habrás llegado a la cima.

Hay otra cosa (muy similar) que todos los equipos campeones dicen después de ganar o alcanzar una meta. Cuando se les pregunta cómo o por qué lo hicieron, rara vez dicen que era por el trofeo. Dicen que lo hicieron por sus compañeros. Un gran equipo de campeonato, especialmente frente a la adversidad, se apoya entre sí... se compromete a no fallarle a su compañero.

La noche antes de escalar el Kili todo el equipo compartió que estaban un poco tristes por ir a la cima al siguiente día. ¿Por qué? Porque sabíamos que después de la cima el viaje casi estaría terminado. Todos querían que durara más por las victorias y las increíbles lecciones que recibíamos, así como las relaciones profundas que construíamos.

Los grandes equipos no se dan por accidente. No se trata de la cima. El propósito de una meta de equipo es mantener al equipo en movimiento, en aprendizaje y en crecimiento juntos. Las verdaderas victorias y regalos llegan durante el trayecto si les pones atención. Si puedes mover a tu equipo de esta forma, nadie será capaz de detenerte.

El Triángulo D-I:
Las 8 integridades de un negocio

ROBERT KIYOSAKI

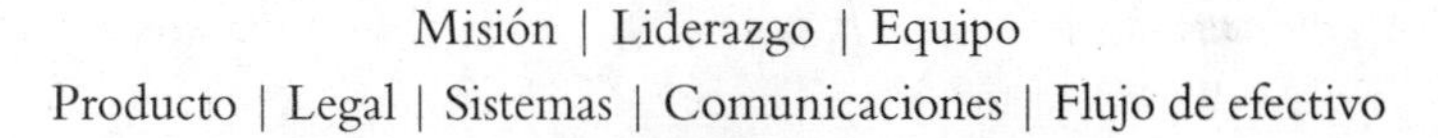

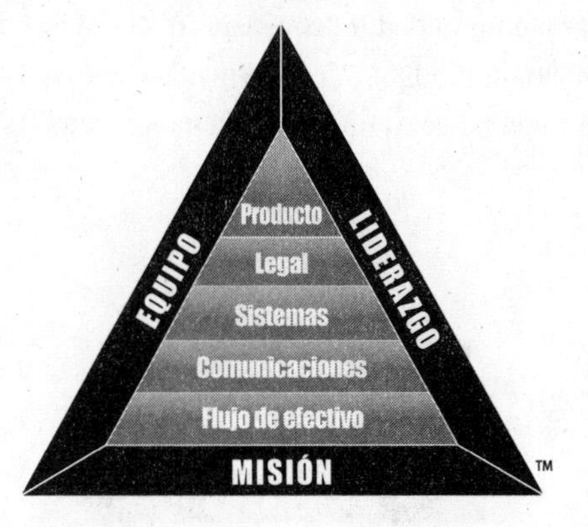

"¡Tengo una gran idea!"

Genial. Todos la tenemos. Es lo que *hacemos* con ella lo que determina si esta "gran idea" puede tener éxito en un mercado altamente competitivo. Como declaró el prefacio de este libro, muchos de nosotros hemos tenido una idea millonaria. El problema es que la mayoría de nosotros no sabemos cómo convertir esa idea millonaria en un millón de dólares.

Ésa es precisamente la razón por la cual el diagrama que mi padre rico nombró Triángulo D-I es importante. La D en D-I representa al dueño de negocio, mientras que la I representa al Inversionista profesional. Los verdaderos emprendedores "viven" en el lado derecho del Cuadrante del flujo de dinero que muestro a continuación.

Cuando un emprendedor "construye un negocio", lo que construye es un Triángulo D-I o un sistema de sistemas. Mi padre rico llamaba a estos ocho componentes las 8 integridades de un negocio.

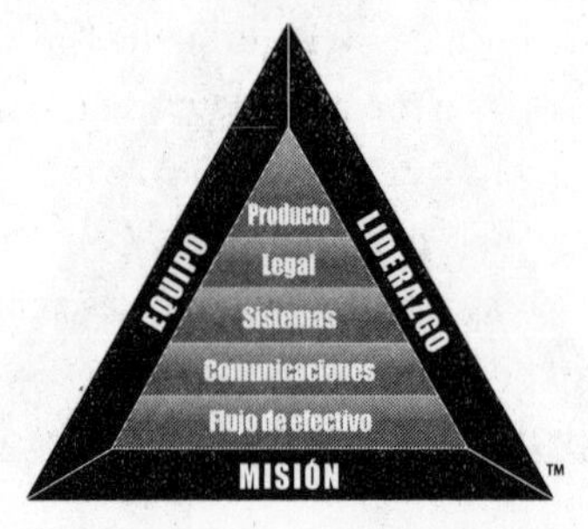

Si el emprendedor no es capaz de reunir estas ocho integridades, el negocio fracasa o sufre financieramente. Si cualquiera de estos componentes es débil o disfuncional, el negocio probablemente sufrirá o quebrará. Así de importantes son los componentes del Triángulo D-I.

Este libro te enseñará cómo juntar estos ocho componentes críticos de un negocio... así como el equipo que convertirá tu idea millonaria en un generador de millones. Una razón por la cual casi todos los emprendedores fracasan, incluso aquellos con ideas millonarias genuinas, es porque sólo tienen la punta del triángulo. A casi todos les falta una o más integridades.

Nota que el producto, o esa "gran idea", es la parte menos importante del Triángulo D-I.

Por qué fracasan muchos emprendedores

Una razón por la cual muchos emprendedores fracasan, incluso aquellos que fueron buenos en la escuela, es porque las escuelas nos enseñan a ser *especialistas* o *expertos* en solo una de las integridades. Por ejemplo, una persona que se gradúa en derecho está bien educada en la integridad legal del triángulo. No son tan expertos en las otras integridades, aunque la mayoría de los abogados cree serlo.

Otro ejemplo es la línea inferior en la parte interna del triángulo, la línea de flujo de efectivo. Casi todos los contadores son entrenados en esta línea del triángulo. Pueden ser grandes contadores, pero la mayoría no son buenos en las otras siete integridades.

Si un contador está a cargo del negocio, cuando el negocio tenga "problemas de flujo de efectivo", el contador generalmente reducirá gastos o la escala de la operación. El contador suele hacer recortes en la línea de comunicaciones, reduciendo los fondos para publicidad, marketing y el equipo de ventas. Esto suele causar que el negocio quiebre más rápido.

En muchos casos, si un negocio tiene problemas de efectivo lo inteligente, en lugar de reducir el gasto, es gastar más en ventas, marketing y publicidad.

En otras palabras, la razón por la cual muchos emprendedores fracasan es porque su educación los entrenó para ser *especialistas*, empleados en sólo una de las ocho integridades.

Para que un emprendedor sea exitoso debe pensar como un *generalista* que ve las ocho integridades, el panorama general, todo el negocio y no sólo su especialidad.

Eso es lo que hace diferente a este libro. En lugar de aprender de sólo un emprendedor, aprenderás de muchos emprendedores especialistas en las 8 integridades de un negocio: mi equipo.

Ser un gran emprendedor significa tener un gran equipo. Hoy nuestro equipo consiste de ocho asesores de Padre Rico, así como de miembros del equipo en The Rich Dad Company con habilidad y experiencia en componentes específicos del Triángulo D-I.

Lo que todos tienen en común es un compromiso con la misión de The Rich Dad Company, el hecho de que todos valoran mucho la educación y el aprender durante toda la vida. Nos reunimos seguido, estudiamos libros juntos, discutimos lo que el autor dice y buscamos cómo aplicar esas lecciones a nuestra vida, nuestros negocios y nuestros equipos.

La parte dos de este libro cuenta con Perfiles de Kim, Ken, Blair, Garrett, Tom, Andy, Josh y Lisa. En la parte tres nos enfocamos en dominar el Triángulo D-I; esa sección incluye las 8 integridades de un negocio, los elementos críticos que componen el Triángulo D-I. Mike, Shane y Mona (así como Kim, Garrett y Tom) contribuyeron a la parte tres con secciones muy enfocadas relacionadas con los componentes del Triángulo D-I que ellos apoyan y fortalecen. Todos contribuyen con talentos y habilidades específicos... y esenciales.

El viejo refrán "sólo eres tan fuerte como tu eslabón más débil" ciertamente aplica aquí. Todos hemos escuchado las abismales estadísticas sobre quiebras de negocios. En mi experiencia, los retos que un negocio enfrenta están directamente relacionados con el Triángulo D-I. Si cualquiera de los componentes falta —o es débil— puede sentenciar el destino del negocio.

El equipo Rich Dad

Cuando era un niño pequeño mi padre rico solía invitarnos a su hijo y a mí a que nos sentáramos en sus juntas de sábado por la mañana con su equipo de negocios. Alrededor de la mesa se encontraban sus abogados, contadores, banqueros, administradores, ejecutivos y otros miembros de equipo esenciales para su negocio.

A los 10 años entendí que los negocios, especialmente el emprendimiento, eran un deporte de equipo. No tienes que ser la persona más inteligente para ser un emprendedor rico e inteligente. De hecho, padre rico solía decir: "Si eres la persona más inteligente en tu equipo, tu equipo está en problemas".

De eso se trata este libro. Está escrito como una guía para ayudarte a construir tu propio equipo de emprendedores ricos e inteligentes.

El cambio es un hecho de vida en este mundo acelerado de hoy. Lo que funcionó ayer podría no bastar hoy. Un producto o servicio que está en alta demanda hoy... puede ser obsoleto mañana.

Con esto en mente, comparto una frase de Alvin Toffer para dar pie a la parte dos de este libro:

> *Los analfabetos del siglo XXI no serán aquellos que no saben leer ni escribir, sino aquellos que no pueden aprender, desaprender y reaprender.*
>
> Alvin Toffler,
> escritor y futurista estadounidense

En la parte dos encontrarás perfiles de emprendedores con preguntas y respuestas sobre todos los que colaboraron en este libro. Las preguntas fueron creadas para acercarte a nuestra historia y personalidad. Verás que algunos fueron estudiantes de 10... mientras que otros batallaron en la escuela. También encontrarás, creo yo, muchos puntos en común: cómo vemos los errores como oportunidades para aprender, lo frustrados que estamos con el sistema educativo tradicional y lo mal que éste prepara a la gente para el mundo real.

Parte dos

Emprendedores reales

Si eres la persona más inteligente de tu equipo,
tu equipo está en problemas.

Padre Rico

Robert Kiyosaki
HISTORIA PERSONAL Y PERFIL EMPRENDEDOR

Nombre Robert T. Kiyosaki
Fecha de nacimiento 8 de abril de 1947
Lugar de nacimiento Honolulú, Hawái

Educación tradicional

Academia de Marina Mercante de los Estados Unidos en Kings Point, título universitario en Nueva York: licenciatura en ciencias

Educación profesional

3er Oficial de Marina: cualquier océano, cualquier tonelaje, especializado en operaciones de buques petroleros
Piloto del Cuerpo de Marines: avionetas de ala fija y helicópteros de ataque

Promedio escolar

Preparatoria: 70-73
Universidad: 74-76

Valor de la educación tradicional para convertirse en emprendedor

No muy valiosa.

Materia que me gustó más en la escuela

Inglés porque tuve un gran maestro, el doctor A. A. Norton (irónicamente, reprobé la preparatoria con un 65 en... inglés).

Materia que odié más en la escuela

Ochenta por ciento de lo que aprendí en la escuela fue una pérdida de tiempo.

Primer proyecto de emprendimiento

Hacer monedas de cinco, 10 y 25 centavos con tubos de pasta de dientes usados a los nueve años (abortamos el proyecto cuando descubrimos lo que significaba la *falsificación*).

Actividad empresarial clave que *no* aprendí en la escuela

Colaboración y cooperación... en la escuela se le llama *hacer trampa.*

Por qué me convertí en emprendedor y mi primer emprendimiento importante

Me convertí en emprendedor sólo para averiguar si podía ser como mi padre rico en lugar de un empleado como mi padre pobre.

Sabía que podía ser un empleado bien remunerado —navegando buques petroleros para Standard Oil, piloteando en aerolíneas o escalando los peldaños corporativos en Xerox—. Descubrí que odiaba ser un empleado en una corporación grande. Quería mi libertad más que mi seguridad laboral.

No sabía si podía convertirme en un emprendedor rico; quería descubrir si podía lograrlo. Quería el desafío.

Mi primer emprendimiento importante fue llevar al mercado las primeras carteras de nylon y Velcro® para surfistas en 1977. El nombre de nuestra compañía fue Rippers y estábamos establecidos en Honolulú, Hawái. Fabricamos nuestros productos en Corea y Taiwán; los almacenamos en Nueva York. En 1978 Rippers fue votado como el producto nuevo número 1 en la industria de artículos deportivos. Entonces Rippers empezó a producir mercancía para la industria del rock and roll. Rippers fabricó sombreros, carteras y bolsos para bandas como Pink Floyd, Duran Duran, Boy George, Iron Maiden, Ted Nugent y The Police.

Rippers se disparó como cohete en 1978 y quebró en 1981. No fuimos capaces de manejar —o financiar— nuestro éxito.

Mejor lección de mi primer negocio

Aprendí que tenía mucho que aprender. Aprendí que podía tener éxito como empleado navegando buques petroleros o volando para aerolíneas. Quería rendirme como empresario, regresar a la escuela por mi título de maestría, conseguir un trabajo y un sueldo.

Fue mi padre rico quien me animó a continuar. Me recordó que la mayoría de los grandes empresarios fracasó muchas veces. Por ejemplo, Henry Ford se fue a bancarrota cinco veces. Me recordó que el fracaso es el camino al éxito y que cometer errores es la forma en que aprendemos.

Padre Rico también dijo: "La escuela es importante. El problema es que en la escuela se te enseña a no cometer errores. En el mundo real, si no cometes errores no aprendes. Conseguir un trabajo es bueno si necesitas un sueldo. El problema es que te despiden si cometes errores. Así que recibes un sueldo, pero no aprendes mucho".

En lugar de regresar a la escuela y conseguir un trabajo, padre rico me recomendó que regresara a los restos de mi negocio, anotara cada error que cometí, aprendiera de ellos y reconstruyera el negocio. Fue enfrentando a mis acreedores, inversionistas y miedos —aprendiendo en lugar de defenderme y aceptando la retroalimentación— como me convertí en mejor empresario. Hoy continúo fallando, recibo la retroalimentación que me llega, aprendo y me vuelvo más rico porque constantemente aprendo de mis errores.

La mejor lección fue aprender a tener fe en mí mismo.

Lo que aprendí de mi persona con el Índice Kolbe

ROBERT KIYOSAKI

Resultado del Índice Kolbe A®

FELICIDADES, ROBERT

Obtuviste una calificación perfecta en el Índice Kolbe A®

Eres excelente entrando a situaciones difíciles y preparando soluciones atrevidas, haciendo que lo aparentemente imposible sea posible. Encuentras la salida a los dilemas conforme recorres territorios inexplorados e improvisas inventos hasta que logras que funcionen.

Modos de acción Kolbe®

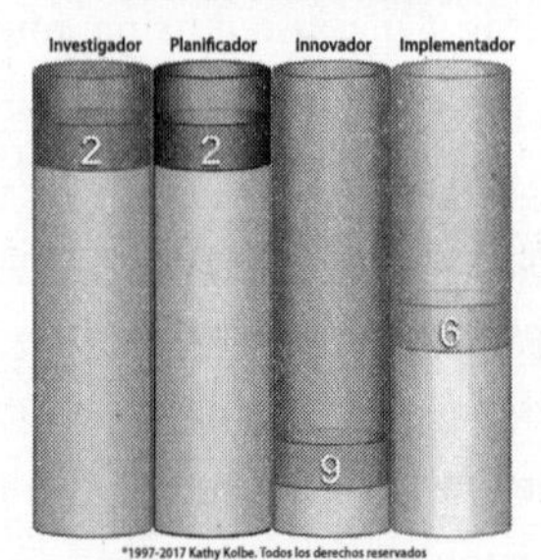

Reimpreso con permiso Kolbe Corp.

Mi Kolbe me explicó por qué no me iba bien en la escuela. La educación tradicional está diseñada para los investigadores y los planificadores. Como puedes ver en mi tabla, soy un innovador... lo cual significa que me aburro fácilmente.

También soy implementador, lo cual significa que aprendo al hacer en lugar de escuchar lecturas o presentaciones. Cuando terminé mi evaluación Kolbe entendí por qué mi carrera en la educación tradicional empezó a declinar en el primer grado, el año en que nos quitaron los bloques de madera.

Con mi Kolbe aprendí que mi "genio" es simplificar. Hoy en día tomo lo complejo y lo hago simple. Por eso *Padre Rico, Padre Pobre* es un éxito. Tomó conceptos financieros complejos y los hizo simples.

La educación tradicional toma lo simple y lo hace complejo. La educación tradicional toma un simple 1+2=3 y lo convierte en cálculo. Una razón por la cual muchas personas inteligentes no son ricas es porque toman cosas complejas y las hacen más complejas. Piensan que la complejidad los hace inteligentes. Desafortunadamente la complejidad los hace pobres.

En la actualidad, The Rich Dad Company continúa haciendo lo complejo simple. Por eso somos una compañía rica.

Usamos el Índice Kolbe en Rich Dad para asegurarnos de que tenemos a la gente correcta en los trabajos correctos, según sus fortalezas naturales.

Mi rol en el Triángulo D-I

La contribución a la misión, equipo y liderazgo proviene de la línea de comunicaciones. Mi trabajo es aclarar el mensaje de Rich Dad tanto a nuestros clientes como a nuestros empleados para apoyar nuestra misión.

Habilidades que son esenciales para los empresarios... pero no se enseñan en las escuelas

El poder de cometer errores. Nuestras escuelas castigan a los alumnos por cometer errores. Por lo tanto, muchos jóvenes abandonan la escuela creyendo que son estúpidos por haber cometido demasiados errores.

Lo mismo es cierto en la América corporativa. El empleado que comete más errores suele ser despedido.

En el mundo del emprendimiento, el emprendedor que comete más errores —y aprende de ellos— es el más rico y exitoso. Los emprendedores que cometen errores y pretenden que no los cometen tardan poco en volverse pobres o entrar en bancarrota.

Cuando veo el cono del aprendizaje, la segunda línea de arriba hacia abajo es la más importante: simular la experiencia real.

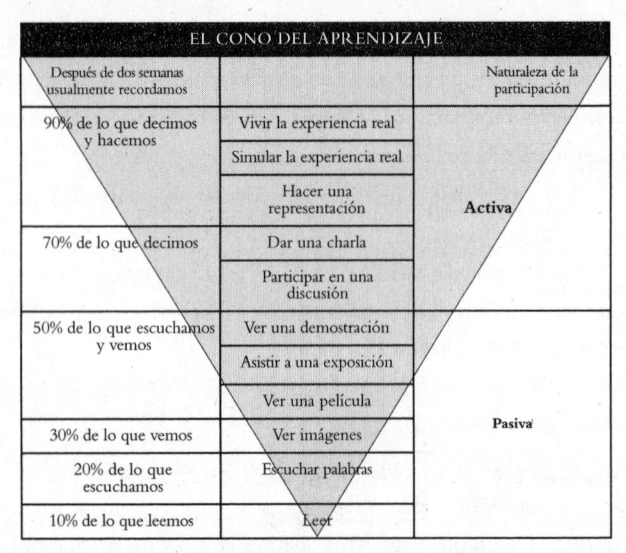

Fuente: Edgar Dale. Métodos Audiovisuales de Enseñanza, 1E. © 1969 South-Western, parte de Cengage, Inc. Reproducido con permiso, www.cengage.com/permissions.

Es mediante las simulaciones que una persona aprende de sus errores. Las simulaciones en los deportes son conocidas como prácticas. Las simulaciones en las artes y el entretenimiento son conocidas como ensayos.

Cada persona exitosa pasa mucho más tiempo en la segunda línea del Cono del aprendizaje que en la línea superior, hacer o vivir la experiencia real. Por ejemplo, todo golfista profesional ha practicado muchas más veces de las que compite en torneos.

Cuando tenía nueve años mi padre rico empezó a enseñarme sobre el dinero usando el juego de Monopoly®. Lo jugamos durante horas y horas. Hoy en día casi toda mi riqueza está en el cuadrante I, donde sigo jugando Monopoly en el mundo real.

Jugar Monopoly y hacer cosas reales me inspiró a aprender de por vida. Me interesaba aprender de maestros que realmente hacían, maestros cuyas experiencias se ganaran mi respeto y me inspiraran a aprender más.

Por eso Kim, yo y mi equipo de asesores de Padre Rico tenemos seminarios de asesores que duran tres días dos veces al año, aprendiendo de personas que realmente hacen las cosas y practican lo que enseñan.

Mi lección más importante para emprendedores

Las malas colaboraciones llevan a encontrar grandes compañeros.

Cómo aprendí a recaudar capital

Una palabra: desesperación. No tenía dinero y necesitaba aprender... rápido.

Cómo aprendí a superar el miedo y el fracaso

Combatí el fracaso y el miedo al fracaso... con el fracaso. "Fracasa más rápido", me decía mi padre rico. Todos aprendemos de nuestros fracasos si buscamos las lecciones que pueden enseñarnos.

Mi fortaleza personal

Me impulsan las misiones. En la escuela militar y en el Cuerpo de Marines aprendí el poder espiritual de la misión. En Vietnam aprendí la importancia de tener un equipo con la misma misión. Tener una misión fuerte me ayudó a superar mi pereza y a convertirme en un miembro fuerte del equipo.

Mi debilidad personal

Soy flojo. Mi flojera es una razón por la cual fui a la escuela militar en Nueva York. Necesitaba la disciplina y un sistema que me forzara a estudiar.

Las habilidades de emprendimiento que enseño mejor

Marketing, desarrollo de marcas y posicionamiento.

La lección de emprendimiento que enseño

Cómo convertir un negocio en una marca.

Cómo convertir un negocio en una marca

de Robert Kiyosaki

Si tú no eres marca… eres mercancía.
Si eres mercancía, entonces el precio lo es todo
y el que produce a menor precio gana.

Sabiduría ancestral

Una marca puede ser mucho más valiosa que un negocio. Por ejemplo, la marca Coca-Cola es mucho más valiosa que todas las plantas físicas, el equipo y bienes raíces usados para hacer productos Coca-Cola para el mundo. He escuchado estimaciones de que la marca Cola-Cola por sí sola vale entre 90 000 y 120 000 millones de dólares. Esto significa que a la Coca-Cola Company se le podrían pagar entre 90 000 y 120 000 millones… sólo por su nombre.

Tómate un momento y piensa en las marcas en tu vida. ¿Qué marca de celular usas y por qué? Indagando aún más, pregúntate:

- ¿Cuál es tu marca de auto favorita?
- ¿Tienes un diseñador de moda favorito?
- ¿Una cadena hotelera favorita?
- ¿Un restaurante favorito?
- ¿Qué programas de televisión ves?

Si alguien te pregunta cuál es el nombre de un restaurante de comida rápida, ¿qué marca te vendría a la mente? ¿Qué me dices de estas preguntas?

"Hablemos mientras tomamos café. ¿A dónde quieres ir?" "¿Qué lugar quieres visitar en tus próximas vacaciones?" "¿Cuál es la mejor universidad del mundo?"

Sea cual sea el negocio o la marca con la que respondiste, ese negocio ha hecho un gran trabajo colocando su nombre en tu cerebro.

Hace años leí un gran libro titulado *Posicionamiento: la batalla por su mente* de Jack Trout y Al Reis. Aunque es un libro viejo preinternet de la era industrial, su mensaje es tan cierto hoy como lo fue hace 40 años. El posicionamiento se trata sobre la batalla para ser el número uno en la mente de tu cliente. Si no eres el número uno, entonces no existes. Piensa en esto:

¿Quién fue la primera persona en volar solo a través del Atlántico? Charles Lindberg en 1927.

¿Quién fue la segunda persona? ¿A quién le importa?

Hoy en día el posicionamiento —la batalla por el lugar número uno— también es conocido como SEO u optimización de motores de búsqueda.

En la actualidad hasta los terroristas tienen marcas. Hace cientos de años hubo un huno llamado Atila. Sembró miedo en todo el mundo. También estuvo Genghis Khan, quien invadió Europa usando el terror como su arma. Sus aterradas víctimas tenían dos opciones: luchar o huir.

Las marcas han impactado mi vida por años. Durante la Guerra de Vietnam tuve que decidir a qué rama militar unirme. Había cinco opciones básicas: Ejército, Fuerza Aérea, Naval, Marines y Guardia Costera. Cuando supe que iba a Vietnam elegí al Cuerpo de Marines. Unirme a los marines no fue una decisión impulsiva. Los marines me habían marcado desde que era niño. Mis amigos y yo sabíamos que los marines eran los más duros. Cuando hacíamos juegos de guerra con pistolas de plástico todos queríamos ser marines.

El himno del Cuerpo de Marines es una parte esencial de su marca. Cada que lo escuchaba me daban ganas de inscribirme.

La letra va así:

Desde los salones de Montezuma
A las costas de Trípoli;
Luchamos las batallas de nuestro país

Por aire, por tierra y mar;
Primero para luchar por el derecho y la libertad
Y para mantener limpio nuestro honor;
Estamos orgullosos de reclamar el título
de Marine de los Estados Unidos.

Es la canción oficial más antigua de todas las fuerzas armadas en los Estados Unidos.

El uniforme del Cuerpo de Marines es otro componente de su marca. Cuando ves pósteres de reclutamiento del Cuerpo de Marines, los marines vistiendo de azul suelen ser el punto central del anuncio. El himno de los marines y el código de vestimenta dan el mismo mensaje enfocado de marca. Al tener que elegir un servicio militar, la decisión fue fácil. Ya había sido marcado.

Las marcas son poderosas en combate. Cuando estuve en Vietnam, la marca "Viet Cong" llenaba de miedo nuestros corazones. Hoy al Qaeda e ISIS son marcas que llenan de miedo corazones y mentes en todo el mundo.

Tras volver de Vietnam y entrar al mundo civilizado apliqué para trabajos en IBM y Xerox. Aunque había otras compañías con productos para oficinas, tales como 3M y Kodak, IBM y Xerox eran las primeras que vinieron a mi mente. Como 3M y Kodak no existían en mi mente, las ignoré en ferias de trabajo.

Elegí trabajar para Xerox Corporation porque me gustaron los reclutadores corporativos que realizaban las entrevistas. Los reclutadores de IBM eran tiesos, aburridos, vestían de traje sastre azul, camisa blanca y corbata roja. Los reclutadores de Xerox usaban trajes y corbatas a la moda. Eran ruidosos, contemporáneos y me ofrecieron una cerveza mientras me sentaba para ser entrevistado. ¿Adivina con cuál empresa me quedé?

Lección de marca:

Tu ropa, apariencia y personalidad son componentes importantes de tu marca. Tal como los uniformes son importantes para los marines, lo mismo es cierto en el mundo empresarial Por ejemplo, cuando entras a un McDonald's todos los empleados usan uniformes de McDonald's. Las grandes corporaciones como Xerox e IBM tienen códigos de vestimenta para sus ejecutivos.

Los emprendedores como Steve Jobs y Bill Gates tienen sus propios estilos. Son reconocidos de inmediato, tal como sucede con Donald Trump, Mark Cuban, Mark Zuckerberg y —por supuesto— Oprah. Ellos personifican sus marcas.

No soy capaz de recordar los nombres o caras de los CEO del Fortune 500. Simplemente no me vienen a la mente. Sin embargo, cuando me preguntan cuál es mi CEO emprendedor favorito, muchas personas me vienen a la mente. Por ejemplo, no me cuesta visualizar a Steve Jobs, Mark Zuckerberg, Donald Trump y Jeff Bezos. Ése es otro ejemplo del poder de una marca.

Las marcas se vuelven palabras

Una marca puede ser tan poderosa que se convierte en parte de nuestro vocabulario. Para decirlo de otro modo, una marca puede ser una palabra usada en conversaciones casuales para identificar un tipo de producto.

Durante los setenta, la marca Xerox fue tan fuerte que Xerox lanzó una campaña nacional pidiendo a la gente que dejara de decir "xeroxea esto". En lugar de eso pedían al público que dijeran "copia esto". La compañía temía que la marca Xerox se volviera dominio público y perdiera su posición legal como una marca o registro.

Lo mismo es cierto con la marca Kleenex. Millones de personas piden un "kleenex" en lugar de un "pañuelo". Google se encuentra en una posición similar. En vez de decir "búscalo" la gente dice "googléalo". Ésas son marcas poderosas con mucho valor de marca.

¿Cómo creas una marca?

El concepto original de las marcas viene de la industria ganadera.

Cuando los ranchos y las tierras de granjas eran abiertas, libres y sin cercas, la única forma que tenían los ganaderos de distinguir su ganado del de la competencia era marcando a su ganado. Lo mismo es cierto hoy en el campo abierto del ciberespacio. Ningún ganadero permitiría que su ganado pastara sin marca. Tampoco deberías permitirlo tú.

Si eres una corporación grande y has gastado millones en publicidad, promociones y programas de acercamiento a consumidores, tienes dinero para invertirlo en construir una marca. No obstante, ten en cuenta que gastar mucho dinero no garantiza que *construirás* una marca.

Durante el boom de las puntocom, muchas empresas nuevas gastaron millones tratando que su marca fuera recordada. Pets.com fue una de esas empresas nuevas. Solían usar una marioneta de calcetín blanco con un micrófono en lugar de un humano como su vocero. Las promociones incluyeron una aparición en el Desfile del Día de Acción de Gracias de Macy's en 1999 y spots televisivos durante el Super Bowl de 2000. La "mascota" vocera fue entrevistada por la revista *People*, además de aparecer en Good Morning America.

La compañía comenzó en 1998 y gastó más de 300 millones de dólares en publicidad y promociones. La gente aún recuerda a la mascota de calcetín, pero el negocio murió en 2000.

Lección de marca:

Gastar mucho dinero no garantiza una marca.

Las luces se prenden

Al inicio de los ochenta yo estaba en el negocio del rock and roll. El negocio era dueño de un comercio manufacturero con fábricas en Honolulú, Taiwán y Corea. Fabricamos productos con licencia de varias bandas, incluyendo Duran Duran, Judas Priest, Van Halen, Boy George y The Police.

Aunque el negocio era divertido, sexy y generaba millones de dólares, no ganaba mucho dinero. Finalmente me di cuenta de que estaba del lado equivocado de la mesa. Las bandas de rock eran los licenciantes en un lado de la mesa mientras que yo era el licenciatario al otro lado. Yo ponía todo el dinero para fabricar productos como gorras, carteras, bolsos y playeras con imágenes de la banda. Además de eso tenía que pagarles regalías por el derecho de usar su nombre en mis productos. Yo asumía todo el riesgo… mientras que ellos se quedaban con toda la diversión y ganaban todo el dinero.

Fue entonces cuando se prendió una luz en mi cabeza y empecé a estudiar el poder de las marcas. Quería cambiar el lado de la mesa en que me sentaba. Quería ser la persona que creaba la marca por la cual otra persona pagaba regalías. Eso es exactamente lo que hago hoy.

Lección de marca:

El Triángulo D-I: Lo más importante de las 8 integridades del Triángulo D-I es la misión. La misión determina el producto y la marca.

Lo que los clientes aman de tu marca es la misión de tu negocio. Cuando Ford Motor Company fue fundada en 1903 los automóviles sólo eran para la gente rica. La misión de Henry Ford fue "democratizar el automóvil". En otras palabras, hacer que el automóvil fuera accesible para todos, incluyendo sus empleados.

La misión de Ford se reflejaba en todos sus carros. Su misión es la razón por la cual los autos Ford eran amados, adorados y comprados por millones de personas. Al día de hoy millones de personas siguen siendo fanáticos de Ford.

En pocas palabras, la misión genera lealtad a la marca.

Siguiendo la misión de Ford, Sam Walton fundó Walmart en 1962. Hoy Walmart es conocida por sus productos de alta calidad a bajos precios. Su declaración de posicionamiento es: Siempre precios bajos… siempre.

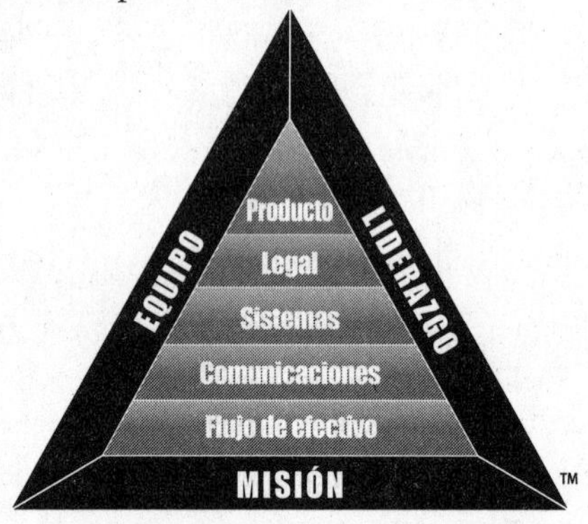

Por eso millones de personas dicen "voy a Walmart" en lugar de decir "voy de compras".

Lección de marca:

Tu negocio y productos comunican tu misión a tus clientes.

La misión de The Rich Dad Company es: *Elevar el bienestar financiero de la humanidad.*

Una vez que Kim y yo estuvimos claros en nuestra misión empezamos el desarrollo de productos. Cuando el prototipo del juego Cashlow fue probado en fase beta y *Padre Rico, Padre Pobre* estaba redactado, el siguiente paso en el Triángulo D-I fue legal. Necesitábamos una patente y un abogado de patentes para convertir mis productos en unos con autoría y marca.

Aprendí mis lecciones del rock and roll. En lugar de ser el emprendedor con las fábricas, empleados, gastos generales y otras miserias de los negocios, The Rich Dad Company fue diseñada para ser una marca. Es por eso que la empresa central de The Rich Dad Company fue diseñada para ser una compañía pequeña. No somos dueños de fábricas, imprentas o almacenes. Tenemos un equipo relativamente pequeño. Hacemos nuestro dinero permitiendo que compañías de todo el mundo —compañías como editoriales— tengan derecho legal de fabricar nuestros productos a cambio de una regalía a The Rich Dad Company. De alguna manera, es como dinero a cambio de nada.

Obviamente lo hago sonar más fácil de lo que en realidad es. Para Kim y para mí fue un proceso difícil. Hoy, Rich Dad es una marca internacional que trabaja cooperativamente con socios en todo el mundo. En muchas formas, Rich Dad se parece a Coca-Cola. Somos dueños de la marca y nuestros socios son dueños de las imprentas y organizaciones que producen nuestros libros, seminarios y juegos bajo nuestra licencia.

¿Qué es una marca?

Una marca simplemente *define el valor del producto* y *crea relaciones.* Por ejemplo, el mundo está lleno de libros, relojes, carros, ropa y otros productos y servicios. Una marca define qué hace diferente a tus productos y crea una relación con los clientes que buscan las diferencias que tu producto ofrece. El precio suele definir a los productos. Algunas marcas son de alto precio y otras son conocidas por ser baratas. Si vas a ser una marca de alto precio, el cliente debe sentir que el valor de tu producto vale ese precio. Por ejemplo, una marca comunica a un comprador de autos exactamente por qué un Ferrari es más caro que un Toyota.

Los falsificadores que venden imitaciones suelen dañar la relación y confianza entre un negocio y sus clientes. Louis Vuitton vende bolsos y accesorios lujosos. A la vuelta de la esquina, un falsificador puede estar vendiendo imitaciones de Vuitton. Si el negocio no actúa contra los falsificadores (también conocidos como criminales), la marca eventualmente sufrirá o desaparecerá. Lo mismo sucede en internet. Me sorprende ver cuántas personas imitan mis productos y mi nombre. A los que falsifican a otras personas y a sus productos les digo: "Búsquense una vida".

Lección de marca:

Debes defender y proteger tu marca.

CÓMO PADRE RICO SE CONVIRTIÓ EN MARCA

The Rich Dad Company ha gastado muy poco o nada en publicidad. Quizá te preguntes: *¿Cómo construí una marca?*

La respuesta se encuentra en el Triángulo D-I, en una de las ocho integridades de un negocio: comunicaciones. En el mundo de la comunicación hay tres formas principales de promover tu negocio o productos: relaciones públicas/medios sociales, publicidad y ventas.

Todos hemos conocido a vendedores que presionan mucho. Primero usan presión alta, o trucos, porque gastan poco tiempo o dinero en relaciones públicas y publicidad. Pets.com gastó 300 millones de dólares en publicidad y quebró. Rich Dad prácticamente no ha gastado en publicidad. Sin embargo, hemos gastado mucho tiempo (pero muy poco dinero) en relaciones públicas.

Cuando *Padre Rico, Padre Pobre* estaba listo para imprimirse, Kim y yo encontramos un servicio que planeaba visitas de autores a programas de radio. Cada semana era invitado a estaciones de radio en diferentes ciudades de Estados Unidos para contar la historia de *Padre Rico, Padre Pobre*. No *vendía*. Al contar la historia hacía que la gente quisiera comprar el libro. Al final de una entrevista de cinco o treinta minutos, el anfitrión del programa me preguntaba: "¿Dónde puede comprar tu libro nuestro público?" Mi respuesta era: "En librerías de todo el mundo".

Estas entrevistas mandaban a miles de personas a las librerías en busca del libro. Las personas querían comprar. Las librerías hicieron poca labor de venta.

Lección de marca:

Detrás de cada gran banda hay un gran emprendedor con gran pasión para resolver un gran problema. Si haces esto, serás un emprendedor muy, muy rico.

Sobre Robert Kiyosaki

Mejor conocido como el autor de *Padre Rico, Padre Pobre* —el libro de finanzas personales más vendido de todos los tiempos— Robert Kiyosaki ha enfrentado y cambiado la forma en que decenas de millones de personas en el mundo piensan acerca del dinero. Es un emprendedor, educador e inversionista que cree que el mundo necesita más emprendedores que creen trabajos.

Con perspectivas sobre el dinero y las inversiones que suelen contradecir la sabiduría convencional, Robert se ha ganado una reputación internacional por ser directo, irreverente y valiente, así como un apasionado y franco defensor de la educación financiera.

Robert y Kim Kiyosaki son fundadores de The Rich Dad Company, una compañía de educación financiera, y creadores de los juegos Cashflow. En 2014 la compañía apalancó el éxito de los juegos Rich Dad para lanzar nuevos y revolucionarios productos en juegos móviles y en línea.

Robert ha sido reconocido como un visionario con el don de simplificar conceptos complejos —ideas relacionadas con dinero, inversiones, finanzas y economía— y ha compartido su viaje personal de libertad financiera en formas que resuenan con audiencias de todas las edades y contextos. Sus principios y mensajes centrales —como "tu casa no es un activo" e "invierte por flujo de efectivo"— desataron una tormenta de críticas y ridiculización. Durante las últimas dos décadas sus enseñanzas y filosofías se han manifestado en el escenario económico mundial de forma tanto inquietante como profética.

Su punto de vista es que el "viejo" consejo —ve a la universidad, consigue un buen trabajo, ahorra dinero, sal de deudas, invierte a largo plazo y diversifica— se ha vuelto obsoleto en la acelerada era de la información actual.

Las filosofías y mensajes de Padre Rico desafían el *statu quo.* Sus enseñanzas impulsan a la gente a educarse financieramente y a tomar un papel activo en la inversión para su futuro. Autor de 19 libros, incluyendo el éxito internacional *Padre Rico, Padre Pobre,* Robert ha sido invitado destacado en medios de comunicación de todos los rincones del mundo —desde CNN, BBC, Fox News, Aljazeera, GBTV y PBS a *Larry King Live, Oprah, Investor Business Daily, Sydney Morning Herald, The Doctors, Straits Times, Bloomberg NPR, USA Today* y cientos más— y sus libros han encabezado listas de bestsellers internacionales por dos décadas. Continúa enseñando e inspirando a audiencias alrededor del mundo.

Sus libros más recientes incluyen *La ventaja del ganador: el poder de la educación financiera*; *El toque de Midas*, el segundo libro que ha coescrito con Donald Trump; *Por qué los estudiantes de 10 trabajan para los estudiantes de 6*; *8 lecciones de liderazgo militar para emprendedores*; *Segunda oportunidad*; *Más importante que el dinero*; y *Por qué los ricos se hacen más ricos.*

Para aprender más, visita RichDad.com

Libros más vendidos
de Robert T. Kiyosaki

Padre Rico, Padre Pobre

Qué les enseñan los ricos a sus hijos acerca del dinero,
¡que los pobres y la clase media no!

El Cuadrante del flujo de efectivo

Guía del Padre Rico hacia la libertad financiera

Guía para Invertir

En qué invierten los ricos,
¡a diferencia de las clases media y pobre!

Niño rico, niño listo

Cómo dar a sus hijos una educación financiera sólida

Retírate joven, retírate rico

Cómo hacerte rico rápido y para siempre

La profecía de padre rico

Por qué el colapso más grande en la historia de la bolsa está por venir... ¡y cómo puedes prepararte y beneficiarte de ello!

Guía para hacerse rico sin cancelar sus tarjetas de crédito

Convierta la "deuda mala" en "deuda buena"

El juego del dinero

¡Por qué los inversionistas lentos pierden
y el dinero rápido gana!

Padre Rico, Padre Pobre para jóvenes

¡Los secretos para ganar dinero
que no te enseñan en la escuela!

Escapa de la carrera de la rata

Aprende cómo funciona el dinero
y conviértete en un niño rico

Antes de renunciar a tu empleo
10 lecciones que todo emprendedor debe saber
para construir un negocio multimillonario

Incrementa tu IQ financiero
Sé más listo con tu dinero

La conspiración de los ricos
Las 8 nuevas reglas del dinero

La ventaja del ganador
El poder de la educación financiera

El libro real de bienes raíces
Expertos reales • Historias reales • Vida real

***Despierta el genio financiero de tus hijos*:**
Por qué los estudiantes de 10 trabajan para los estudiantes de 6
La guía de Padre Rico para la educación financiera de los padres

Segunda oportunidad
Para tu dinero, tu vida y nuestro mundo

8 lecciones de liderazgo militar
para emprendedores

Por qué los ricos se hacen más ricos
¿Realmente qué es la educación financiera?

Libros coescritos con Donald Trump

Queremos que seas rico
Dos hombres | Un mensaje

El toque de Midas
Por qué algunos empresarios se hacen ricos
pero la mayoría no

EXTRACTO DE

20 AÑOS
SIENDO EL LIBRO
#1 DE FINANZAS
PERSONALES
Qué les enseñan los ricos
a sus hijos acerca del dinero,
¡que los pobres y
la clase media no!
PADRE
RICO
PADRE POBRE
EDICIÓN ACTUALIZADA PARA EL MUNDO DE HOY
CON SESIONES DE ESTUDIO EN CADA CAPÍTULO
ROBERT T. KIYOSAKI
AGUILAR

Capítulo uno

Lección 1: Los ricos no trabajan por dinero

La gente pobre y la de clase media trabajan por dinero.
Los ricos, en cambio, hacen que el dinero trabaje para ellos.

"Papá, ¿me puedes decir cómo volverme rico?"

Mi padre dejó a un lado el periódico vespertino.

"¿Para qué quieres volverte rico, hijo?"

"Porque hoy la mamá de Jimmy llegó en su Cadillac nuevo. Iban a su casa de la playa a pasar el fin de semana. Llevaron con ellos a tres de los amigos de Jimmy, pero a mí y a Mike no nos invitaron. Nos dijeron que no querían que fuéramos porque éramos pobres."

"¿Ah, sí?", preguntó mi padre con incredulidad.

"Sí, así fue", contesté con tristeza. Todavía me sentía muy herido.

Papá sacudió la cabeza en silencio, se empujó los lentes hasta el puente de la nariz y continuó leyendo el periódico. Yo me quedé ahí parado, esperando una respuesta.

Eso fue en 1956, cuando tenía nueve años. Por aras del destino, asistía a la misma escuela pública a la que la gente rica enviaba a sus hijos. Vivíamos en un pueblo en donde había plantaciones de azúcar. Los capataces de las plantaciones y otras personas con medios económicos —como doctores, dueños de negocios y banqueros— inscribían a sus hijos en esa primaria, y, por lo general, los enviaban a escuelas privadas en cuanto terminaban el sexto grado. Yo asistí a esa escuela porque mi familia vivía del mismo lado de la calle en que ésta se encontraba.

Si hubiera vivido del otro lado, habría ido a otra escuela, con niños de familias más parecidas a la mía y, al terminar, tanto ellos como yo habríamos ido a secundarias y preparatorias públicas. Las escuelas privadas no habrían sido una opción.

Al fin, mi padre volvió a soltar el periódico. Comprendí que estaba pensando.

"Pues, verás, hijo...", comenzó a decir lentamente, "si quieres ser rico, tienes que aprender a hacer dinero".

"¿Y cómo hago dinero?", le pregunté.

"Pues usa tu cabeza, hijo", dijo, con una sonrisa. Entonces supe lo que eso significaba. Era algo como: "Eso es todo lo que te voy a decir" o "No sé la respuesta. Vete a jugar por ahí y deja de avergonzarme".

Se forma una sociedad

A la mañana siguiente le conté a Mike, mi mejor amigo, todo lo que mi padre me dijo. Yo había notado que Mike y yo éramos los únicos chicos pobres de la escuela. Él también estaba ahí por casualidad. Alguien trazó una desviación en el distrito escolar, y por eso él y yo terminamos siendo compañeros de niños ricos. En realidad no éramos pobres, pero nos sentíamos así porque todos los otros chicos tenían guantes de beisbol, bicicletas recién compradas y todo nuevo.

Mamá y papá nos daban lo esencial, como alimento, techo y ropa, pero eso era todo. Papá solía decir: "Si quieres algo, trabaja para conseguirlo". Nosotros queríamos cosas, pero no había muchos empleos disponibles para niños de nueve años.

"¿Entonces qué hacemos para conseguir dinero?", preguntó Mike.

"No lo sé", le contesté. "¿Pero quieres ser mi socio?"

Mike accedió y el siguiente sábado, temprano, se convirtió en mi primer socio de negocios. Pasamos toda la mañana haciendo una lista con ideas para hacer dinero. De repente también hablamos de todos los "chicos populares" que se estaban divirtiendo en la casa de Jimmy. Fue un poco doloroso, pero también benéfico porque el dolor nos inspiró a seguir pensando en alguna manera de hacer dinero. Finalmente, un rayo nos iluminó por la tarde. Fue una idea que Mike sacó de un libro de ciencias que había leído. Emocionados, estrechamos las manos: nuestra sociedad ya tenía un negocio.

Las siguientes semanas Mike y yo anduvimos corriendo por el vecindario. Tocamos todas las puertas y les pedimos a los vecinos que nos guardaran los tubos vacíos de pasta dental. Después de mirarnos intrigados, casi todos los adultos asintieron con una sonrisa. Algunos nos preguntaron qué pensábamos hacer, pero invariablemente respondimos: "No podemos decirle, es un negocio secreto".

Conforme pasaron más semanas mi madre empezó a ponerse nerviosa porque elegimos un lugar junto a su lavadora para almacenar nuestro material. En una caja de cartón que alguna vez estuvo llena de botellas de cátsup, nuestro pequeño montículo de tubos de pasta vacíos siguió creciendo.

Pero llegó un momento en que mamá se impuso. El hecho de ver los arrugados y sucios tubos de pasta dental de sus vecinos le colmó el plato. "¿Qué traen entre manos, muchachos?", nos preguntó. "Y no me salgan otra vez con que se trata de un negocio secreto. Si no acomodan ese cochinero, voy a tirar todo a la basura."

Mike y yo le imploramos que no lo hiciera. Le explicamos que muy pronto tendríamos suficientes y podríamos empezar la producción. También le informamos que estábamos esperando que algunos vecinos más se acabaran la pasta que aún tenían, para poder usar los tubos. Mamá nos dio una semana de plazo.

La fecha para iniciar la producción tuvo que cambiarse y la presión subió al máximo. ¡A mi primera sociedad la amenazaba un aviso de desalojo por parte de mi propia madre! Mike se hizo responsable de avisarles a los vecinos que necesitábamos que se apuraran. Les dijo que, de todas maneras, el dentista quería que se cepillaran con más frecuencia. Yo me encargué de ensamblar la línea de producción.

Un día mi papá llegó a casa con un amigo y ambos nos vieron: dos niños de nueve años en la entrada del garaje, con una línea de producción que operaba a toda velocidad. Había polvo blanco por todos lados. Sobre una larga mesa también se podían ver cartones de leche de la escuela y, a un lado, la parrilla de la familia resplandecía por el calor del carbón que ardía al punto máximo. Papá tuvo que estacionar el auto en la entrada y luego caminar con cuidado porque la línea de producción bloqueaba el espacio de estacionamiento. A medida que él y su amigo se acercaban, vieron una cacerola grande de acero sobre el carbón. Ahí estaban todos los tubos derritiéndose. En aquel tiempo la pasta dental no se vendía en tubos de plástico sino de plomo. Así que, en cuanto la pintura se quemaba, los tubos se mezclaban en la cacerola y se derretían hasta volverse líquido. Con los paños que usaba mi madre para sujetar las cosas calientes, vaciamos el plomo a través de un pequeño orificio en la parte superior de los cartones de leche que habíamos llenado con yeso de París.

Había polvo blanco regado en todos lados. Por la prisa, tiré sin querer la bolsa y el yeso se esparció. Daba la impresión de que había caído una tormenta de nieve en toda la parte del frente de la casa. Los cartones de leche los usamos para hacer los moldes con el yeso de París.

Mi padre y su amigo nos observaron mientras vaciamos el plomo derretido a través de los pequeños orificios en los cubos de yeso.

"Cuidado", dijo mi padre.

Asentí sin despegar la vista de lo que hacía.

En cuanto terminé de verter el plomo dejé la cacerola de acero a un lado y le sonreí a mi papá.

"¿Qué están haciendo, muchachos?", me preguntó con una sonrisa precavida.

"Lo que tú me dijiste que hiciera. Nos vamos a volver ricos", le dije.

"Sip", agregó Mike, con una tremenda sonrisa, al mismo tiempo que asentía. "Somos socios."

"¿Y qué hay en esos moldes de yeso?", preguntó papá.

"Observa", le dije. "Ésta debe ser una buena ronda de producción."

Tomé un martillito y le pegué al sello que dividía al cubo en dos. Con mucho cuidado saqué la parte superior del molde y de él cayó una moneda de plomo de cinco centavos.

"¡Ay, no!", exclamó mi padre. "¡Están haciendo monedas de plomo!"

"Así es", dijo Mike. "Hacemos lo que nos dijo: dinero."

El amigo de mi papá se volteó y comenzó a carcajearse. Papá sonrió y negó con la cabeza. Junto a una parrilla caliente y una caja de tubos de pasta dental vacíos había dos sonrientes chiquillos cubiertos de polvo blanco.

Papá nos pidió que dejáramos todo y que nos sentáramos junto a él en la escalera al frente de la casa. Con una sonrisa nos preguntó si sabíamos lo que significaba "falsificar".

Nuestros sueños se hicieron añicos.

"¿Quiere decir que esto es ilegal?", preguntó Mike, con voz temblorosa.

"Déjalos ir", dijo el amigo de mi padre. "Tal vez están desarrollando un talento natural."

Papá le lanzó una mirada fulminante.

"Sí, es ilegal", nos dijo con dulzura. "Pero acaban de demostrar que tienen mucha creatividad e ideas originales. Sigan así, ¡estoy muy orgulloso de ustedes!"

Mike y yo estábamos muy desilusionados. Permanecimos sentados en silencio por cerca de veinte minutos antes de disponernos a limpiar el desastre. El negocio se acabó el mismo día que lo inauguramos. Mientras barría el yeso, miré a Mike y le dije: "Supongo que Jimmy y sus amigos tienen razón: somos pobres".

Papá estaba a punto de irse, pero alcanzó a escucharme.

"Muchachos", dijo, "sólo serán pobres si se rinden. Lo más importante es que hicieron algo. La mayoría de la gente sólo habla de volverse rica. ¡Ustedes se pusieron en acción! Estoy muy orgulloso de ambos. Se los voy a repetir: Sigan intentándolo, no se rindan".

Mike y yo nos quedamos callados. Las palabras de papá eran lindas pero todavía no sabíamos qué hacer.

"Entonces, ¿por qué tú no eres rico, papá?", le pregunté.

"Porque elegí ser maestro y los maestros no piensan en volverse ricos. A nosotros sólo nos gusta enseñar. Me encantaría poder ayudarlos pero no sé cómo hacer dinero."

Mike y yo nos volteamos y seguimos limpiando.

"Ya sé", exclamó mi padre. "Si quieren aprender a ser ricos, no me pregunten a mí, pregúntenle a tu padre, Mike."

"¿A mi papá?", preguntó mi amigo, con el ceño fruncido.

"Sí, a tu papá", repitió mi padre, con una sonrisa. "A los dos nos atiende el mismo banquero, y él siempre me habla maravillas de tu papá. En varias ocasiones me ha dicho que es muy hábil e ingenioso para hacer dinero."

"¿Mi papá?", preguntó Mike, muy intrigado. "¿Entonces por qué no tenemos un auto lindo y una casa bonita como los niños ricos de la escuela?"

"Un auto lindo y una casa bonita no necesariamente significan que seas rico o que sepas cómo generar dinero", explicó mi padre. "El papá de Jimmy trabaja en la plantación de azúcar, su trabajo no es tan distinto al mío como parece. Él trabaja para una empresa y yo para el gobierno. La compañía azucarera le dio el auto como una prestación, pero están teniendo problemas financieros, y eso significa que el papá de Jimmy podría quedarse sin nada en cualquier momento. Tu padre, en cambio, se dedica a hacer negocios, Mike. Parece que está construyendo un imperio, y sospecho que en algunos años va a ser muy rico."

Al escuchar eso, Mike y yo volvimos a emocionarnos. Retomamos con nuevos bríos nuestra labor y limpiamos el desastre que habíamos causado con nuestro ahora extinto negocio. Mientras barríamos hicimos planes para entrevistarnos con el papá de Mike.

El problema era que trabajaba muchas horas al día y casi siempre regresaba a casa muy tarde. Tenía bodegas, una constructora, una cadena de tiendas y tres restaurantes. Estos últimos eran los que lo mantenían fuera hasta altas horas de la noche.

Cuando terminamos de limpiar, Mike tomó el autobús a casa. Esa noche, cuando llegara su padre, hablaría con él y le preguntaría si nos podría enseñar cómo volvernos ricos. Prometió que me llamaría en cuanto hubiese hablado con él, aunque fuera tarde.

El teléfono sonó a las 8:30 p.m.

"El próximo sábado. ¡Genial!", dije, antes de colgar el teléfono. El padre de Mike estuvo de acuerdo en reunirse con nosotros.

A las 7:30 a.m. del sábado tomé el autobús que iba a la zona pobre del pueblo.

Las lecciones comienzan

Mike y yo nos reunimos con su padre esa mañana, a las ocho en punto. El señor ya estaba ocupado; llevaba una hora trabajando. Cuando llegué a la sencilla y ordenada casita el supervisor de construcción del papá de Mike iba saliendo en su camioneta.

"Papá está hablando por teléfono. Dijo que lo esperáramos en la terraza", me explicó Mike en cuanto abrió la puerta.

El piso de duela crujió cuando atravesé el umbral de la vieja construcción. Junto a la puerta había un tapete barato que ocultaba los años de desgaste provocados por todos los pasos que el piso había tenido que soportar. Estaba limpio, pero era evidente que tenía que remplazarse.

Sentí un poco de claustrofobia cuando entré a la angosta sala repleta de viejos y mohosos muebles que hoy serían artículos de colección. En el sofá había dos señoras un poco mayores que mi madre; frente a ellas estaba sentado un hombre en ropa de trabajo. Llevaba pantalones y camisa color kaki, bien planchados pero sin almidón, y botas de trabajo bien lustradas. Parecía unos diez años mayor que mi papá. Todos nos sonrieron cuando Mike y yo pasamos camino a la terraza de atrás. Les devolví el gesto con timidez.

"¿Quiénes son esas personas?", pregunté.

"Ah, trabajan para mi padre. El señor dirige las bodegas y las señoras los restaurantes. Cuando llegaste seguramente viste al encargado de construcción que trabaja en el proyecto de una avenida, a 80 kilómetros de aquí. Hay otro supervisor que está construyendo una serie de casas, pero se fue antes de que llegaras."

"¿Y así es siempre?", pregunté.

"No siempre, pero sí con mucha frecuencia", dijo Mike, y sonrió mientras jalaba una silla para sentarse junto a mí.

"Le pregunté a mi papá si nos enseñaría a hacer dinero", dijo.

"Oye, ¿y qué te dijo?", le pregunté con curiosidad y cautela.

"Bueno, al principio puso una cara graciosa, pero luego dijo que nos haría una oferta."

"Ah", exclamé. Empecé a mecer mi silla contra la pared y me quedé equilibrado en las dos patas traseras.

Mike hizo lo mismo.

"¿Y sabes cuál es la oferta?", le pregunté.

"No, pero lo averiguaremos pronto."

De repente el papá de Mike atravesó de golpe la desvencijada puerta deslizable que llevaba a la terraza. Mike y yo nos levantamos de un salto. No tanto por educación, sino porque nos asustamos.

"¿Listos, muchachos?", preguntó, y tomó una silla para sentarse junto a nosotros.

Asentimos y separamos las sillas de la pared para acercarlas y sentarnos frente a él.

Era un hombre corpulento, como de 1.80 de altura y 90 kilos de peso. Mi papá era más alto, de más o menos el mismo peso, y cinco años mayor que el papá de Mike. Podría decir que se parecían un poco, pero no tenían el mismo origen racial. Lo que sí era similar era la energía que proyectaban.

"Dice Mike que quieren aprender a hacer dinero. ¿Es cierto, Robert?"

Asentí, pero estaba tan emocionado que creo que sacudí demasiado la cabeza. Las palabras y la sonrisa del padre de Mike me causaron gran impacto.

"Muy bien. Mi oferta es la siguiente: les voy a enseñar, pero no como se hace en el salón de clases. Van a trabajar para mí y yo les voy a corresponder con conocimientos, pero si no se ponen las pilas, no van a aprender nada. Si trabajan, les puedo transmitir el conocimiento con mayor rapidez, pero si sólo quieren sentarse y tomar clase como si estuvieran en la escuela, entonces estaré perdiendo mi tiempo. Ésa es mi oferta. Tómenla o déjenla."

"Ah. ¿Le puedo preguntar algo?", dije.

"No. Tómenla o déjenla. Tengo demasiado trabajo como para perder el tiempo. Si no pueden tomar una decisión con rapidez, jamás aprenderán a hacer dinero de todas maneras. Las oportunidades van y vienen, y ser capaz de tomar decisiones es una habilidad fundamental. Les estoy ofreciendo la oportunidad que pidieron. Las lecciones comienzan ahora o retiro mi oferta en diez segundos", dijo el papá de Mike, desafiándonos con su sonrisa.

"Tomaremos su oferta", dije.

"Sí, la tomaremos", agregó Mike.

"¡Perfecto!", contestó el padre de Mike. "La señora Martin llegará en diez minutos. En cuanto termine de hablar con ella la acompañarán al minisúper para empezar el entrenamiento. Les pagaré diez centavos por hora y trabajarán tres horas todos los sábados.

"Pero hoy tengo partido de beisbol", repuse.

El padre de Mike me miró muy serio, y con voz como de ogro, dijo:

"Tómalo o déjalo".

Hoy, hace veinte años... capacidad de decisión

El mundo se mueve con más rapidez cada día. Las transacciones del mercado de valores se llevan a cabo en milisegundos. Los negocios se presentan y se concretan por internet en tan sólo minutos. Cada vez más gente compite para ganar los mejores tratos, así que entre más rápido puedas tomar una decisión, más probable será que aproveches las oportunidades antes que alguien más.

"Está bien, acepto", contesté. Ése fue el instante en que elegí trabajar, aprender y dejarme de juegos.

Treinta centavos después

Para las nueve de la mañana de ese día, Mike y yo ya estábamos trabajando para la señora Martin, una mujer muy linda y paciente que siempre decía que Mike y yo le recordábamos a sus dos hijos, aunque ellos ya eran grandes. A pesar de que era amable, la señora era una firme partidaria del trabajo duro, así que, como podrás imaginarte, nos traía como locos. Durante tres horas retiramos latas de los estantes, las sacudimos muy bien con un plumero para quitarles el polvo, y luego las volvimos a acomodar bien alineadas: una por una. Fue un trabajo desgastante y muy aburrido.

El papá de Mike es el hombre a quien llamo "padre rico". Tenía nueve tiendas de abarrotes o "minisúper" del mismo tipo, y todos contaban con un estacionamiento grande. Esos minisúper fueron, de algún modo, precursores de los 7-Eleven. Ya sabes, las tienditas de abarrotes que hay en casi todos los vecindarios y que están muy bien surtidas porque ofrecen leche, pan, mantequilla, artículos de limpieza, cigarros, alimento para mascotas, entre otras cosas. Las tiendas del papá de Mike, sin embargo, empezaron a operar en Hawái mucho tiempo antes de que el aire acondicionado fuera común en los centros y locales comerciales, y como hacía mucho calor, las puertas tenían que permanecer abiertas. El minisúper tenía dos accesos, uno a la calle y otro al estacionamiento, así que cada vez que un auto llegaba o se iba, el polvo volaba y entraba a la tienda. Mike y yo sabíamos que mientras no hubiera aire acondicionado, conservaríamos el empleo.

Durante tres semanas trabajamos tres horas los sábados y le rendimos cuentas a la señora Martin. En la tarde, cuando terminábamos, ella nos hacía entrega de tres moneditas de diez centavos. Ahora bien, a pesar de que sólo teníamos nueve años y era mediados de la década de los cincuenta, 30 centavos no eran suficientes para emocionar a nadie. Las revistas de cómics, por ejemplo, costaban diez centavos, así que sólo me compraba tres y me iba a casa.

Para el miércoles de la cuarta semana ya estaba ansioso por renunciar. Había aceptado la oferta sólo porque quería que el papá de Mike me dijera cómo hacer dinero, pero lo único que hizo fue convertirme en su esclavo por 10 centavos por hora. Para colmo, ni siquiera lo había visto desde que nos contrató. O sea, ¡no nos había enseñado nada!

"Voy a renunciar", le dije a mi amigo a la hora del almuerzo. La escuela también se había vuelto aburrida porque ya ni siquiera me daba ilusión que llegara el fin de semana. Pero lo que de verdad me enfurecía era la mezquindad del papá de Mike y sus 30 centavitos.

Mike se rio.

"¿De qué te ríes?", le pregunté, molesto y muy frustrado.

"De que papá predijo que esto sucedería. Me pidió que nos reuniéramos con él cuando estuvieras listo para renunciar."

"¿Qué?", pregunté, indignado. "¿Estaba esperando que me hartara?"

"Más o menos. Papá es... un poco distinto. Él no enseña como el maestro Kiyosaki. Es más bien discreto. No dice mucho. Espera a que llegue el sábado. Le diré que estás listo", me explicó.

"¿O sea que me pusieron una trampa?"

"No, en realidad no. Bueno, tal vez. Papá te lo explicará el sábado."

Sábado: *en espera de ser atendido*

Estaba más que listo para confrontar al padre de Mike. Hasta mi papá estaba enojado con él. Mi padre biológico, al que llamo "padre pobre", pensaba que mi padre rico estaba violando las leyes laborales al explotar a niños, y que debía ser investigado.

Mi padre pobre, el que tenía más preparación académica, me dijo que tenía que exigir lo que me correspondía, por lo menos veinticinco centavos por hora, y que si el papá de Mike se negaba a darme el aumento, debía renunciar inmediatamente.

"Además, no necesitas un maldito empleo", exclamó, indignado.

A las ocho de la mañana del sábado atravesé la puerta de la casa de Mike. Me abrió su padre.

"Siéntate y espera tu turno", me dijo en cuanto entré. Luego dio la vuelta y se metió a la oficinita que tenía junto a una de las recámaras.

Miré alrededor y no vi a Mike. Me sentí un poco incómodo, pero decidí sentarme junto a las mismas dos señoras que había visto cuatro semanas atrás. Ellas me sonrieron y se acomodaron en el sofá para hacerme lugar.

Pasaron 45 minutos. Estaba que echaba humo. Las dos señoras entraron con el papá de Mike; incluso se habían ido media hora antes. Luego entró un señor mayor; estuvo veinte minutos en la oficina y luego también se fue.

En un hermoso y soleado día hawaiano, estaba en aquella casa vacía, sentado en una oscura y mohosa sala, esperando para hablar con un miserable explotador de niños. Lo escuché moverse dentro de su oficina. Noté que hablaba por teléfono y que me estaba ignorando. Estuve a punto de irme pero, por alguna razón, me quedé.

Quince largos minutos después, a las nueve en punto, padre rico salió de su oficina y me indicó con un gesto que pasara.

"Por lo que entiendo, quieres que te aumente el sueldo, y si no, vas a renunciar", dijo padre rico, girando en su silla.

"Bueno, es que usted no está cumpliendo con su parte del trato", balbuceé, casi llorando. Me asustaba muchísimo tener que confrontar a un adulto.

"Dijo que si trabajábamos para usted, nos enseñaría a hacer dinero. Yo lo hice, y me esforcé mucho. Renuncié a mis partidos de beisbol para estar en el minisúper, pero usted no cumplió su palabra. No me ha enseñado nada. Es un estafador, lo dice toda la gente del pueblo. Es codicioso. Quiere todo el dinero y no cuida a sus empleados. Me hizo esperar horas. ¿Por qué no me respeta? Sólo soy un niño pero merezco que me traten mejor", argüí.

"Nada mal", repuso. "En menos de un mes ya llegaste a sonar como casi todos mis empleados."

"¿Cómo dice?", le pregunté. No entendí lo que quiso decir, así que continué quejándome. "Pensé que iba a cumplir con su oferta y que me enseñaría. ¿Pero sólo quiere torturarme? Eso es cruel. Muy, muy cruel."

"Te estoy enseñando", dijo padre rico, en voz baja.

"¿Qué me ha enseñado? ¡Nada!", dije, muy enojado. "Ni siquiera ha hablado conmigo desde que acepté trabajar a cambio de cacahuates. Hay leyes laborales, ¿lo sabía? Mi papá trabaja para el gobierno, ¿sabía eso?, ¿eh?"

"¡Vaya!", exclamó padre rico. "Ahora sí suenas exactamente como la gente que solía trabajar para mí: la misma gente a la que he despedido o que terminó renunciando."

"Y entonces, ¿qué tiene usted que decir?", lo increpé. Para ese momento ya estaba bastante envalentonado a pesar de ser un niñito. "Me mintió. Yo trabajé, pero usted no cumplió su palabra. No me ha enseñado nada."

HOY, HACE VEINTE AÑOS...
EL CONO DEL APRENDIZAJE

A Edgar Dale se le atribuye el habernos ayudado a entender que los humanos aprendemos mejor por medio de la acción, es decir, haciendo una simulación o ejecutando la tarea real. A esta labor a veces se le llama aprendizaje por medio de la experiencia. Dale y su Cono del aprendizaje nos dicen que leer y asistir a conferencias o clases es la forma menos efectiva de aprender. Sin embargo ya todos sabemos cómo se enseña en la mayoría de las escuelas: por medio de cátedras y clases.

"¿Y cómo sabes que no te he enseñado nada?", preguntó, muy tranquilo.

"Bueno, nunca habló conmigo ni me buscó. Llevo tres semanas en el minisúper y no he aprendido nada", dije, haciendo puchero. "No me ha enseñado."

"¿Tú crees que enseñar significa hablar o dar una conferencia?", preguntó padre rico.

"Bueno, sí", contesté.

"Así es como te enseñan en la escuela", dijo, con una sonrisa. "Pero la vida no te enseña de esa manera, y yo me atrevería a decir que ella es la mejor maestra de todas. Casi no te habla, sólo te da empujones, pero con cada uno de ellos en realidad te está diciendo: 'Despierta, hay algo que quiero que aprendas'."

"¿De qué está hablando este tipo?", me pregunté en silencio. Cuando la vida me daba empujones, ¿estaba tratando de hablar conmigo? Llegué a mi límite. En ese momento supe que era urgente que renunciara porque estaba lidiando con un individuo verdaderamente chiflado.

"Si logras aprender las lecciones de la vida, te irá bien. Si no, seguirán empujándote todos. La gente sólo puede hacer dos cosas. Algunos permiten que la vida los mangonee, que los lleve de aquí para allá. Otros se enojan y, al tratar de responder, terminan empujando al jefe, a la secretaria, al cónyuge, a los hijos... en fin. El problema es que no comprenden que el abuso lo ejerce la vida misma."

Seguía sin saber qué estaba tratando de decirme.

"La vida nos empuja a todos. Algunos se rinden y otros luchan. Algunos aprenden las lecciones y continúan, reciben con alegría los embates porque saben que los empujones significan que necesitan —y deben— aprender algo. Saben que tienen que aprender y seguir viviendo. Pero son muy pocos. La mayoría sólo renuncia. Algunos, como tú, pelean."

Mi padre rico se puso de pie y cerró la ruidosa y vieja ventana de madera que tanto necesitaba ser reparada. "Si aprendes esta lección, crecerás y te convertirás en un hombre sabio, joven y rico. Si no, te pasarás la vida culpando de tus problemas a tu empleo, al mal salario o a tu jefe, y siempre vivirás en espera de que llegue esa gran oportunidad que resolverá todos tus problemas económicos."

Padre rico volteó para ver si estaba escuchando. Nos vimos, nos comunicamos con la mirada, y cuando recibí su mensaje, volteé a otro lado. Sabía que tenía razón. Lo estaba culpando a pesar de que yo había pedido aprender. Estaba luchando en su contra.

Luego continuó hablando. "O si eres el tipo de persona que no tiene agallas, te darás por vencido cada vez que la vida te empuje.

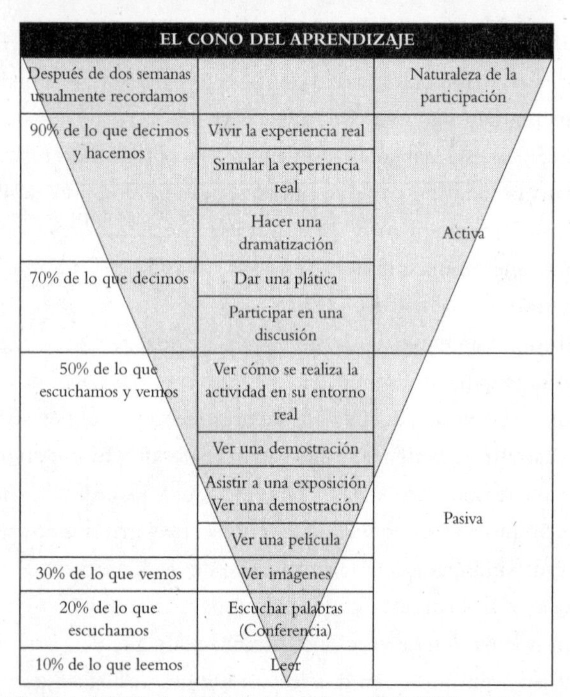

EL CONO DEL APRENDIZAJE		
Después de dos semanas usualmente recordamos		Naturaleza de la participación
90% de lo que decimos y hacemos	Vivir la experiencia real	Activa
	Simular la experiencia real	
	Hacer una dramatización	
70% de lo que decimos	Dar una plática	
	Participar en una discusión	
50% de lo que escuchamos y vemos	Ver cómo se realiza la actividad en su entorno real	Pasiva
	Ver una demostración	
	Asistir a una exposición Ver una demostración	
	Ver una película	
30% de lo que vemos	Ver imágenes	
20% de lo que escuchamos	Escuchar palabras (Conferencia)	
10% de lo que leemos	Leer	

Fuente Edgar Dale. Métodos Audiovisuales de Enseñanza, 1E. © 1969 South-Western, parte de Cengage, Inc. Reproducido con permiso. WTVw.cengage.com/permissions.

Si eres así, siempre tomarás el camino fácil, harás lo correcto y te quedarás esperando algo que nunca llegará. Luego morirás siendo un viejo aburrido. Tendrás muchos amigos a los que les agradarás bastante porque eres un individuo muy trabajador, pero en realidad habrás permitido que la vida te empujara hasta hundirte en la sumisión. En el fondo, siempre te habrá aterrado correr riesgos. Te habría gustado hacerla en grande pero tu miedo a perder siempre superará por mucho la emoción de obtener lo que quieres. En tu interior, tú, y sólo tú, sabrás que nunca te lanzaste, que preferiste apostarle a lo seguro."

Nuestras miradas volvieron a encontrarse.

"¿Me ha estado usted empujando?", le pregunté.

"Habrá quien asegure que sí", dijo padre rico, con una sonrisa. "Pero yo más bien diría que sólo te di una probadita de lo que te espera en la vida."

"¿Una probadita de lo que me espera en la vida?", le pregunté. Todavía estaba enojado, pero tenía curiosidad y deseos de aprender.

"Tú y Mike son las primeras personas que me piden que les enseñe a hacer dinero. Tengo más de 150 empleados pero ninguno de ellos me ha solicitado información. Siempre me piden un empleo y un cheque de nómina, pero nunca conocimiento. Es por ello que la gran mayoría pasará los mejores años de su vida trabajando a cambio de un cheque pero sin entender a fondo por qué lo hace."

Hoy, hace veinte años... la vida como maestra

En la actualidad los millennials se están enfrentando a las duras realidades de la vida. Cada vez es más difícil encontrar empleo. Los robots están remplazando a los trabajadores en cantidades asombrosas. Cada día es más importante aprender a través de nuestras equivocaciones, es decir, a prueba y error. El conocimiento académico parece menos valioso en el mundo real, y contar con educación universitaria ya no le garantiza el trabajo a nadie.

Entonces empecé a prestar mucha atención.

"Es por eso que cuando Mike me dijo que ustedes querían aprender cómo hacer dinero, decidí diseñar un curso que fuera reflejo de la vida real. Yo podría hablarles hasta quedarme sin aliento, pero ustedes jamás me escucharían. Preferí dejar que la vida los empujara un poco para que me prestaran atención. Por eso sólo les pagué diez centavos."

"Entonces, ¿cuál es la lección que aprendí al trabajar por solamente diez centavos por hora?", pregunté. "¿Que es mezquino y explota a sus empleados?"

Padre rico se meció hacia atrás y rio a carcajadas. Después dijo: "Es mejor que cambies tu forma de ver las cosas. Deja de culparme y de pensar que yo soy el problema. Si sigues creyendo eso, tendrás que cambiar mi forma de ser. Pero si empiezas a ver que el problema eres tú, sólo tendrás que cambiar tú mismo, tendrás que aprender y volverte más sabio. La mayoría de la gente quiere que los demás cambien, pero no está dispuesta a hacerlo ella.

HOY, HACE VEINTE AÑOS...
CAMBIA LO QUE PUEDAS

He aprendido la verdad y la sabiduría gracias a las palabras de mi padre rico. Hay muchas cosas en la vida que no podemos controlar. Pero he aprendido a enfocarme en aquello sobre lo que sí tengo control: yo mismo. Y si las cosas tienen que: cambiar, primero debo cambiar yo.

Ahora déjame decirte algo: es más fácil cambiar uno mismo que cambiar a los demás".

"No entiendo", dije.

"No me culpes de tus problemas", repitió padre rico, comenzando a impacientarse.

"Pero usted sólo me paga diez centavos."

"¿Y qué has aprendido con eso?", preguntó. Me estaba poniendo a prueba.

"Que es un codo", insistí, con una sonrisa maliciosa.

"¿Lo ves? Crees que el problema soy yo", dijo.

"Y lo es."

"Si continúas con esa actitud no vas a aprender nada. Si sigues pensando que yo soy el problema, ¿qué opciones te quedan?"

"Bueno, si no me paga más, y si no me respeta y me enseña, voy a renunciar."

"Bien dicho", dijo padre rico. "Eso es precisamente lo que hace la mayoría de la gente. Renuncia y busca otro empleo, una oportunidad más interesante y un sueldo más alto. Todo mundo cree que eso resolverá el conflicto, pero rara vez funciona.

"¿Entonces qué debería hacer?", le pregunté. "¿Aceptar los miserables diez centavos por hora y sonreír?"

Padre rico se rio. "Eso es lo que hacen otras personas. Esperan un aumento porque creen que el dinero resolverá sus dificultades. Casi todo mundo lo acepta. Algunos consiguen un segundo empleo y trabajan más, aunque la única mejora aparezca en su chequecito de nómina."

Me quedé sentado mirando el piso. Empecé a entender la lección que padre rico me estaba dando. Comprendí a qué se refería con "una probadita de lo que te espera en la vida". Levanté la vista y le pregunté: "Entonces, ¿cómo se puede resolver el problema?"

"Con esto", dijo, dándome unas palmaditas en la cabeza. "Con esto que está entre tus orejas."

Fue en ese momento que padre rico compartió conmigo su coyuntural punto de vista, el que lo separaba de sus empleados y de mi padre pobre. Y el que, tiempo después, lo llevaría a convertirse en uno de los hombres más ricos de Hawái, mientras mi otro padre, el que tenía una sólida preparación académica, continuaba teniendo dificultades económicas el resto de su vida. La suya era una visión singular y marcaba una diferencia radical.

Considero que su punto de vista fue la lección número uno; padre rico la repitió una y otra vez: *Los pobres y la clase media trabajan por dinero. Los ricos hacen que el dinero trabaje para ellos.*

Aquel soleado sábado por la mañana, escuché un punto de vista completamente distinto al que me había enseñado mi padre pobre. A los nueve años entendí que mis dos padres querían que yo aprendiera y que ambos me animaban a estudiar, pero no las mismas cosas.

Mi padre pobre, el respetado académico, me recomendaba hacer lo mismo que él había hecho antes. "Hijo, quiero que estudies mucho y que saques buenas calificaciones para que puedas conseguir un empleo seguro en una compañía importante. También debes asegurarte de que te ofrezcan excelentes prestaciones." Mi padre rico, en cambio, quería que yo aprendiera cómo funcionaba el dinero para luego poder hacerlo trabajar para mí.

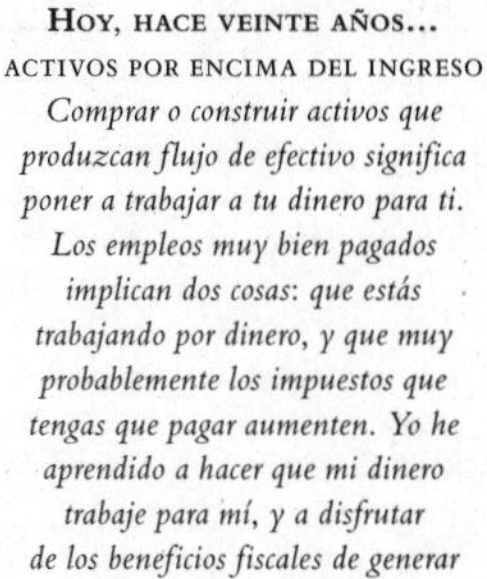

HOY, HACE VEINTE AÑOS...
ACTIVOS POR ENCIMA DEL INGRESO
Comprar o construir activos que produzcan flujo de efectivo significa poner a trabajar a tu dinero para ti. Los empleos muy bien pagados implican dos cosas: que estás trabajando por dinero, y que muy probablemente los impuestos que tengas que pagar aumenten. Yo he aprendido a hacer que mi dinero trabaje para mí, y a disfrutar de los beneficios fiscales de generar ingresos que no provienen de un cheque de nómina.

Con la guía de padre rico aprendería las lecciones a través de la vida misma, no en un salón de clases.

Padre rico continuó con la primera lección.

"Me alegra que trabajar a cambio de diez centavos por hora te haya encolerizado. De no haber sido así, si sólo hubieras aceptado la pésima paga, me habría visto obligado a dar por terminado tu entrenamiento. Porque, verás, Robert, el verdadero aprendizaje exige energía, pasión y un deseo ardiente. La ira es parte importante de esta fórmula porque, combinada con el amor, produce la pasión que todo empresario necesita. Cuando se trata de dinero, la mayoría de la gente siempre quiere ir a la segura y no correr riesgos. Tristemente, lo que motiva a muchos no es la pasión sino el miedo."

"¿Por eso la gente acepta empleos que pagan poco?", pregunté.

"Así es", contestó padre rico. "Algunas personas dicen que exploto a la gente porque no le pago tanto como la plantación de azúcar o el gobierno, pero yo creo que la gente se explota a sí misma porque es su miedo lo que la lleva a aceptar esta situación, no el mío."

"¿Pero no cree que debería pagarles más?", lo cuestioné.

"No, no tengo por qué hacerlo. Además, tener más dinero no resolverá sus problemas económicos. Fíjate en tu padre. Él gana bastante y, de todas formas, no puede cubrir sus gastos. Si le das más dinero a la gente, la gran mayoría sólo incurrirá en más deudas."

"Por eso me paga diez centavos por hora", dije con una sonrisa. "Es parte de la lección."

"Exactamente", dijo padre rico, con una sonrisa. "Verás, tu papá fue a la escuela y se hizo de una educación sobresaliente para poder conseguir un empleo mejor pagado. Sin embargo, sigue teniendo problemas económicos porque en la escuela nunca aprendió lo necesario sobre el dinero. Para colmo, cree que tiene que trabajar para conseguirlo."

HOY, HACE VEINTE AÑOS... ¿IR A LA ESCUELA?

Aunque soy un gran partidario de la educación y de continuar aprendiendo toda la vida, creo que "ir a la escuela" —especialmente a la universidad—, se ha convertido en una pesadilla financiera. La deuda por préstamos estudiantiles ha llegado a su récord más alto, ahora que 44 millones de estadounidenses deben casi 1.3 billones de dólares. Repito: Son billones... con 'b'.

"¿Y no es así?", le pregunté.

"En realidad, no", contestó padre rico. "Si quieres aprender a trabajar para conseguir dinero, sigue estudiando en la escuela, que es un excelente lugar para aprender eso. En cambio, si lo que quieres es aprender a hacer que el dinero trabaje para ti, entonces yo podría enseñarte. Pero sólo si de verdad deseas aprender."

"¿Y no todo mundo querría aprender eso?", pregunté.

"No", dijo padre rico.

"¿Cómo? ¿Por qué?", estaba azorado.

"Por una sencilla razón: es más fácil aprender a trabajar para conseguir dinero, especialmente si cada vez que se habla del asunto se te caen los pantalones de miedo."

"No comprendo", dije, con el ceño fruncido.

"No te preocupes de eso por ahora. Sólo recuerda que el miedo es lo que hace que la mayoría de la gente trabaje para conseguir dinero: el miedo a no poder pagar sus deudas; el miedo a ser despedidos; el miedo a no tener suficiente dinero y el miedo a empezar de nuevo. Ése es el precio que se paga por aprender una profesión o un oficio, y luego trabajar por un chequecito de nómina. Casi todos se vuelven esclavos del dinero, y luego, cuando las cosas no salen bien y no pueden cubrir sus gastos, se enojan con sus jefes."

"Entonces, aprender a hacer que el dinero trabaje para ti, ¿es algo distinto?", pregunté.

"Absolutamente", contestó padre rico, "absolutamente."

Nos quedamos sentados en silencio aquella hermosa mañana de sábado en Hawái. En otro lugar acababa de comenzar el juego de beisbol de mis amigos de la liga infantil pero, por alguna razón, yo estaba agradecido de haber trabajado por diez centavos la hora. Supe que estaba a punto de aprender algo que a mis amigos no les enseñarían en la escuela.

"¿Estás listo para aprender?", preguntó padre rico.

"Claro que sí", contesté, con una sonrisa.

"Cumplí mi promesa, te he estado educando a distancia", dijo padre rico. "A los nueve años ya te di una probadita de lo que se siente trabajar para ganar dinero. Ahora, multiplica la experiencia de este mes por 50 años, y te darás una idea de cómo se le va la vida a la mayoría de la gente."

"No entiendo", dije.

"¿Cómo te sentiste al esperar formado para verme, cuando te contraté, y luego, cuando tuviste que venir a pedirme más dinero?"

"Terrible", contesté.

"Si decidieras trabajar por dinero, toda tu vida sería así", me explicó padre rico.

"¿Y cómo te sentiste cuando la señora Martin dejó caer en tu mano tres monedas de diez centavos por tres horas de trabajo?"

"Sentí que no era suficiente, que había perdido mi tiempo. Fue como no ganar nada. Me desilusioné", le expliqué.

"Así es como se siente la mayoría de los empleados al ver su cheque de nómina. Sobre todo cuando ya les descontaron los impuestos y otros gastos. Tú, al menos, obtuviste el 100% de tu salario."

"¿Quiere decir que a los trabajadores no les pagan todo?", pregunté, asombrado.

"¡Claro que no les pagan todo!", exclamó padre rico. "El gobierno siempre se lleva una tajada."

"¿Y cómo lo hace?", pregunté.

"Por medio de los impuestos", me explicó. "Cada vez que ganas dinero tienes que pagar impuestos. También cuando lo gastas. Te cobran impuestos por ahorrar e incluso cuando mueres."

"¿Por qué la gente permite que el gobierno le haga eso?"

"Los ricos no lo permiten", dijo padre rico, con una sonrisa de satisfacción. "Pero la gente pobre y la de la clase media, sí. Puedo apostarte que yo gano más que tu papá, pero él paga más impuestos."

"¿Cómo es posible?", pregunté. Estaba muy chiquito para entenderlo. No me sonaba lógico. "¿Por qué alguien permitiría que el gobierno le hiciera algo así?"

Padre rico se meció suavemente en su silla. Guardó silencio y me miró a los ojos.

HOY, HACE VEINTE AÑOS... IMPUESTOS... IMPUESTOS... IMPUESTOS

Conforme los gobiernos se expanden y necesitan más y más dinero, más se aprovechan de los únicos a quienes pueden explotar. los trabajadores de la clase media. Actualmente todos los gobiernos favorecen al inversionista profesional y a los dueños de negocios. Los trabajadores pagan muchos impuestos; pero los inversionistas y los dueños de negocios, si usan la ley fiscal como se debe, como una herramienta para fortalecer a la economía, pagan muy pocos impuestos.

"¿Listo para aprender?", preguntó.

Asentí lentamente.

"Como ya te dije, Robert, tengo que transmitirte mucha información. Aprender a hacer que el dinero trabaje para ti es una labor de toda la vida. En general, los estudiantes van cuatro años a la universidad, y a menos de que decidan continuar y especializarse, su preparación termina ahí. Yo, en cambio, estoy consciente de que nunca dejaré de estudiar el dinero y los distintos temas económicos porque, cada vez que avanzo un poco más, descubro que me falta muchísimo por aprender. Prácticamente nadie estudia este tema. La gente trabaja, recibe su cheque, pone al día su chequera y ya. ¡Luego se pregunta por qué tiene problemas económicos! Casi todos piensan que teniendo más dinero podrán resolver sus dificultades, pero no se dan cuenta de que el problema radica en su falta de educación financiera."

"¿Entonces papá tiene problemas de impuestos porque no estudia y no entiende lo que pasa con el dinero?", pregunté, un poco triste.

"Mira", dijo padre rico, "los impuestos son sólo una pequeña parte del aprendizaje sobre cómo hacer que el dinero trabaje para ti. El día de hoy yo quería averiguar si seguías teniendo pasión por aprender sobre el tema. A la mayoría de la gente le desagrada. Casi todos quieren ir a la escuela, aprender una profesión, divertirse de lo lindo en su trabajo y ganar mucho dinero. Pero un día despiertan con problemas económicos tremendos, y entonces ya no pueden dejar de trabajar y, para colmo, ¡no se divierten! Ése es el precio que se paga por solamente saber trabajar por dinero, y por negarte a aprender qué necesitas hacer para que éste trabaje para ti. Pero bueno, dime, Robert, ¿todavía tienes pasión por aprender?", preguntó padre rico.

Asentí, consciente de la responsabilidad que su propuesta implicaba.

"Bien", agregó. "Ahora vuelve al trabajo... ¡Ah, por cierto! A partir de ahora no te pagaré nada."

"¿Qué?", pregunté, con mi corazoncito al borde del colapso.

"Ya me escuchaste. Nada. Trabajarás las mismas tres horas este sábado, pero no te pagaré diez centavos por hora. Dijiste que querías aprender a no trabajar por dinero, así que no te voy a pagar."

No podía creer lo que estaba escuchando.

"Tuve esta misma conversación con Mike y él ya está trabajando con la señora Martin. Está sacudiendo y acomodando alimentos enlatados a cambio de nada. Más vale que te apresures y vuelvas pronto allá."

"No es justo", grité, encolerizado. "¡Tiene que pagarme algo! ¡Un poquito aunque sea!"

"No. Dijiste que querías aprender. Si no haces esto ahora, crecerás y terminarás como las dos señoras y el anciano que estaban en la sala: gente que trabaja por dinero, aferrada a un empleo que detesta, y con la única esperanza de que no la despida. O en alguien como tu papá: un reconocido académico que gana mucho pero de todas maneras está endeudado hasta el copete y cree que sólo resolverá su problema si consigue más dinero. Si eso es lo que quieres, volveré a darte los diez centavos por hora que te ofrecí al principio. También puedes hacer lo que hace la mayoría de los adultos: quejarte de que la paga es insuficiente, renunciar y buscar otro empleo."

"Pero entonces, ¿qué hago?", pregunté. Me sentía entre la espada y la pared. Papá se volvería loco si se llegaba a enterar de que trabajaría sin cobrar.

Padre rico me dio una palmada en la cabeza. "Utiliza esto", dijo. "Si usas bien la cabeza, en muy poco tiempo me estarás agradeciendo haberte dado esta oportunidad y serás un hombre rico."

Me quedé asombrado por lo injusto del trato que me acababa de ofrecer. Llegué a solicitar un aumento y, de alguna manera, de pronto ya estaba trabajando a cambio de nada.

Padre rico me dio otra palmadita en la cabeza, y dijo: "Usa esto. Ahora sal de aquí y vuelve al trabajo".

Lección 1: Los ricos no trabajan por dinero

Por supuesto, no le dije a mi padre pobre que no me estaban pagando. No lo habría entendido y, además, no quería tener que explicarle algo que a mí mismo no me quedaba claro.

Mike y yo trabajamos tres semanas más, tres horas cada sábado, a cambio de nada. El trabajo no me molestaba, e incluso la rutina se volvió más llevadera, pero perderme los partidos de beisbol y no poder ni siquiera comprar algunos cómics me enfurecía.

La tercera semana padre rico pasó por la tienda al mediodía. Escuchamos cuando su camioneta se detuvo en el estacionamiento y, luego, el chisporroteo del motor al apagarse. Entró al local y saludó a la señora Martin con un abrazo. Después de ponerse al tanto sobre lo que ocurría en la tienda se acercó al refrigerador de los helados, sacó dos, los pagó, y con un gesto nos indicó a Mike y a mí que nos acercáramos.

"Demos un paseo, muchachos."

Esquivamos algunos autos para cruzar la calle y caminamos por un extenso campo cubierto de césped en donde había varios adultos jugando beisbol. Nos sentamos en una solitaria mesa para picnics, y ahí padre rico nos dio los helados.

"¿Cómo están, chicos?"

"Bien", contestó Mike.

Yo asentí.

"¿Han aprendido algo?", preguntó.

Mike y yo nos miramos, encogimos los hombros y negamos con la cabeza.

Cómo eludir una de las trampas más grandes en la vida

"Bien, pues más les vale empezar a pensar, chicos. Tienen enfrente una de las lecciones más importantes. Si la aprenden, gozarán de una vida plena, libre y segura. Si no, terminarán como la señora Martin y como la mayoría de la gente que viene a este parque a jugar beisbol. Trabajan muy duro a cambio de poco dinero, se aferran a la ilusión de tener seguridad en el trabajo, sólo anhelan unas vacaciones de tres semanas al año y, quizá, una miserable pensión después de 45 años de servicio. Si eso les emociona, entonces les daré un aumento: 25 por hora."

"Pero esta gente es noble y trabajadora. ¿Se está usted burlando de ellos?", le pregunté, en tono de reproche.

Él sólo sonrió.

"La señora Martin es como una madre para mí. Jamás sería cruel con ella. Tal vez sueno grosero porque me estoy esforzando por hacerles ver algo. Quiero ampliar su visión y que logren entender lo que la mayoría de la gente nunca tiene el privilegio de ver porque su perspectiva es demasiado estrecha. La gente nunca se da cuenta de la trampa en que cae."

Mike y yo sólo permanecimos sentados sin comprender del todo lo que trataba de transmitirnos. Sí, padre rico sonaba cruel pero, al mismo tiempo, se estaba esforzando por explicarnos algo.

Sonrió de oreja a oreja y nos dijo: "¿Acaso esos 25 centavos por hora no suenan bien? ¿No les palpita el corazón un poco más rápido?"

Negué con la cabeza, pero la verdad era que sí me emocionaban: 25 centavos era bastante dinero para mí.

"Muy bien. Les pagaré un dólar por hora", dijo padre rico, con una sonrisa traviesa.

Mi corazón se volvió loco. Una voz en mi cabeza gritaba: "Acepta, acepta". Pero, aunque no podía creer lo que escuchaba, me quedé callado.

"De acuerdo. Si insisten... ¡que sean dos dólares por hora!"

Mi cerebro y mi corazoncito casi explotaban. Después de todo era 1956, y recibir dos dólares por hora me habría convertido en el niño más rico del mundo. No tenía ni idea de lo que significaría ganar esa cantidad de dinero. Quería aceptar, me urgía ser parte del trato. Mi mente empezó a dar vueltas y de pronto imaginé una bicicleta nueva, un guante de beisbol y la adoración que me profesarían mis amigos en cuanto sacara algo de dinero del bolsillo del pantalón. Lo mejor de todo era que Jimmy y sus amigos ricos no podrían volver a llamarme "pobre" jamás. *Jamás.*

Pero, por alguna razón... me mantuve callado.

Mi helado ya se había derretido. Lo sentí chorreando en mi mano. Seguramente lo que padre rico veía era dos tontitos boquiabiertos. Nos estaba poniendo a prueba y sabía muy bien que queríamos aceptar el trato porque, como ya lo había confirmado con otros, en el alma de todas las personas hay una parte débil y necesitada que siempre está a la venta. Claro, también sabía que la otra parte, la incorruptible, no se puede comprar. Sólo quería saber qué parte se imponía en nosotros.

"Bueno, amanecí de buenas: que sean cinco dólares por hora." Continué en silencio. Algo había cambiado. La oferta era demasiado grande y ridícula. En 1956 pocos adultos ganaban esos mismos cinco dólares. Afortunadamente la tentación desapareció pronto. Me apacigüé. Volteé poco a poco a la izquierda para ver a Mike. Él también me miró. La parte débil y necesitada de mi alma se calló, y la parte incorruptible que no tenía precio, venció. Al ver a Mike, supe que también había llegado a ese punto.

"Bien", dijo padre rico en voz baja. "Casi todos tienen un precio porque el miedo y la codicia se apoderan de ellos. El miedo a no tener dinero nos motiva a trabajar duro y, una vez que obtenemos el cheque de nómina, la codicia o la avaricia nos hacen pensar en todas las cosas maravillosas que se pueden comprar con el dinero. Así es como se establece el patrón."

Las dos emociones que siempre controlan la vida de la gente son el miedo y la codicia.

"¿Cuál patrón?", pregunté.

"El patrón o la costumbre de levantarse, ir a trabajar, pagar cuentas pendientes, y otra vez levantarse, ir a trabajar, pagar cuentas pendientes. Las dos emociones que siempre controlan la vida de la gente son el miedo y la codicia. Si le ofreces más dinero a alguien, nunca saldrá de ese ciclo y gastará más cada vez. Es a lo que le llamo la carrera de la rata."

"¿Y existe otra opción?", preguntó Mike.

"Sí", dijo padre rico, pensándolo bien. "Pero muy pocas personas la descubren."

"¿Y cuál es?", continuó preguntando mi amigo.

"Eso es lo que espero que aprendan mientras trabajen y estudien conmigo, chicos. Por eso dejé de pagarles."

"¿Nos puedes dar una pista, papá?", preguntó Mike. "Estamos un poco cansados de trabajar tanto, en especial porque no nos pagas nada."

"Bueno, el primer paso es decir la verdad", dijo padre rico.

"Nosotros no decimos mentiras", argumenté.

"No dije que mintieran. Dije que debían decir la verdad", explicó padre rico.

"¿La verdad acerca de qué?", pregunté.

"De cómo se sienten", contestó. "No se la tienen que decir a nadie más, sólo admítanla para ustedes mismos."

"¿Quiere decir que la gente del parque, la que trabaja para usted, y la señora Martin no dicen la verdad?", pregunté.

"Lo dudo", dijo padre rico. "Creo que sienten miedo de no tener dinero pero no lo confrontan de manera lógica. En lugar de usar la cabeza, reaccionan a un nivel emocional", explicó padre rico. "Luego les cae algo de efectivo en las manos y, una vez más, emociones como el gozo, el anhelo y la avaricia se apoderan de ellos. Reaccionan nuevamente en lugar de pensar."

HOY, HACE VEINTE AÑOS... EL MIEDO #1

Se ha reportado que conforme la población mundial envejece, y más y más trabajadores se acercan al retiro, la gente relaciona de manera creciente su miedo #1 con el dinero. Casi 50% de los encuestados teme que su dinero no le dure hasta la vejez... y tiene miedo de quedarse sin recursos en sus "años dorados".

"Entonces sus emociones controlan sus mentes", señaló Mike.

"Correcto", añadió padre rico. "En lugar de admitir la verdad respecto a cómo se sienten, se dejan llevar por sus sentimientos y dejan de pensar. Como tienen miedo, se van a trabajar con la esperanza de que el dinero apacigüe el temor, pero éste continúa acosándolos. Vuelven al trabajo, creen que el cheque de nómina los calmará, pero no es así. El miedo los mantiene en esa trampa que implica trabajar, ganar dinero y esperar que el miedo desaparezca. Pero cada vez que despiertan, sigue ahí. Ese mismo temor mantiene a millones de personas en vela toda la noche, agitadas y llenas de preocupación. Por eso se levantan y van a trabajar con la esperanza de que el cheque de nómina aniquile a ese sentimiento. Pero no: sólo les corrompe el alma. El dinero rige sus vidas pero nadie lo acepta. Controla sus emociones y sus almas."

Padre rico se sentó en silencio y permitió que asimiláramos sus palabras. Mike y yo escuchamos lo que dijo pero aún no entendíamos bien a qué se refería. Lo único que yo sabía era que en muchas ocasiones me había preguntado por qué los adultos iban a trabajar con tanta prisa.

No parecía ser divertido y nunca lucían felices pero, de todas formas, siempre iban.

Cuando padre rico se dio cuenta de que habíamos asimilado lo más posible lo que nos había dicho, agregó: "Muchachos, quiero que ustedes eludan esa trampa. Eso es lo que realmente les quiero enseñar. No sólo quiero que sean ricos, porque eso no soluciona el problema".

"¿No?", pregunté sorprendido.

"No, no lo soluciona. Déjame explicarte otra emoción: el anhelo. Algunos le llaman 'avaricia' pero yo prefiero 'anhelo'. Es perfectamente normal anhelar algo mejor, más bonito, más divertido o emocionante; por eso el anhelo también lleva a la gente a trabajar por dinero. Muchos quieren dinero porque creen que con él podrán comprar felicidad. Sin embargo, la felicidad que trae el dinero consigo no dura mucho. Luego las personas creen que necesitan más dinero para conseguir más felicidad, placer, comodidad y seguridad. Continúan trabajando y creyendo que los recursos económicos aliviarán sus almas del miedo y el anhelo que habitan en ellas, pero eso no es posible."

"¿También la gente rica hace esto?", preguntó Mike.

"Sí, también los ricos lo hacen", contestó padre rico. "De hecho, hay ricos que no son ricos de verdad por culpa del miedo, más que por el anhelo. Muchos creen que el dinero puede eliminar el temor a ser pobres, y por eso amasan grandes fortunas. Desgraciadamente, luego descubren que el miedo sólo crece, y entonces, lo que temen es perder el dinero. Tengo amigos que continúan trabajando a pesar de que ya tienen bastante. También conozco gente que ya posee millones pero ahora tiene más miedo que cuando era pobre. Estas personas temen perderlo todo. Los miedos que los llevaron a volverse ricos sólo se intensificaron. Esa débil y necesitada parte de su alma grita con más fuerza aún. No quieren perder sus mansiones ni sus autos, ni el exuberante estilo de vida que el dinero les ha dado. Les preocupa mucho lo que dirían sus amigos si perdieran todo. De hecho, sufren fuertes problemas emocionales y son neuróticos a pesar de que tienen mucho dinero y parecen llevar una mejor vida."

"¿Entonces los pobres son más felices?", pregunté.

"No, no lo creo", contestó padre rico. "Eludir el dinero es algo tan triste como vivir apegado a él."

Como si lo hubiéramos invocado con nuestros pensamientos, en ese momento pasó cerca de nuestra mesa el vagabundo del pueblo. Se detuvo junto a un enorme bote de basura y hurgó en él. Los tres lo observamos con mucho interés aunque, probablemente, antes de tener aquella conversación lo habríamos ignorado.

Padre rico sacó un dólar de su cartera y le hizo un gesto al hombre. Al ver el dinero, el vagabundo se acercó, tomó el billete, le agradeció profusamente a padre rico y se alejó deprisa, feliz de tener tan buena suerte.

"Ese hombre no es muy distinto a mis empleados", dijo padre rico. "Conozco a mucha gente que dice: 'Ah, el dinero no me interesa', pero trabaja ocho horas diarias. Eso es una negación de la verdad. Si no les interesa el dinero, ¿entonces por qué trabajan? Esa forma de pensar es tal vez más retorcida que la de la gente que acumula dinero."

Mientras estaba sentado ahí, escuchando a mi padre rico, recordé todas aquellas ocasiones en que padre pobre había dicho: "El dinero no me interesa". Lo repetía con frecuencia y se justificaba diciendo algo como "Yo trabajo porque me gusta mi empleo".

Conozco a mucha gente que dice: "Ah, el dinero no me interesa", pero trabaja ocho horas diarias.

"¿Y entonces qué hacemos?", pregunté. "¿No trabajar por dinero hasta que desaparezca todo el miedo y la codicia?"

"No, eso sería un desperdicio de tiempo", dijo padre rico. "Las emociones son lo que nos hace humanos. La palabra 'emoción' significa 'energía en movimiento'. Ustedes deben ser honestos con ellas y usarlas en conjunto con su mente para beneficiarse, no para hacerse daño."

"¡Vaya!", exclamó Mike.

"No se preocupen por lo que les acabo de decir. Cobrará más sentido conforme pasen los años. Tampoco reaccionen; sólo observen cómo se sienten. La mayoría de la gente no sabe que decide con sus emociones, no con la cabeza. Ustedes nunca se van a librar de estos sentimientos, pero tienen que aprender a pensar de manera lógica.

"¿Me puede dar un ejemplo?", pregunté.

"Por supuesto", respondió padre rico. "Cuando una persona dice 'Tengo que encontrar empleo', lo más probable es que su emoción sea lo que 'hable' y 'piense'. El pensamiento es producto del miedo a no tener dinero."

"Pero si la gente tiene que pagar sus facturas y recibos, necesita el dinero, ¿no?", argumenté.

EXTRACTO DE

SEGUNDA
OPORTUNIDAD
PARA TU DINERO, TU VIDA Y NUESTRO MUNDO
ROBERT T.
KIYOSAKI
Autor del *bestseller* internacional *Padre Rico, Padre Pobre*

AGUILAR

Capítulo tres

¿Qué puedo hacer?

Yo sólo invento algo y luego espero
a que venga el hombre que necesite
lo que inventé.
R. Buckminster Fuller

A mí me tomó algún tiempo comprender que la habilidad de Bucky Fuller para predecir el futuro no tenía nada que ver con elegir mercados bursátiles, aprovechar mercados, apostar a caballos o adivinar quién ganaría la Serie Mundial. Su visión del futuro en realidad tenía que ver con la visión misma de Dios.

A Bucky le incomodaba utilizar la palabra *dios* porque, para mucha gente, implica un fuerte peso de "dogma religioso", emoción y controversia. Fuller no creía que Dios fuera un individuo blanco, un judío, un árabe o un asiático, y por eso, en lugar de usar la palabra *dios*, prefería el término nativo americano de: el *Gran Espíritu*, el Gran Espíritu es esa energía invisible que vincula todas las cosas en el "Universo", no solamente al cielo y la tierra.

Quiero que sepas que en ninguna de las ocasiones que use el término *dios* en este libro estaré haciendo referencias a temas religiosos. Yo respeto mucho el derecho que tienen todos de elegir creer en Dios o no, o de practicar cualquier religión. Dicho llanamente, creo en la libertad religiosa y en la libertad para elegir creer en Dios o no.

Sucede lo mismo con mi opinión sobre política. No soy ni republicano ni demócrata, y no tengo ningún perro metido en esta pelea. De hecho, mi perro me agrada mucho más que la mayoría de los políticos.

La evolución humana

Fuller no era un futurista en lo que se refería a los sucesos económicos. Él era un futurista en los deseos del Gran Espíritu para la evolución de la humanidad. Bucky creía que los humanos éramos experimentos de dios a largo plazo, y que habíamos sido dejados en la "nave tierra" para ver si podíamos evolucionar o no, y si sí, para saber qué haríamos después: si convertiríamos al planeta en un paraíso o en un infierno.

Fuller creía que el Gran Espíritu deseaba que todos los humanos fueran ricos. De hecho, solía decir: "Hay seis mil millones de multimillonarios en la Tierra". (Claro, eso era en la década de los ochenta. Ahora tendría que decir "siete mil millones de multimillonarios.") En los ochenta, sin embargo, había menos de cincuenta multimillonarios documentados, una cifra demasiado alejada de los "seis mil millones" que Bucky esperaba. Para 2008 ya había 1 150; y hoy en día, se cree que la cifra es de 1 645.

Fuller afirmó que la humanidad había alcanzado un punto evolutivo crítico y que si los humanos no crecían y dejaban atrás el egoísmo y la codicia para practicar la generosidad y la abundancia, llegarían —como el experimento en la Tierra que eran—, a su fin. El doctor a menudo se refería a los ricos y a los poderosos que acumulaban la "abundancia de dios" sólo para sí mismos, como "coágulos". Él creía que si los humanos no "evolucionábamos", no solamente acabaríamos con nosotros mismos, también terminaríamos asesinando la ecología de todo el planeta.

Fuller quería identificar los principios generalizados porque creía que eran las fuerzas invisibles que regían el Universo. En otras palabras, los principios generalizados eran los principios de operación del Gran Espíritu y, a su vez, el Gran Espíritu deseaba que todos los humanos y la vida en el planeta prosperaran. Fuller calculaba que había entre doscientos y trescientos principios de este tipo. Cuando murió, ya había descubierto cincuenta. Yo conozco cinco, que son los que uso.

En sus escritos y conferencias Fuller siempre criticó a algunos individuos codiciosos que ostentaban poder y usaban a los humanos y los recursos del planeta para beneficio exclusivo de sí mismos.

El doctor creía que si los humanos no dejábamos la codicia y comenzábamos a practicar la generosidad —a trabajar para un planeta que, a su vez, trabajara para todos y para todo—, terminaríamos siendo "desalojados" de nuestra "nave Tierra". El experimento del Gran Espíritu sufriría entonces un retraso de varios millones de años. Fuller también decía que dios era muy paciente y estaba dispuesto a esperar que los humanos evolucionaran. Por desgracia, ni tú ni yo podemos darnos el lujo de esperar otro millón de años a que nuestros congéneres "entiendan el mensaje".

Servir a más gente

Como ya lo mencioné en el capítulo anterior, uno de los principios generalizados que identificó Fuller, es:

"Entre a más gente sirva, más eficiente seré".

Como parte de mi trabajo para aprovechar mi segunda oportunidad, siempre que tengo que tomar decisiones profesionales me esfuerzo en obedecer este principio. Es decir, en lugar de sólo trabajar para tener más, comienzo por obligarme a pensar de qué manera puedo enriquecer a *otros* al mismo tiempo que a mí mismo.

Este principio generalizado fue fundamental cuando Kim y yo tomamos la decisión de venderle a nuestro socio el negocio de seminarios porque, aunque era un negocio exitoso, tenía un número limitado de gente a la que podíamos servirle. Todo esto sucedió en 1994. Debo admitir que nos fue difícil vender el negocio porque nos gustaba mucho y porque ya habíamos logrado hacerlo crecer y dar frutos. Sin embargo, nuestra intuición nos dijo que era tiempo de seguir adelante y de buscar la manera de servir a más gente.

Aunque para 1994 ya habíamos alcanzado la libertad financiera, no fue gracias a las enseñanzas de Bucky Fuller sino a las de padre rico. La libertad financiera nos brindó tiempo para desarrollar nuestro siguiente negocio. En 1996 la primera versión comercial de nuestro juego Cashflow se jugó por primera vez en

Las Vegas y, una semana después, en Singapur. El siguiente paso consistió en desarrollar un plan de mercadotecnia para venderlo.

El juego de Cashflow tenía dos problemas que dificultaban su venta. Para empezar, era demasiado complejo. Uno de los expertos que contratamos nos recomendó "atontarlo" un poco para poder venderlo, pero nosotros nos negamos porque Cashflow había sido diseñado para ser un juego educativo, no de entretenimiento.

El segundo problema era que su producción era bastante costosa. El mismo asesor de juegos nos dijo que debíamos venderlo a 29.95 dólares. Sin embargo, para venderlo a ese precio, nuestro costo de manufactura tenía que ser menor a 7 dólares la pieza. Nuestra mayor dificultad era que la primera ronda de producción nos costó 50 dólares por pieza, los cuales incluían la manufactura en China, más el aterrizaje y almacenaje en Estados Unidos. Así pues, en contra de los consejos del experto en juegos, marcamos el precio de venta al menudeo de Cashflow en 195 dólares, lo cual lo convirtió en uno de los juegos de mesa más caros del mercado.

Afortunadamente, la adversidad conduce a la innovación. Es por eso que, para poder vender un juego por 195 dólares, Kim y yo tuvimos que ser muy creativos. Primero recurrimos a nuestros antiguos clientes de los seminarios y les ofrecimos un seminario de un día para mostrarles el juego; la sesión tendría un costo de 500 dólares. La primera vez lo hicimos para que se familiarizaran con el juego, y la segunda, para que entraran en él. La idea funcionó; los participantes se emocionaron y la mayoría dijo que ese día había aprendido más sobre el dinero que en toda su vida. Cuando anunciamos que los "juegos" usados estaban a la venta por 150 dólares, éstos se vendieron inmediatamente. De hecho algunas personas pelearon por comprarlos a pesar de que también teníamos sets nuevos por 195 dólares.

El modelo de negocio funcionó, y entonces nació el concepto del "Club de Cashflow". En 2004 *The New York Times* publicó un artículo titulado "The Rising Value of Play Money". El artículo hablaba de los distintos clubes de Cashflow; la gente del periódico nos dijo que había identificado más de 3500 clubes en todo el mundo. Muchos de ellos siguen existiendo, y enseñando y sirviendo a más gente de lo que Kim y yo habríamos podido.

P: Si lo que quieres es servir a la gente, ¿por qué no ofreces el juego gratuitamente?

R: En algún momento consideramos solicitar préstamos del gobierno para fabricar los juegos, pero eso habría implicado obedecer la filosofía de mi padre pobre en lugar de honrar el pensamiento empresarial de mi padre rico.

Además, darle cosas gratis a la gente es lo que a veces la orilla a ser pobre. La gratuidad promueve la "mentalidad del subsidio", y ésta destruye la iniciativa y la responsabilidad personal.

A pesar del alto costo inicial del juego, millones de personas pueden jugarlo gratuitamente en internet. Asimismo, gracias a los clubes de Cashflow, un solo juego ha servido en ocasiones para educar a cientos de personas, también de manera gratuita. Muchos de los líderes de los clubes de Cashflow de todo el mundo apoyan la misión de Padre Rico: *Elevar el bienestar financiero de la humanidad*, y por eso enseñan el juego a más personas. Para estas personas no sólo se trata de una lección espiritual; en el fondo saben que, entre más enseñen, más entenderán también.

La mayoría de los líderes de clubes de Cashflow con quienes he hablado me han dicho que siempre reciben mucho más de lo que dan. Es porque siguen el principio religioso: "Da y te será devuelto".

Por desgracia, hay clubes que sólo presentan el juego para vender otros productos u oportunidades de negocios. Si llegas a encontrar uno de éstos, quiero que sepas que, aunque yo apoyo la libre empresa, no respaldo a la gente que utiliza mis juegos como herramientas de mercadeo.

En algún momento llegué a pasar seis meses en el pintoresco y artístico pueblo de Bisbee, en Arizona. Fue en una cárcel que había sido remodelada para funcionar como vivienda. Durante algún tiempo John Wayne fue el dueño de aquella vieja propiedad convertida en departamento. A él le encantaba Bisbee y la zona sur de Arizona, en donde tenía un rancho muy grande.

Durante el día trabajaba en mi pequeño rancho. Me pasaba la mañana y la tarde transformando aquel viejo depósito de diligencias (punto de descanso entre Bisbee y el infame pueblo de Tombstone, en donde tuvo lugar la balacera del Corral OK), en una casa de una sola recámara; y por la noche me sentaba en la cárcel a escribir un libro. Fue un proceso muy doloroso. Hubo muchos comienzos, baches, ataques y sustos, pero finalmente, una noche, ya tarde, cansado de tanto trabajar en mi propiedad y de batallar con el concepto del libro, comencé a escribir las primeras líneas. Las palabras iniciales fueron: "Yo tuve un padre rico y un padre pobre".

Y así fue como nació el libro *Padre Rico, Padre Pobre*. La mayoría de la gente no sabe que el primer libro de la serie Padre Rico, se escribió como un "folleto" para vender el juego Cashflow.

El 8 de abril de 1997, en mi cumpleaños número 50, se lanzó *Padre Rico, Padre Pobre*, y también nació The Rich Dad Company.

Padre Rico, Padre Pobre navegó en el mar de los libros autopublicados hasta principios del año 2000. El libro se vendió de forma viral, recomendado de boca en boca, hasta que un día llegó a la lista de los bestsellers de *The New York Times*. Era el único libro autopublicado que aparecía en la prestigiosa lista.

Poco después de eso me llamó una productora del programa de televisión de Oprah Winfrey. Sin embargo, antes de incluirme en la agenda para *Oprah*, quiso hablar con el hijo de padre rico. En cuanto verificó la historia de mis dos padres, se confirmó mi aparición como invitado en el programa.

La invitación llegó cuando me encontraba en Australia. Fue una decisión difícil: permanecer ahí o volar a Chicago para la entrevista. Una vez más, obedecí el principio de "Entre a más gente sirva, más eficiente seré"; y por eso acorté mi viaje y volé directamente de Australia a Chicago. Todavía recuerdo cuando entré caminando al escenario de Oprah. Estuve sentado junto a ella durante una hora en la que hablamos de la necesidad de educación financiera.

Mi vida cambió por completo en esa hora. Dejé de ser un desconocido para convertirme en una voz a favor de la educación financiera escuchada a nivel mundial. Convertirme en un éxito de la noche a la mañana sólo me había tomado 55 años de innumerables logros y fracasos, y muchas segundas oportunidades.

No te conté esta historia para presumir ni para darme palmaditas en la espalda a mí mismo, sino porque quería darte un ejemplo de lo importante que es seguir el principio generalizado de Bucky Fuller y las enseñanzas de mi padre rico sobre el dinero.

Los ricos son generosos

En una ocasión un reportero me preguntó si el programa *Oprah* me había vuelto millonario. Le contesté que yo ya era rico cuando subí al escenario. Era rico financieramente porque había pasado mi vida adquiriendo un conocimiento que no se imparte en las escuelas. En ese momento lo único que hice fue compartirlo y ser generoso con lo que ya sabía.

Mi comentario sobre la generosidad perturbó al reportero. Desde su perspectiva, para ser pudiente la gente tenía que ser codiciosa. Cuando traté de explicarle el principio de "La unidad es plural y, por lo menos, incluye a dos" —es decir, que una persona podía ser rica siendo codiciosa *pero también* siendo generosa—, su mirada se tornó vidriosa. La mente del reportero era rígida e inflexible; el hombre creía que la única forma de volverse rico era siendo codicioso. En su opinión no era posible ser rico por medio de la generosidad, y sólo existe un tipo de persona adinerada: la persona adinerada avara.

P: ¿Qué sucedió después de que te volviste famoso? ¿Todo fue miel sobre hojuelas a partir de entonces?

R: No, en absoluto. La fama y el dinero hicieron mi vida más difícil. Muchos amigos tuvieron celos, mis socios se tornaron codiciosos y empezaron a robarme; y mucha gente se acercó para ver en qué podía "ayudarme". Francamente era muy difícil determinar si los que se acercaron en verdad deseaban ayudar a la misión o sólo "ayudarse a sí mismos" con lo que nosotros ya habíamos creado.

La buena noticia es que con el paso de los años también llegó mucha gente honesta. Te reitero: la unidad es plural, y por eso tuvimos que aprender a aceptar lo bueno y lo malo.

Las últimas palabras de Bucky

Como ya mencioné, Fuller murió el 1° de julio de 1983. Anne, su esposa, murió 36 horas después. Ambos tenían 87 años, e incluso al morir Bucky fue sobrenatural.

El doctor se encontraba hablando en un evento que sería el último. De pronto se detuvo de golpe y se quedó sentado en silencio por un rato. Yo no estuve presente, pero tuve la oportunidad de escuchar en una cinta de audio sus últimas palabras, las cuales trataré de parafrasear.

Bucky dijo que iba a abreviar su conferencia porque su esposa estaba sumamente enferma. Mencionó que unos días antes había tenido una premonición: que él y su esposa iban a morir juntos. Como comprendió que la muerte se acercaba para ambos, dijo: "Sucede algo misterioso". Y luego les pidió a todos que continuaran trabajando. Terminó la conferencia con su frase tradicional: "Gracias, querida gente".

Tiempo después me enteré de que él y su esposa habían hecho un pacto: ninguno vería morir al otro. Y lo cumplieron. Bucky se apresuró para ir a verla y se sentó a su lado. Ella estaba en coma. Y como si lo hubieran planeado, se recostó, *colocó* su cabeza junto a la de ella y murió en silencio. Ella lo siguió 36 horas después, respetando el pacto. Bucky era un futurista que incluso llegó a predecir la forma en que él y su esposa morirían. Supongo que escuchó al Gran Espíritu cuando los llamó para volver a casa.

Yo iba manejando por una carretera de Honolulú cuando escuché la noticia de los fallecimientos en la radio. Me sentí tan abrumado que tuve que detenerme para llorar. Ahora que lo pienso, me parece muy claro que en ese día tan emotivo que me quedé parado a un lado de la carretera, una parte de mi vida terminó, y otra comenzó. Recibí una nueva segunda oportunidad. Ya no sería un empresario de manufactura, ahora sería un empresario de la educación.

El flagrante atraco de los gigantes

Unos meses después se publicó postumamente el último libro de Bucky: *Grunch of Giants.* Como ya lo mencioné, Grunch quiere decir Gross Universal Cash Heist (Flagrante atraco universal), y se refiere a la forma en que los ricos y los poderosos nos despojan de nuestra riqueza a través del dinero, el gobierno y el sistema bancario.

Cuando leí aquel pequeño pero emocionante libro las piezas del rompecabezas comenzaron a colocarse en su lugar. Mi mente volvió atrás en el tiempo, a la época en que tenía nueve años y estaba en cuarto grado. Al día que le pregunté a mi maestra: "¿Cuándo vamos a aprender sobre el dinero?" y "¿Por qué algunas personas son ricas pero la mayoría es pobre?"

Al leer *Grunch*, las respuestas se fueron filtrando lentamente en mi cabeza. Fuller criticaba con fuerza el sistema educativo, pero no sólo por lo que enseñaba, sino por *la forma* en que trataba a los niños. Esto era lo que él decía respecto a los pequeños y su inteligencia:

Todos los niños nacen siendo genios, pero esta inteligencia se va perdiendo rápidamente gracias a humanos inconscientes o a factores físicamente desfavorables del entorno.

Y:

He visto que todos los niños muestran una curiosidad abarcadora. Están interesados en todo, y eso avergüenza a sus especializados padres. Desde el principio los niños muestran que sus genes están organizados para ayudarles a aprender, comprender, coordinar y utilizar... en todas las direcciones posibles.

Fuller les recomendaba a los estudiantes asumir el control de su proceso educativo. Básicamente, que hicieran lo mismo que Steve Jobs en Reed College, en Portland, Oregon. Steve Jobs abandonó la escuela para poder volver a inscribirse y estudiar exclusivamente las materias que le interesaran. Y luego jamás volvió a la escuela.

P: ¿Bucky Fuller dijo que todos éramos genios?
R: Sí.

P: Pero yo no me siento muy inteligente. No creo ser un genio. ¿Por qué será?
R: Porque, como Bucky dice, las escuelas y los padres despojan a los niños de *su genialidad*. Fuller usó una metáfora en la que comparaba a la escuela con una mina de diamantes. Los maestros cavan en la mina en busca de "diamantes" —los niños genios—; y los "rezagados", o toda la suciedad y los escombros que son arrojados al arcén, son los alumnos que, según los maestros, no tienen potencial de genios. Por eso muchos estudiantes abandonan la escuela sintiendo que no son inteligentes ni especiales, o incluso enojados con la institución y el sistema educativo.

P: Entonces, ¿cómo puede encontrar su genialidad una persona?
R: Hay muchas maneras. Una de ellas es cambiando de entorno.

P: ¿Qué tiene que ver el *entorno con mi genialidad*?
R: Permíteme darte algunos ejemplos. Muchos estudiantes se sienten estúpidos en el entorno del salón de clases, pero su genialidad se despierta en los campos de futbol. La genialidad de Tiger Woods cobra vida cuando está en el campo de golf. La de los integrantes de The Beatles se despertaba con guitarras y batería en el estudio de grabación. Steve Jobs abandonó la escuela pero su genialidad comenzó a florecer en su cochera, en donde él y Steve Wozniak desarrollaron la primera computadora Apple.

P: ¿Entonces por qué no me siento inteligente? ¿Por qué no puedo encontrar mi genialidad?
R: Porque la mayoría de la gente va de la escuela al trabajo, y estos entornos no siempre son los adecuados para que su inteligencia florezca. Muchos se pasan la vida sintiéndose insatisfechos, infravalorados y carentes de desafíos, sólo porque no han encontrado el entorno en donde pueden hacer florecer su inteligencia y genialidad.

Piensa que la genialidad es algo que vive en tu interior, que es el "genio" que habita en ti. Las palabras "genialidad", "genio", "mago" e "inspiración" están relacionadas. ¿Conoces a alguien que sea un mago en la cocina?, ¿que pueda tomar ingredientes ordinarios y preparar ensaladas gourmet?

P: Sí.
R: ¿Conoces a alguien que tenga "manos de jardinero"? ¿Alguien que pueda tomar tierra, agua y semillas y hacer florecer un jardín mágico?

P: Claro.

R: ¿Alguna vez has visto las Paraolimpiadas, algún evento deportivo para niños con capacidades diferentes? ¿Te has sentido inspirado o conmovido cuando los ves competir con todo su corazón?, ¿impertérritos a pesar de sus desafíos?

P: Sí.

R: Todos ésos son ejemplos del "genio en tu interior", de ese mago que somos y que puede inspirar a otros. Cada vez que el espíritu de alguien más toca el nuestro, nos sentimos inspirados.

P: ¿Entonces por qué la mayoría de la gente no encuentra su genialidad?

R: Porque ser genio no es fácil. Por ejemplo, alguien podría ser el siguiente Tiger Woods, pero si no dedica su vida a desarrollar su genio y su talento, la magia no surgirá nunca.

Más preguntas que respuestas

Cuando leí el libro *Grunch* me surgieron más preguntas; y por primera vez en mi vida quise volver a estudiar. Me dieron ganas de volver al cuarto grado y encontrar las respuestas a la cascada de preguntas que siempre le hice a mi maestra sobre el dinero. Tenía sed de conocimiento y quería respuestas a mis preguntas: "¿Por qué en la escuela no se imparte la materia del dinero?" y "¿Qué es lo que hace que la gente rica lo sea?"

Cuando terminé de leer *Grunch* y continué con otros libros de Fuller sobre la educación, comprendí que las preguntas que formulé en cuarto grado habían sido resultado de mi curiosidad natural. Mis materias de estudio eran el dinero y la razón por la que los ricos son ricos. Y si me pides mi opinión, te diré que no me parece accidental que los programas académicos hayan sido "saneados" por medio de la eliminación de la materia del dinero.

En 1983 revivió el estudiante en mí, e hice exactamente lo que Fuller describía: volví a los estudios que me interesaban.

Con el paso de los años mis propios estudios confirmaron los hallazgos de Fuller: que el sistema monetario había sido diseñado para despojarnos de nuestra riqueza, y para volver más ricos a quienes ya tenían suficiente; pero no para beneficiarnos ni a ti ni a mí. La esclavitud de los otros y el robo de la riqueza de nuestros congéneres ha estado sucediendo desde que los primeros humanos poblaron la Tierra. Fuller creía que la intensa codicia y el deseo de esclavizar a otros humanos era una prueba evolutiva para ver si podíamos usar nuestro corazón y nuestra mente para crear un paraíso terrestre, o si decidiríamos convertir a nuestro planeta en un infierno y un páramo.

En su libro *Grunch of Giants* Fuller describió la forma en que los ricos y los poderosos usan el dinero, los bancos, el sistema educativo, el gobierno, a los políticos y a los líderes militares para implementar sus planes. Dicho llanamente, el dinero está diseñado para mantener esclavizada a la gente a él y a quienes controlan el sistema monetario.

Resulta irónico pero, aunque Bucky Fuller y mi padre rico tenían opiniones opuestas respecto a este tema, creo que ambos estarían de acuerdo en el concepto de que el dinero esclaviza a la gente. Por otra parte, debo destacar que el hecho de que hayan estado polarizados en el tema, respalda y valida el principio generalizado de que la unidad es plural, ya que ambos discrepaban en el contenido pero coincidían en el principio.

El poder del conocimiento

Poco después de aparecer en *Oprah* una compañía de fondos mutualistas me ofreció cuatro millones de dólares para promocionarla; y aunque el dinero me agrada tanto como al vecino, sabía que aceptar la oferta significaría venderme al Grunch. Una de las mejores cosas de la educación financiera es que le da a la gente el poder de elegir, y de nunca tener que vender su alma por dinero.

¿Qué puedes hacer tú?

Ambos sabíamos que llegaría esta pregunta…

P: ¿Entonces qué puedo hacer yo?

R: En realidad hay muchas posibilidades porque el mundo está repleto de problemas. Creo que sería mejor preguntar: ¿Cuál problema quieres resolver? Dios te dio dones únicos para resolver un problema específico, ¿cuál crees que éste sea? Puedes hacerlo por ti mismo o puedes unirte a un grupo u organización para resolver lo que te está causando preocupación.

Cuando mires al mundo desde la perspectiva de los problemas que puedes resolver, verás que hay mucho por hacer pero, sobre todo, mucho en lo que tú puedes ayudar.

Y queda una pregunta todavía más importante: ¿Estás dispuesto a trabajar para resolver el problema? ¿O sólo lo estarías si alguien te pagara por hacerlo?

En el siguiente capítulo aprenderás lo mismo que yo descubrí cuando quise responder a la pregunta de cómo nos despojan de nuestra riqueza a través del sistema monetario, y por qué no se imparte educación financiera en nuestras escuelas.

Cuando Kim y yo creamos el juego de mesa Cashflow y yo escribí *Padre Rico, Padre Pobre* nuestra riqueza, ingresos y reconocimiento crecieron de manera exponencial. Lo menciono porque sé que hay quienes se preguntan en qué momento voy a hablar de lo que pueden hacer para obtener su segunda oportunidad en la vida, y seguramente *tú* eres uno de ellos.

Quienes estén pensando en tener una segunda oportunidad para su dinero y su vida, deberán preguntarse:

¿Cómo puedo servir a más gente?

En lugar de:

¿Cómo puedo hacer más dinero?

Si te haces la primera pregunta en lugar de enfocarte en la manera de hacer más dinero, estarás obedeciendo uno de los principios generalizados de Dios.

Kim Kiyosaki
Historia personal y perfil emprendedor

Nombre Kim Kiyosaki
Fecha de nacimiento 26 de enero de 1957
Lugar de nacimiento Summit, New Jersey

Educación Tradicional

Universidad de Hawái
Título: licenciada en negocios y marketing

Educación profesional

Aprendizaje constante y de por vida.

Promedio escolar

Preparatoria: variaba de 64 a 86
Universidad: igual que en la preparatoria

Valor de la educación tradicional para convertirse en emprendedor

Aprendí que es mucho más importante sacar algo al mercado que gastar demasiado tiempo tratando de hacerlo perfecto. Puedes perder tiempo haciéndolo "perfecto". En la primaria trabajábamos horas y horas en un proyecto sobre las hojas de diferentes árboles. Era hermoso. Absolutamente perfecto. Saqué 100. Grant, mi compañero de clase, también sacó 100. Su proyecto distaba mucho de ser perfecto o hermoso. Aprendí que la perfección está sobrevalorada.

Materia que me gustó más en la escuela

Eventos actuales. Me encantaba aprender sobre lo que pasaba en todo el mundo. También me gustaba la educación física. Los deportes me permitían ventilar mis frustraciones sobre todo lo que me desagradaba de estar encerrada en un aula todo el día.

Materia que odié más en la escuela

Geometría. ¿Por qué? Porque mi maestro de geometría en la preparatoria me dijo que era una mala alumna y que nunca entendería esa materia (sentó las bases para mi futuro como emprendedora...)

Primer proyecto de emprendimiento

Cuando era joven mi familia solía ir de vacaciones de verano a la costa de Jersey. Los domingos por la tarde siempre había congestión vial: los vacacionistas regresaban a casa al final de la semana. A los ocho años mis amigos y yo vendíamos agua (esto cuando el agua era gratis en todas partes) a conductores con carros sobrecalentados. La mayoría de los conductores pensó que deberíamos brindarles el agua gratis, pero no estaban en posición para negociar.

La actividad empresarial clave que *no* aprendí en la escuela

Cómo usar los errores para acelerar mi aprendizaje y crecimiento en lugar de evitarlos o temerles.

Por qué me convertí en emprendedor y mi primer emprendimiento importantee

Por qué... Mi padre perdió su trabajo cuando tenía unos 50 años y otra persona le ganó el concurso para ser presidente de la compañía.

Era un hombre honesto, leal y trabajador. Estaba enojada porque me parecía muy injusto y simplemente equivocado. Recuerdo haber pensado, cuando recogimos las cosas de su oficina, que nunca me pondría en una situación donde otra persona controle mi vida. No me di cuenta en ese momento, pero fue entonces cuando se sembraron las primeras semillas para convertirme en una emprendedora.

Cuándo... Tras ser despedida —no una vez, sino dos— de mi primer trabajo después de la universidad (porque *realmente odio* que me digan qué hacer). Fue mi señal para abrir mi primer negocio.

Mi primer emprendimiento fue diseñar un logo "ganar/ganar" —cuando era una idea nueva y no un cliché— y bordarlo en playeras, suéteres y chaquetas. Los vendimos en conferencias de negocios por todo Estados Unidos.

Mejor lección de mi primer negocio

Aprender a incluir a todos los que trabajan contigo en el panorama general y hacerlos entender el valor del papel que juegan. Por ejemplo, cuando mi bordador me dijo que no podía tener las playeras listas para la primera conferencia me senté con él y le mostré una tabla que mostraba cómo tener esas playeras listas a tiempo afectaba todas las demás piezas en el rompecabezas del negocio. No sólo realizaba un trabajo, sino que hacia despegar a una empresa nueva.

Lo entregó a tiempo, según lo programado.

Lo que aprendí de mi persona con el Índice Kolbe

KOLBE CORP

KIM KIYOSAKI

Resultado del Índice Kolbe A®

FELICIDADES, KIM

Obtuviste una calificación perfecta en el Índice Kolbe A®

Tienes la capacidad única de enfrentar desafíos orientados al futuro. Lideras el camino hacia posibilidades visionarias y creas lo que otros decían que no podía crearse. Dices "sí" antes de siquiera saber el final de la pregunta... después lo conviertes en una aventura productiva.

Modos de acción Kolbe®

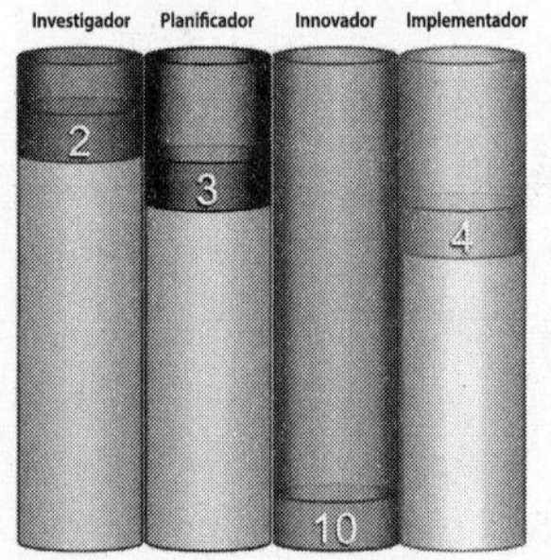

Reimpreso con permiso de Kolbe Corp.

No luches contra tus tendencias naturales. Por muchos, muchos años leí libros para ser organizada. Asistí a seminarios. Compré todas las agendas nuevas del mercado. Nada funcionó. Mi oficina era un desastre. Cuando hice el Índice Kolbe, Kathy Kolbe me preguntó: "Kim, ¿siempre has tenido problemas con la organización?" "¡Sí!", le dije con frustración. Respondió: "Kim, nunca serás organizada. No está en tu naturaleza. Te sugiero que contrates a alguien que organice las cosas por ti". Eso fue exactamente lo que hice y he vivido feliz desde entonces.

Mi rol en el Triángulo D-I

Soy la guardiana del espíritu de Rich Dad y Rich Woman. Entra dentro de la misión. Nuestra misión es "elevar el bienestar financiero de la humanidad". Nuestra compañía vive y respira esa misión.

Habilidades que son esenciales para los empresarios... pero no se enseñan en las escuelas

1. Comete muchos errores, aprende de ellos e implementa ese aprendizaje en tu negocio. Los errores son una herramienta valiosa.
2. Cómo vender tu visión. El emprendedor suele vender algo que aún no existe. Si no puedes vender y comunicar tu visión, entonces tu visión no es lo suficientemente clara o inspiradora.
3. Crea un equipo, idealmente de individuos que son más inteligentes que tú en lo que hacen. Un equipo que trabaja en conjunto puede crear resultados increíbles. En la escuela se nos enseñó a hacer todo por nuestra cuenta.
   Un negocio no puede crecer si tienes que hacerlo todo.

Mi lección más importante para Emprendedores

Tengo dos:

1. Resiliencia. Cuando tengas un contratiempo, y los emprendedores tenemos muchos, qué tan rápida y efectivamente te recuperes puede significar el éxito o fracaso de tu negocio. Todos los contratiempos deberían fortalecerte a ti y a tu negocio, no debilitarlos.
2. Rodéate de gente que apoye e impulse tus proyectos emprendedores. Encuentra mentores, entrenadores y emprendedores exitosos para que te guíen. La gente negativa suele tener demasiado miedo para iniciar su propio negocio, por lo que te desalentarán y te dirán por qué tu idea no funcionará. (Hay una suposición aquí: que tienes una idea de negocio válida y trabajable. No toda idea de negocio debería seguirse.)

Cómo aprendí a recaudar capital

Robert y yo teníamos un mentor llamado Frank. Logró que alrededor de 70 compañías se hicieran públicas. Sabía cómo recaudar dinero. Me enseñó cómo presentar el proyecto, pedir dinero y, lo más importante, cobrar el dinero. La primera vez que Robert y yo recaudamos dinero fue cuando lanzamos el juego de mesa Cashflow en 1996. Todos nuestros inversionistas recibieron un retorno sobre inversión anual durante varios años. Después recuperaron su inversión inicial junto a una prima sustancial.

Cómo aprendí a superar el medio y el fracaso

Sólo conozco una forma de hacerlo: salir y hacer lo que sea que temas. Aprendí a superar mucho de mi miedo en la inversión inmobiliaria cometiendo errores. Cometí un GRAN error. Después convertí ese error en una de mis propiedades más rentables. Aprendí a superar mi miedo a hablar en público subiéndome al escenario una y otra vez. No hay otra forma.

Mis fortalezas personales

1. Tener felicidad interior. Saber que la felicidad no llega del exterior, sino de adentro.
2. Saber que algo bueno saldrá de toda situación.

Mi debilidad personal

No siempre decir lo que necesita decirse.

La habilidad empresarial que enseño mejor

Soy la reina del flujo de efectivo… y eso es lo que enseño mejor.

La lección empresarial que enseño

Claves del flujo de efectivo: activos sobre ingreso

Secretos del flujo de efectivo: activos sobre ingresos

de Kim Kiyosaki

Kim es una mujer rica, una emprendedora y una millonaria que se hizo a sí misma. No heredó dinero de su papá... ni de mí. Kim es un ejemplo a seguir para las mujeres y gana más dinero en un mes que la mayoría de los hombres en toda su vida.

Robert Kiyosaki

Me gustaría que conocieras a Melissa. Es una empresaria brillante, una productora de radio y, como muchas personas, tiene una cuenta de retiro o IRA (cuenta de retiro individual, po sus siglas en inglés) a la que ha contribuido año tras año. Melissa también tiene una asesora financiera, Jane, quien administra su cuenta IRA.

Como mucha gente, Melissa no ha prestado mucha atención a su cuenta IRA. Asume que su asesor financiero hace un buen trabajo por ella. Sin embargo, como Melissa conoce a alguien que entiende y está familiarizado con la filosofía de Rich Dad/Rich Woman de asumir el control de tu dinero, ella decide actuar *abriendo* el estado de cuenta de su inversión. ¿Qué crees que descubrió?

Durante el boom más grande en la historia del mercado de valores la cuenta de retiro de Melissa había declinado de forma dramática. ¿Por qué? No tenía idea. Así que dio el siguiente paso con valor. Se reunió con Jane por primera vez desde que abrió su cuenta de retiro y preguntó por qué su cuenta había declinado mientras que el mercado de valores estaba en altos históricos. Jane no tenía respuestas o estrategias que ofrecerle. Cuando Melissa le exigió una respuesta, Jane la miró directo a los ojos y —con total seriedad— dijo: "Siempre puedes casarte con un hombre rico". Melissa despidió a Jane al instante.

Lo que ocurrió fue que cuando el mercado de valores estaba en máximos históricos, la asesora financiera de Melissa no había invertido por ella en acciones. En cambio, colocó a Melissa en bonos. ¿Por qué? Porque con poco o nulo conocimiento financiero algunos asesores financieros automáticamente retiran a sus clientes de acciones y los meten a bonos conforme envejecen porque los bonos supuestamente son una inversión más "segura" y de menor riesgo. Sin embargo, en este caso los precios de los bonos caían porque eran poco demandados. Cuando el mercado de valores sube y los inversionistas confían en él, suelen elegir acciones en lugar de bonos.

Confiar en desconocidos

Como educadora pregunto: "¿Por qué las personas están tan dispuestas a entregar el dinero que tanto les costó a otros —normalmente completos desconocidos— para que lo administren?" Las respuestas que suelo escuchar son: "Estoy muy ocupado", "es muy confuso" o "los asesores financieros/corredores de bolsa/administradores de activos son profesionales". Ésas son sólo algunas de las razones. Ésta es otra teoría.

La trampa del ingreso

Aquellos de ustedes que están familiarizados con el libro *Padre Rico, Padre Pobre* escrito por mi esposo Robert —o con mi libro, *Mujer Rica*— saben que usamos diagramas simples de una declaración de ingresos y un balance para educar a nuestros lectores.

Fui criada, seguramente igual que muchos de ustedes, para enfocarme en la columna de ingresos. Me enseñaron a conseguir un buen empleo que pague bien, a buscar ese aumento de sueldo y a trabajar hasta ser presidente o CEO porque ahí es donde se gana el dinero grande.

Cuando trabajaba y me pagaban por hora, mi consejo era "dedica muchas horas a ganar más dinero" o "trabaja para aumentar tu ingreso por hora y aumentar tu ingreso total". A veces trabajaba gratis sólo para aprender. La gente me decía: "Tu tiempo es valioso. ¡Exige que se te pague por lo que haces!" La obsesión siempre estaba en ganar más dinero.

La mayoría de nosotros estamos condicionados por nuestros padres, el sistema escolar y la sociedad para enfocarnos en conseguir más y más *ingreso*. Se nos enseña e impulsa a enfocarnos en la columna de ingresos. Ahora, no digo que sea correcto o incorrecto, bueno o malo. Hay muchas personas a las que les va bien en la columna de ingresos y que ganan mucho dinero. No obstante, para *seguir* generando ese dinero tienen que *seguir* trabajando duro (por no hablar de la enorme cantidad de impuestos que probablemente pagan sobre ese ingreso cada vez más grande).

En resumen, a casi todos se nos enseña a temprana edad —como a mí— a enfocarnos en nuestro ingreso, salario, cheques, honorarios profesionales y bonos... *la columna de ingresos.*

Un cambio de enfoque

En 1989 Robert y yo vivíamos en Portland, Oregon. Fue en ese entonces cuando empezó a explicar su filosofía de padre rico sobre el dinero y la inversión. La distinción más grande de padre rico para mí era la definición de un activo y un pasivo.

Así es como padre rico define activos y pasivos:

Un *activo* es algo que pone dinero en tu bolsillo trabajes o no.

Un *pasivo* es algo que saca dinero de tu bolsillo.

Los activos producen flujo de efectivo... el efectivo fluye *hacia* tu bolsillo. Los pasivos hacen que el efectivo fluya *fuera* de tu bolsillo. La renta de propiedades, los negocios, los dividendos de acciones y la materia prima (*commodities*, en inglés) como petróleo y gas son ejemplos de activos... SI es que producen flujos de efectivo positivos.

En 1989 empecé a enfocarme en los activos y en mi viaje hacia la columna de activos. Mi primera inversión fue una propiedad de dos recámaras y un baño para renta en Portland. Algunos meses era un activo. Otros meses era un pasivo. Seguimos comprando propiedades que podíamos rentar… viviendas unifamiliares y edificios departamentales chicos. Era interesante y retador… pero en aquel entonces veía la inversión en bienes raíces sólo como un pasatiempo.

En 1994 nuestro flujo de efectivo por esas propiedades (10 000 dólares al mes) excedió nuestros gastos de vida (3 000 al mes).

A pesar de que teníamos flujo de efectivo de nuestras inversiones, mi atención seguía enfocada en la columna de ingresos. Me preguntaba: "¿*Cómo podemos ganar* más dinero para adquirir más activos?" Aún consideraba nuestras inversiones como una afición, algo extra que hacíamos.

En 1995 Robert y yo nos comprometimos a crear un juego de mesa, Cashflow. Así inició The Rich Dad Company. Aunque ciertamente no había garantías de éxito (o siquiera seguridad de recuperar lo invertido), sentí una sensación de alivio al saber que creábamos un nuevo negocio que —esperábamos— generaría más dinero en nuestra columna de ingreso.

ELCA

En 1996 lanzamos el juego Cashflow. Al año siguiente publicamos *Padre Rico, Padre Pobre*. El negocio —tras mucho esfuerzo, error, éxito y aprendizaje— estaba en operación. *¡El ingreso fluía hacia nosotros!*

Un día me llegó la inspiración. Escalaba las montañas de Phoenix (el lugar al que voy cuando quiero tiempo para pensar) y, como siempre, pensaba en cómo traer más ingreso a la compañía. Admiraba los cactus y las flores del desierto a lo largo del camino —con mi mente pensando en *más ingreso, más ingreso, más ingreso*— cuando un pensamiento fugaz pasó por mi cabeza. "No se trata de los ingresos. Se trata de los *activos* que estamos construyendo."

Cambió la imagen en mi cabeza. En lugar de que el ingreso pasara de mi columna de ingresos a mi columna de activos…

¡ahora era al revés! Lo que ahora veía en mi mente era: ¡mis *activos* generaban mi ingreso! ¡Lo tenía todo al revés! Noticia de última hora: ELCA… ¡Es La Columna de Activos!

En ese momento dejé de enfocarme en la columna de ingresos. Los ingresos no son lo que generan riqueza. Los *activos* son los que crean ingresos para generar riqueza. Mi enfoque pasó a la columna de activos.

"¿Qué activos estamos construyendo o adquiriendo?" se convirtió en la pregunta que me hacía sin descanso. El juego Cashflow es un activo. El libro *Padre Rico, Padre Pobre*, es un activo. Hoy nuestra compañía diseña apps para educación financiera. Si hacemos un buen trabajo, entonces cada app puede convertirse en un activo. Sumado a nuestras propiedades para renta, inversiones empresariales y proyectos de petróleo y gas, estos activos trabajan duro… en lugar de que Robert y yo trabajemos duro.

Y la vida se volvió más simple. Cambiar mi mentalidad de la columna de ingresos a la columna de activos ha hecho un mundo de diferencia para mí en lo financiero.

La mayoría de nosotros hemos sido condicionados desde que ganamos nuestro primer dólar a enfocarnos en el ingreso, dando poca o ninguna atención a la columna de activos. Se nos enseña mucho sobre cómo adquirir ingresos. Se nos enseña muy poco sobre cómo adquirir activos.

Entonces, en lugar de entregar tu dinero a un asesor financiero, ¿por qué no se lo entregas a tu columna de activos? Las preguntas que quizá quieras empezar a hacerte son: "¿Qué activo estoy construyendo?", "¿Qué activo estoy adquiriendo?", y por supuesto: "¿Cómo trabajarán estos activos para mí?"

La columna de ingresos es importante, pero la columna de activos es donde se crea la verdadera riqueza.

Sobre Kim Kiyosaki

Kim Kiyosaki, una mujer dedicada al aprendizaje de por vida, ha aprendido qué se requiere para ser exitoso... en la vida y en los negocios. Basándose en una vida de experiencia en los negocios, los bienes raíces y las inversiones para impulsar su misión de educar financieramente a las mujeres, Kim es una emprendedora e inversionista exitosa, una aclamada autora y una expositora cotizada.

En 1979 Kim se graduó de la Universidad de Hawái con una licenciatura en negocios. Su primer trabajo fue en el área de medios de la segunda agencia publicitaria más grande en Hawái, donde obtuvo una apreciación por los medios (y su poder) que le ayudaría mucho durante el transcurso de su vida empresarial.

Posteriormente trabajó con *Aloha Magazine* y *Honolulu Club*, una publicación empresarial que dio a Kim la oportunidad de probar sus habilidades de gestión empresarial. No pasó mucho tiempo antes de que el deseo de "tener su propio negocio" la impulsara a lanzar una compañía —el primero de varios emprendimientos— que diseñaba, producía y vendía ropa y mercancía con logos en todo Estados Unidos.

Al año siguiente, en 1985, empezó una compañía de seminarios empresariales que crecería durante la siguiente década por todo el mundo (11 oficinas en siete países). Fue durante este tiempo que Kim inició su carrera como inversionista inmobiliaria con la compra de una pequeña propiedad de dos recámaras y un baño para renta en Portland, Oregon. Hoy la compañía inmobiliaria de Kim compra, vende y administra millones de dólares en propiedades.

En 1995 Kim y su esposo Robert Kiyosaki, autor del bestseller internacional *Padre Rico, Padre Pobre*, fundaron The Rich Dad Company, una empresa de educación financiera. La mayoría de la gente no sabe que el libro *Padre Rico, Padre Pobre* —un libro publicado en 1997 que se ha convertido en el libro de finanzas personales número 1 de todos los tiempos— fue escrito como un "folleto" para el juego de mesa Cashflow® 101, un juego educativo creado y producido por Kim y Robert. *Padre Rico, Padre Pobre* ha sido traducido a 53 idiomas y vendido en 109 países de todo el mundo. La misión de The Rich Dad Company es elevar el bienestar financiero de la humanidad.

Conforme Kim y Robert viajaron por el mundo compartiendo su misión y mensaje, Kim se dio cuenta de la abrumadora necesidad de herramientas y recursos para mujeres que querían tomar control de sus futuros financieros. En 2006 Kim lanzó la marca Rich Woman con un libro que llevó el mismo nombre. No pasó mucho tiempo antes de que la marca —impulsada por su historia personal y su habilidad para conectar con mujeres en todos los rincones del mundo— creciera hasta ser un movimiento mundial y una poderosa marca internacional. Su segundo libro, publicado en 2011, se titula *¡Es hora de emprender el vuelo!*

Una millonariaque se hizo a sí misma, Kim es una mujer felizmente casada (¡pero ferozmente independiente!) que vive en Phoenix, Arizona, y en Honolulú, Hawái. Ama el golf, a su cachorro Cutie y a quien por 30 años ha sido su marido. Los Kiyosakis son anfitriones de The Rich Dad Radio Show, un programa semanal de una hora que se transmite en estaciones de todo el país y está disponible para descarga como podcast.

Kim es una apasionada defensora del desarrollo personal y el poder de la educación financiera. Al compartir su historia con el mundo, ha visto de primera mano el impacto positivo que la educación y la acción decisiva puede tener en las mujeres, en las familias y en nuestro mundo.

Libros de Kim Kiyosaki

Mujer rica
¡Porque odio que me digan qué hacer!

¡Es hora de emprender el vuelo!
Un llamado a las mujeres que quieren
la recompensa de su libertad financiera

UN EXTRACTO DE

AUTORA DEL *BEST SELLER MUJER MILLONARIA*

ES HORA DE EMPRENDER EL VUELO

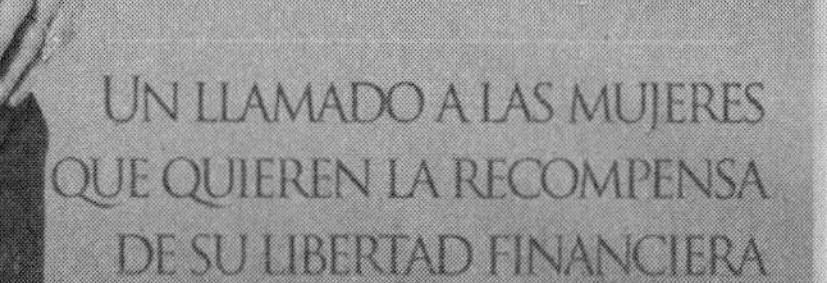

KIM KIYOSAKI

AGUILAR

Capítulo 2

Ve lo invisible

Para ir más allá de lo visible se requiere…

Tu cerebro tiene un lado izquierdo que alberga la parte lógica, analítica y práctica de tu mundo. Asimismo, cuenta con un hemisferio derecho que contiene la parte creativa, innovadora e intuitiva. Además de lo anterior, existe lo físico, lo espiritual y lo que hay en medio. Para cumplir tus sueños financieros tienes que echar mano de todo lo anterior. Se necesita todo lo que eres.

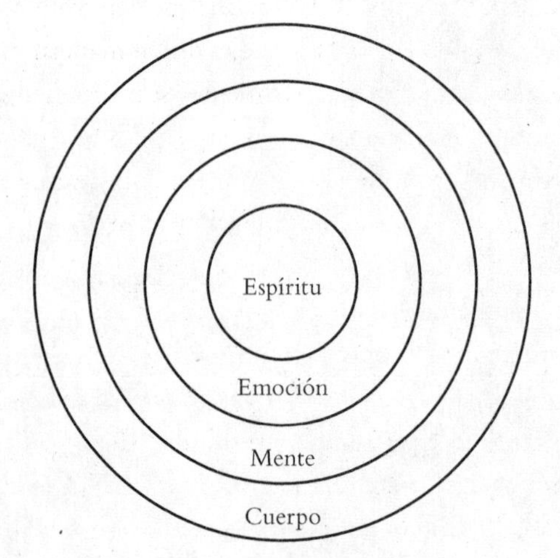

Cuerpo

En este mundo físico en el que vivimos es obvio que necesitamos de nuestro cuerpo para lograr cualquier cosa. No tiene que funcionar a la perfección, pero es una herramienta importante para nuestra travesía financiera.

Tu cuerpo te da señales. Por ejemplo, ¿alguna vez has tenido una sensación física con la que el corazón te dice que algo anda mal? O tal vez has sentido que el estómago se te revuelve cuando estás con alguien en quien no confías. Pues ése es tu cuerpo que está tratando de enviarte señales, así que confía en ellas. Tu cuerpo es el conducto físico de tus pensamientos, emociones y espíritu.

Mente

El cerebro es una zona de suma importancia del cuerpo; en él se reúnen, almacenan y organizan todos los hechos, las cifras, las historias y la información que necesitamos para tomar buenas decisiones. Tu cerebro físico es una masa encapsulada en el cráneo, pero, ¿alguna vez has visto una mente o un pensamiento? A pesar de que tus pensamientos son parte de tu mundo invisible, tienen muchísimo poder. Son una de las fuerzas que determinan los resultados que obtienes en la vida. Lo que es difícil manejar es el hecho de que algunos de nuestros pensamientos son conscientes, mientras que otros son subconscientes y están ocultos bajo la superficie. Estos pensamientos subconscientes tienen igual o mayor poder que aquellos de los que sí nos percatamos. Por ejemplo, cuando escuchas la palabra "invertir", ¿qué es lo primero que te viene a la mente? ¿Son pensamientos positivos o negativos? ¿La idea de invertir te emociona o te da flojera?

Cuando escuchas el término "independiente en el aspecto financiero", ¿en qué piensas? ¿Te dices a ti misma, "¡Sí, yo puedo hacerlo! ¡Será un viaje divertido!"? O piensas, "Prefiero ser feliz que rica. Se ve demasiado difícil. No quiero perder dinero"? Pensamientos como: "No-puedo-hacerlo" o "No-sé-qué hacer", son lo que te impide tener el éxito financiero que deseas.

En una ocasión estaba platicando con Janet, una amiga mía, sobre el tipo de auto que debería comprarse. Ella es joven, inteligente, soltera y atractiva. Le pregunté, "¿Alguna vez has probado el Porsche?" De inmediato la noté nerviosa e irritada. Con un tono de voz agresivo, me contestó: "¡No quiero un Porsche!" Yo me quedé asombrada por la forma en que reaccionó.

—¿Por qué? —le pregunté.

—¡Porque no soy ese tipo de mujer! —respondió con rapidez.

Me esforcé mucho para no molestarme porque... ¡Yo tenía un Porsche! Mantuve la calma y, llena de curiosidad, le pregunté, "¿Qué tipo de mujer?". Me miró como si yo debiera saber la respuesta. "El tipo de mujer ostentosa y fácil que echa mano del sexo, no tiene cerebro y sólo quiere ser vista".

"¡Guau!", pensé. "¿Cómo diablos llegó a asociar el Porsche con todo eso?". Su respuesta me parecía totalmente ilógica, pero, en algún lugar del subconsciente de Janet, resultaba natural creer que el hecho de que una mujer manejara un Porsche la hacía estúpida y superflua. En ese momento decidí abandonar el psicoanálisis y, de paso, dejar de hablar de autos.

El poder de tus pensamientos

Uno de mis libros favoritos es *Así como un hombre piensa* de James Allen. Este libro fue escrito en 1902 y, en él, Allen explica que su propósito es "estimular a los hombres y las mujeres al descubrimiento y entendimiento de la siguiente verdad: *Que ellos son los forjadores de sí mismos*". Luego explica que, "Un hombre es literalmente lo que piensa, dado que su carácter es la suma completa de todos sus pensamientos". Allen hizo un poema para ilustrar su concepto:

La mente es el poder supremo que moldea y crea.
El hombre es mente y en la medida que toma
a la herramienta del pensamiento para darle forma
a lo que desea,
atrae para sí mil gozos y mil penas.
El hombre piensa en secreto, y el deseo,
se cumple:
su entorno no es entonces más que el reflejo.

Sólo escuchamos lo que queremos

Según Allen, tus pensamientos son lo que le da forma a tu mundo, al mismo tiempo que determinan la manera en que procesas la información que recibes.

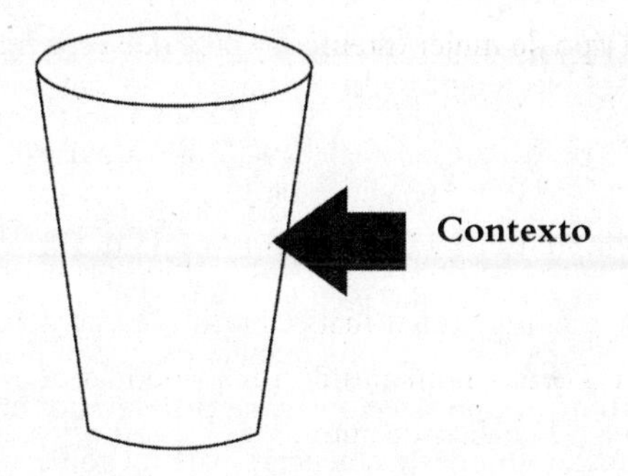

Ahora relacionemos este concepto con el dinero. Imagina que el vaso del diagrama representa tus pensamientos, creencias, opiniones y juicios. En otras palabras, que es la base o contexto de tu punto de vista respecto al dinero.

El agua que se sirve en el vaso representa los datos y la información que recibes sobre el tema del dinero. Digamos que estamos hablando acerca de "independencia financiera". Si el pensamiento que tienes fijo en tu mente es "Jamás seré independiente en el aspecto económico", entonces es sencillo: NO LO SERÁS. Si tu pensamiento es: "No tengo tiempo para hacerlo", entonces NO TENDRÁS TIEMPO.

La información que se vierte en tu vaso, sin importar de qué tipo sea, siempre tiene que pasar a través de tu filtro o contexto, es decir, a través de lo que piensas sobre el dinero y la independencia financiera. De la misma manera en que se prepara el café, el flujo de información tiene que pasar primero por el filtro de tus pensamientos, opiniones y creencias, para luego llegar al vaso. La información que no concuerda con lo que piensas acerca del dinero terminará siendo rechazada para que, finalmente, lo que obtengas encaje en tu contexto.

Muy a menudo, lo que piensas sobre el dinero y las inversiones es más importante que el contenido de la información. Esto se debe a que todos los datos del mundo carecerán de valor si tus filtros o pensamientos no concuerdan con las metas que te fijaste. Sin embargo, cuando modificas tu contexto o pensamientos para alinearlos con tus objetivos, entonces, lo invisible se hace visible.

¿Cómo hacer visible lo invisible?

No es difícil. Lo primero que tienes que hacer es empezar a observar tus pensamientos, escuchar esa vocecita en tu cabeza. En 1985 un amigo me desafió a "pasar una hora observando mis pensamientos". Lo hice y mi vida cambió. Antes de eso no tenía idea de cuántos pensamientos deprimentes me rondaban en la cabeza. Te reto a que hagas este ejercicio.

Puedes escribir tus pensamientos en un diario. Cuando sientas temor, pregúntate: "¿A qué le tengo miedo?", y comienza a escribir. No corrijas tu texto ni lo juzgues, sólo escribe. Escribe hasta que llegues a una epifanía, hasta que comprendas por qué sucede lo que sucede. Te sorprenderá descubrir la claridad que se puede llegar a tener con este ejercicio.

Emoción

Lo más común es que tus pensamientos controlen tus emociones. Por ejemplo, si una persona te dice algo muy grosero e hiriente, lo más probable es que te molestes porque pensarás que tú jamás le hablarías de esa forma a nadie. Pero ¿qué pasaría si hubieras crecido en un ambiente o familia en los que ser grosero e hiriente fuera una peculiar manera de demostrar afecto? Si ése fuera el caso, en lugar de enfadarte hasta llegarías a sentirte amado. Todo depende de tu contexto, y éste, a su vez, toma forma de acuerdo con tus pensamientos.

La emoción más recurrente para las mujeres respecto al dinero es el miedo. Tienen miedo a cometer errores, a perder dinero, a lo que otros podrían pensar de ellas. Uno de los mayores temores de las mujeres es quedarse sin dinero cuando estén jubiladas, y esto, en realidad, produce una especie de paradoja. Tenemos miedo a no tener dinero cuando seamos mayores, pero también tenemos miedo de hacer lo necesario para conseguirlo ahora. Lo que debemos hacer es aprender que la capacidad de vencer el miedo puede ser un maravilloso catalizador en nuestro desarrollo personal.

Yo no conozco a una sola mujer que no haya sentido mucho temor en las primeras etapas de su vida como inversionista. Dadas la incertidumbre y la volatilidad de la economía actual, incluso yo llego a sentirme nerviosa cada vez que me aventuro en nuevas áreas de negocios e inversión. Es natural. El problema surge cuando el miedo te paraliza hasta el punto en que no te deja hacer nada, y te obliga a delegarle tus responsabilidades financieras a alguien más, porque tu temor a cometer errores o perder dinero es demasiado intenso. Shelby Kearney, de Nueva York, aprendió esta lección a la mala.

Leí Padre Rico, Padre Pobre *y creí todo lo que en él decía. Sin embargo, el miedo me paralizaba y me impedía actuar. A pesar de ello, un par de años después, mi novio (quien trabajaba como agente de bienes raíces) me motivó a comprar una casa dúplex y una triplex. Como me parecía que él sabía mucho sobre el tema, sentí un poco más de confianza al invertir. También me ofreció administrar las propiedades para que yo no tuviera que hacerlo, así que le delegué todas las responsabilidades y dejé de prestar atención al asunto.*

Sobra decir que ambas propiedades terminaron siendo rematadas porque él las manejó muy mal. Alcancé a vender una de ellas, pero perdí la otra. Después del gran golpe supe que tenía que educarme y dejar de confiar en lo que los demás consideraban que era un buen trato o un buen trabajo de administración.

En los últimos años he asistido a varios seminarios y leído muchos libros de bienes raíces. Traté de adquirir diversas propiedades, de cuatro departamentos cada una, en el área de Atlanta, pero otros compradores me las ganaron o yo terminé descubriendo algún problema importante al inspeccionarlas.

Entonces pensé que las dificultades eran una señal que Dios estaba tratando de hacerme llegar, y por eso decidí enfocarme en Pensilvania que, además, está más cerca del lugar en el que vivo en Nueva York.

A principios de este año cerré el trato de una casa individual y una dúplex en Harrisburg, Pensilvania. Pasó mucho tiempo antes de lograrlo, pero ahora ya estoy en camino ¡y me siento geniaaaaal!

Shelby aprendió la lección. Utilizó la educación financiera para hacer que su miedo disminuyera; luego realizó pruebas y cometió errores y, por último, adquirió sus dos propiedades. Ahora no habrá nada que la detenga.

Espíritu

En momentos de mucha presión y emergencias es común ver que el espíritu de una mujer se pone a la altura de la situación. Cuando surge una crisis en la familia, como la pérdida del empleo o el remate de un inmueble, normalmente es la mujer la que da un paso al frente y hace lo necesario para arreglar el problema. Su instinto natural la obliga a protegerse a sí misma y a sus hijos. Lo que actúa en ese instante es su espíritu, no su mente.

El espíritu también nos muestra que somos capaces de lograr más de lo que creemos. Nos brinda fuerza, energía y enfoque. En este viaje financiero habrá ocasiones en las que invocarás a tu espíritu para que te dé la voluntad y el valor necesarios para dar el siguiente paso.

A este respecto compartiré contigo un poema sobre el poder del espíritu.

Voluntad

Serás lo que quieras ser.
Deja que el fracaso encuentre su falsa sustancia
en la precaria palabra "entorno".
Mas el espíritu lo desdeña, dejándolo libre.

El espíritu somete al tiempo, y conquista al espacio;
domeña al fanfarrón embaucador llamado Suerte;
despoja de la corona a la tirana Circunstancia y
hace las veces de un sirviente.

La voluntad humana, esa fuerza invisible,
la descendencia de un Alma inmortal,
puede labrar el camino hacia cualquier objetivo
aunque los muros de granito se interpongan.

No seas impaciente en la demora,
espera como quien entiende, porque,
cuando el espíritu se eleva y prevalece,
los dioses están preparados para obedecer.

El río que busca al mar
confronta a la presa y al precipicio,
mas sabe que no puede fallar ni malograrse;
¡serás lo que quieras ser!

Ella Wheeler Wilcox

"La voluntad humana, esa fuerza invisible" es el poder en tu interior que surge cuando los momentos difíciles te ponen a prueba.

"Puede labrar el camino hacia cualquier objetivo, aunque los muros de granito se interpongan." Este verso nos dice que tu espíritu puede hacer lo necesario, aun cuando parezca imposible. Ésa es la magia que surge cuando hay algo muy relevante y significativo para ti. Cuando tu "espíritu se eleva y prevalece", lo invisible se hace visible, y se torna en algo maravilloso.

Se requiere todo de ti

Perseguir y alcanzar tu objetivo requiere todo de ti: cuerpo, mente, emociones y espíritu. Lograr tus sueños financieros es un proceso increíblemente iluminador, frustrante, revelador y honesto, que sirve para el desarrollo personal y para descubrirse a uno mismo. Hay mucho que aprender, y en ese aprendizaje están incluidos el crecimiento, la confianza, la diversión y un tipo especial de libertad.

Ken McElroy*

HISTORIA PERSONAL Y PERFIL EMPRENDEDOR

Nombre Ken McElroy
Fecha de nacimiento 1961
Lugar de nacimiento Everett, Washington

Educación tradicional

Pacific Lutheran University
Título: licenciado en Negocios

Educación Profesional

Varios cursos de bienes raíces, así como organización de emprendedores, organización de jóvenes presidentes y organizaciones de comercio.

Promedio escolar

Preparatoria: 84-86
Universidad: 84-86

Valor de la educación tradicional para convertirse en emprendedor

Aprendí contabilidad y disciplina.

Materia que me gustó más en la escuela

Excursiones.

* Asesor de Padre Rico en deuda, bienes raíces y recaudación de capital.

Materia que odié más en la escuela

Matemáticas e inglés.

Primer proyecto de emprendimiento

Una ruta de reparto de periódico… cuando tenía 12 años.

La actividad empresarial clave que *no* aprendí en la escuela

Cómo construir relaciones estratégicas.

Por qué me convertí en emprendedor y mi primer emprendimiento importante

Quería libertad financiera, por lo que inicié mi propia compañía de administración inmobiliaria.

Mejor lección de mi primer negocio

Contabilidad… y cómo seguir el dinero.

Lo que aprendí de mi persona con el Índice Kolbe

KEN MCELROY

Resultado del Índice Kolbe A®

FELICIDADES, KEN

Obtuviste una calificación perfecta en el Índice Kolbe A®

Tienes la capacidad única de enfrentar desafíos orientados al futuro. Lideras el camino hacia posibilidades visionarias y creas lo que otros decían que no podía crearse. Dices "sí" antes de siquiera saber el final de la pregunta... después lo conviertes en una aventura productiva.

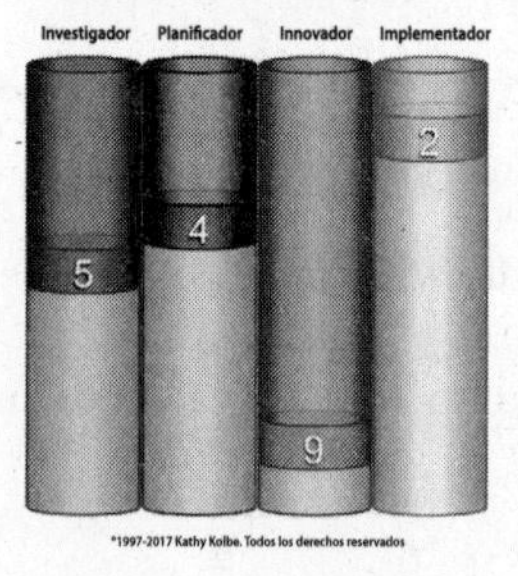

Reimpreso con permiso de Kolbe Corp.

Aprendí que necesito un equipo para ser exitoso.

Mi rol en el Triángulo D-I

Apegarnos a la misión de la compañía.

Habilidades que son esenciales para los empresarios... pero no se enseñan en las escuelas

Cómo vender, cómo construir equipos y cómo motivar a otros.

Mi lección más importante para emprendedores

Contrata a las mejores personas que puedas y sigue el dinero.

Cómo aprendí a recaudar capital

Por necesidad: se me acabó el dinero. Los tratos se volvieron tan grandes que tuve que aprender a recaudar capital.

Cómo aprendí a superar el miedo y el fracaso

Prueba y error. Sinceramente creo que ser un estudiante promedio me ayudó mucho. Estaba acostumbrado a fracasar en lo que intentaba, lo cual me ayudó a volverme resiliente. Con el tiempo, preocuparte porque algo falle se vuelve menos importante que intentar algo.

Mi fortaleza personal

Humor.

Mi debilidad personal

Puedo ser impaciente.

Las habilidades de emprendimiento que enseño mejor

Cómo usar la deuda. Cómo administrar equipos.

La lección de emprendimiento que enseño

Cómo apalancarte con deuda puede hacerte rico.

Dinero de otras personas: cómo apalancar deuda puede hacerte rico

de Ken McElroy

La deuda hace más ricos a los ricos.
Ken demuestra que no necesitas dinero para hacerte rico.
Al igual que el presidente Donald Trump, es un rey de la deuda.

Robert Kiyosaki

En palabras de Benjamín Franklin: "El dinero ganado con dinero genera más dinero".

Cuando la mayoría de los empleados reciben sus chequen, suelen depositarlos en algún tipo de institución de ahorro como un banco. Para los bancos estos depósitos son dinero de otras personas. Son un gasto o un pasivo para los bancos porque no es su dinero y porque deben intereses a los depositantes. En ese momento los bancos están en "deuda" con todos sus depositantes.

Así es como se empieza a usar la deuda... como los depósitos que ganaste con trabajo duro se convierten en la fuente de ingreso potencial más importante de un banco. Los bancos necesitan tu dinero para prestar dinero. Casi todas las cuentas de cheques, a la vista (*demand account*), de orden de extracción negociable (*NOW accounts*) y de ahorros tienen tasas de interés bajas o nulas, lo cual significa que el banco paga muy poco por usar este dinero que suele ser su base financiera sólida y creciente.

Básicamente el banco recibe dinero de otras personas —de depositantes, acreedores y otros bancos— a tasas de interés bajas. Presta estos depósitos en forma de deuda a una tasa de interés más alta a desarrolladores inmobiliarios, dueños de hogares y pequeños negocios. Por eso a los bancos se les suele llamar prestamistas de *spreads* (*spread lenders*).

Entonces un banco usa tus depósitos (sus pasivos) para construir activos, lo cual genera ingreso al banco. Al usar pasivos como depósitos o préstamos para financiar activos —tales como préstamos a individuos, negocios o compra de *securities* que generen intereses— los dueños de los bancos apalancan su capital bancario para ganar mucho más de lo que podrían si sólo usaran el capital del banco.

Puedes usar esa misma estrategia y exactamente el mismo sistema para volverte rico... y así es como los ricos se vuelven más ricos.

Los prestamos son el activo más importante en la mayoría de los bancos. Generan más intereses a los bancos del que tienen que pagar por recibir depósitos, por lo cual son una fuente importante de ingreso para un banco.

El banco usa la deuda, en este caso tus depósitos, para hacer préstamos que permiten al banco existir.

Todos necesitamos pensar como un banco. Estoy seguro de que todos han escuchado este consejo relacionada al dinero: "Ahorra tu dinero, no te endeudes". Suena como buena planeación financiera, ¿no lo crees? Al final de cuentas, ¿cómo puede enriquecerse una persona si está ahogada en deudas? Bueno, estoy aquí para decirte que ese consejo es *la peor* recomendación financiera que existe. Acabo de mostrarte cómo tus ahorros son usados para prestar a los demás en forma de deuda. ¿Por qué diablos deberías ahorrar dinero si ese dinero (tus depósitos) va a ser usado para beneficio de otros? ¡Tú deberías pedir prestados los ahorros de otras personas!

Para salir adelante necesitas apalancarte mucho con deuda buena, tal como hizo el banco en el ejemplo anterior. La clave es tener el *tipo de deuda correcto*. Si usas deuda para ganar ingreso, tal como hacen los bancos, entonces vas por buen camino.

El problema es que casi todos tienen deudas malas... mucha deuda mala. La gente pobre usa la deuda para comprar cosas que hacen más ricos a los ricos.

Casi todos los consejos estos días sugieren que tu dinero está más seguro en el banco. No exactamente, y definitivamente no siempre. Una cuenta de mercado monetario, los bonos de ahorro, las cuentas de retiro y los fondos índice pueden ser alternativas. Obviamente debes investigar o hablar con tu asesor financiero. Es cierto que si tu dinero está en el banco queda seguro porque no va a ninguna parte y tanto las cuentas de cheques como las cuentas de ahorro suelen estar aseguradas.

Sin embargo, si tienes mucho efectivo parado en una cuenta de ahorros, técnicamente pierdes dinero por las tasas de intereses tan bajas en estos días. Aunque puedas tener la comodidad de ver una cuenta estable en tu balance, también garantizas que tu poder adquisitivo disminuirá debido a la inflación.

Actualmente, la inflación reportada es de alrededor de 3% aunque algunos creen que es mucho más alta. Por desgracia, la cuenta de ahorros promedio da alrededor de 0.05%, así que sigues perdiendo dinero. Las personas pierden alrededor de 2.5% del valor de su activo porque su retorno sobre el ahorro no mantiene el paso de la inflación.

Una de las pocas formas de salir adelante es "invertir" en activos que producen rendimientos superiores a la tasa de inflación. La forma más rápida para tener los rendimientos más altos es usando el dinero de otras personas, sea deuda o capital contable. El sistema está diseñado para prestar, así que úsalo sabiamente.

Por último, el interés compuesto sobre tu dinero es el secreto para avanzar mucho más rápido. Albert Einstein llamó al interés compuesto "el descubrimiento matemático más grandioso de todos los tiempos".

Para aquellos que regularmente tienen muchas deudas mensuales en su tarjeta de crédito, la ley de física financiera de Einstein no es una buena noticia. Sin embargo, el inversionista inteligente puede usar los principios del interés compuesto para ganar una cantidad sustancial de dinero a lo largo del tiempo.

Para utilizar la magia generadora de dinero del interés compuesto es crucial que primero entiendas qué es el interés compuesto y cómo funciona. Aquí es donde hablo de la "regla del 72".

Conforme opera el interés compuesto, las cosas se vuelven más grandes. A menudo es útil saber cuánto tiempo pasará antes de que el principal o pago original se duplique. Funciona de esta manera. Digamos que tienes una inversión con una tasa de interés anual de 6%. ¿Cuánto tiempo tardaría tu inversión inicial en duplicar su valor? Para estimarlo, simplemente divide 72 entre 6. La respuesta es 12. Esto significa que con una tasa de interés de 6% tomaría aproximadamente una docena de años en duplicar la inversión inicial.

Con un interés de 4% se necesitaría 72 dividido entre 4 —o 18 años, aproximadamente— para que tu inversión se duplique. La regla también funciona al revés: ¿Qué tasa de interés necesitarías para recibir el doble de tu inversión en cinco años? La respuesta: alrededor de 14.4 por ciento.

Lo mejor de esta regla del 72 es que los rendimientos se vuelven aún mayores cuando usas deuda o dinero de otras personas. Sí, ¡realmente puedes hacerte rico sin siquiera usar tu propio dinero! Es el antiguo secreto de los ricos.

Así que la próxima vez que te enfrentes a una decisión financiera importante, haz tu tarea en lugar de reaccionar según lo que has escuchado toda tu vida. Y recuerda que pedir prestado cuesta dinero, así que pon atención a la tasa de interés de tus préstamos y enfócate en el flujo de capital en lugar de las ganancias de capital.

Ésta es una estrategia a largo plazo que te permitirá llevar un estilo de vida que ames.

Sobre Ken McElroy

Ken McElroy es el epítome de la palabra emprendedor. Por más de dos décadas Ken McElroy ha tenido un éxito masivo en el mundo de los bienes raíces… desde análisis de inversión y administración de propiedades a adquisiciones y desarrollos inmobiliarios. Con más de 700 millones de dólares en inversiones inmobiliarias, Ken ofrece una perspectiva única sobre cómo obtener el mayor rendimiento sobre inversiones.

Ken es autor de los libros bestseller *El ABC de la inversión en bienes raíces*, *The Advanced Guide to Real Estate Investing* (*La guía avanzada de la inversión en bienes raíces*), *El ABC de la administración de propiedades* y su libro más reciente sobre emprendimiento, *The Sleeping Giant* (*El gigante dormido*).

Al ser el asesor en bienes raíces de Robert Kiyosaki y The Rich Dad Company, Ken y Robert han creado varios programas de audio, incluyendo *Cómo aumentar el ingreso de tus inversiones en bienes raíces*, *Cómo lograr que tu banquero diga "¡sí!"* y *Cómo encontrar y mantener buenos inquilinos*. Ken también contribuyó un capítulo en la reimpresión del libro *The Real Book of Real Estate* (*El libro real de bienes raíces*).

Como campeón y defensor de los emprendedores y los inversionistas en bienes raíces, Ken ha hablado por todo el mundo en los principales eventos de la industria y aparece en numerosas entrevistas de radio y televisión.

Ken nunca toma su vida por sentado, por lo cual es activo en su comunidad. Ha servido como presidente dos años seguidos en la caminata Autism Speaks de Arizona. También ha sido miembro de consejo de Childhelp y AZ Food Banks, donde dirigió la colecta de alimentos más grande en el estado de Arizona. Ken y su familia viven en Scottsdale, Arizona.

Libros de Ken McElroy

Serie Asesores de Padre Rico

El ABC de la inversión en bienes raíces*
Los secretos para encontrar ganancias ocultas
que desconocen la mayoría de los inversionistas

La guía avanzada de la inversión en bienes raíces
Cómo identificar los mercados más atractivos y
asegurar los mejores tratos

El ABC de la administración de propiedades*
Todo lo que necesitas saber para maximizar tu dinero ¡ahora!

Libros de KyleKade Press Books

El gigante dormido
El despertar del emprendedor autoempleado

* Disponible en español.

EXTRACTO DE

RICH DAD
ADVISORS
PRÓLOGO
POR
ROBERT
KIYOSAKI
El ABC de la
Inversión en
Bienes Raíces
Los Secretos para Encontrar Ganancias Ocultas
que Desconocen la Mayoría de los Inversionistas
KEN MCELROY

Capítulo uno

Los mitos y la magia

Cada negocio y cada industria tienen personas que parecen tocadas por el éxito. Conocen a toda la gente indicada, todas sus decisiones son correctas y siempre están en el momento y lugar preciso. Parecen destinados a triunfar, se esfuercen o no. Invertir en bienes raíces no es distinto. Es como si cada ciudad o pueblo tuviera magnates inmobiliarios que se enriquecieron con propiedades.

Estas personas hacen que el éxito parezca fácil. Se las ve confiadas, conocedoras, audaces y capaces de detectar oportunidades invisibles para los demás. Para los espectadores es fácil creer que los logros de estos hombres elegidos son producto de la suerte o alguna clase de magia. Sin embargo, ellos no son exitosos por magia ni por suerte.

Hace más de 20 años decidí que iba a ser una de esas personas que recién describí. Iba a crear mi propio éxito, ser mi propio jefe y alcanzar la libertad financiera. Además elegí hacerlo como administrador de propiedades. Llámalo instinto, impaciencia o deseo ferviente. No iba a esperar un golpe de suerte o un hechizo mágico. Decidí construir mi sueño y lo hice por medio de la acción.

Hubo bastantes experimentos y me equivoqué mucho administrando mi primera propiedad y cerrando mis primeros negocios inmobiliarios. No obstante, cada error que cometía me daba 10 lecciones y elevaba mi inteligencia. Comencé a ver patrones, descubrir fórmulas, implementar sistemas y desarrollar una red de contactos con gente de confianza. Me tomó tiempo y esfuerzo, pero trabajar por mi sueño me hacía sentir más afortunado y aumentaba mi capacidad de encontrar oportunidades mágicas.

Quizá sí haya algo de suerte y magia en el éxito. Sin embargo, la suerte y magia llegan cuando te preparas y trabajas duro. En los seminarios de Padre Rico donde suelo dar pláticas, siempre veo a personas que apenas dan los primeros pasos hacia un futuro exitoso, igual que yo hace casi dos décadas. Muchos tienen lo necesario: la motivación y el deseo que los ayudarán a prepararse y superar obstáculos.

Desafortunadamente en estos seminarios también veo a personas que no tienen lo necesario. Son personas que quieren ganar dinero rápido y saben poco o nada acerca del compromiso necesario para triunfar en los negocios. Otros tienen mucha pasión, pero carecen de las habilidades técnicas y de conocimiento que sólo pueden adquirir con la experiencia. Escribí este libro para todos ellos. Éste no es un libro para ganar dinero rápido. No es un libro escrito para motivar, aunque espero que te inspire a seguir tus sueños de inversión en bienes raíces. Más bien es un libro que revelará métodos probados, despejará dudas y reducirá la curva de aprendizaje para cualquiera que elija la inversión en bienes raíces como su camino hacia la libertad financiera.

Antes de entrar de lleno a cómo encontrar, comprar y administrar propiedades de inversión, dediquemos esta sección para despejar algunos mitos, mitos que te frenarán si crees en ellos. Sospecho que la siguiente lista te será familiar. ¿Tú o los que te rodean han dicho estas cosas? ¿Algunas de estas frases retumban en tu cabeza y evitan tu progreso? ¿Estas mentiras te paralizan de miedo? Descartémoslas de una vez. ¡Es hora de sacar la basura!

Mito 1: Necesitas ser rico para invertir en bienes raíces

Las personas creen que necesitan tener mucho dinero guardado para invertir en bienes raíces. Creen que es como invertir en su primer hogar, algo que sólo pueden hacer después de ganar dinero en otra parte. Ambas creencias son completamente falsas. No necesitas cientos de miles de dólares en el banco para invertir en bienes raíces; definitivamente no necesitas millones. Lo único que necesitas es una buena oportunidad inmobiliaria que tenga sentido —una oportunidad con ganancia potencial y finanzas sólidas.

Mi socio y yo hemos trabajado así durante años. Mi primera inversión fue un condominio para renta que compré amueblado. Era una unidad de dos recámaras que coloqué en un programa de renta. Las personas que querían escaparse un fin de semana podían llamar y rentar mi condominio y cientos de propiedades más. Pagué 116 000 dólares, 20 000 dólares directo de mi bolsillo. Ya sé que estás pensado: "¿Ves? Sabía que necesitabas algo de dinero para empezar en este negocio".

Bueno, cerré ese negocio antes de saber lo que hacía. Compara eso con el complejo departamental de 182 unidades en Sun City, Arizona, que adquirimos recientemente. El costo total fue de nueve millones de dólares. Permíteme terminar la historia antes de que cierres el libro y digas "ésas son ligas mayores". El pago inicial fue de dos millones de dólares, los cuales obtuvimos de otros inversionistas. No pagué ni un centavo de mi bolsillo. Cedí casi toda la propiedad a quienes me prestaron dinero para el pago inicial; en pocas palabras, me asocié con ellos. Mi habilidad como vendedor no tuvo influencia alguna. El negocio fue el héroe; era tan bueno que las personas querían invertir en él. He descubierto que hay muchas personas en busca de buenas oportunidades inmobiliarias.

A algunas personas no les gusta tener socios, pero creo que los socios son valiosos. Te ayudan a repartir el riesgo permitiéndote tener pocas posiciones en varias propiedades en lugar de una posición grande en una sola propiedad. Es un hecho que los equipos logran más. ¿Y qué me dices del rendimiento? ¿Qué negocio prefieres: la propiedad de 116 000 dólares que te costó 20 000 dólares o la propiedad que te salió gratis y genera 10% de rendimiento sobre una inversión de nueve millones de dólares? Son 900 000 dólares que elegiría cualquier día de la semana.

Cuando encuentras una oportunidad inmobiliaria tu trabajo es encontrar inversionistas dispuestos a ganar un buen rendimiento sobre su dinero. Tu primer negocio, claro, es el más difícil porque eres una entidad nueva. Pero confía en mí: se vuelve más y más fácil tras cada negocio exitoso.

Hoy en día mi socio y yo literalmente tenemos personas que hacen fila para invertir en nuestro próximo negocio inmobiliario. No lo hacen porque seamos especiales; lo hacen porque somos meticulosos. Revisamos muchos negocios y sólo elegimos proyectos financieramente viables como en el ejemplo anterior. También nos comunicamos con nuestros inversionistas y los tratamos de forma justa. Ellos ganan dinero cuando nosotros ganamos dinero.

Quizá te sorprenda descubrir que hay muchas personas interesadas en invertir en bienes raíces, sobre todo cuando otros vehículos de inversión como la bolsa y los bonos se estancan o pierden valor. Voltea alrededor cuando vayas a un seminario de Padre Rico. Hay miles de personas en cada ciudad donde hablamos en busca de oportunidades inmobiliarias sensatas. Una de esas personas en un seminario de Padre Rico podría ser tu primer socio inversionista.

Mito 2: Necesitas empezar con tratos pequeños; los tratos grandes son muy arriesgados

No tiene nada de malo empezar pequeño. Quizá piensas comprar una vivienda unifamiliar por 250 000 dólares para rentarla. O incluso un dúplex de 320 000 dólares. Sin embargo, ¿por qué descartar un edificio que cuesta dos millones de dólares y cuenta con 50 unidades? Cualquiera de estas propiedades está a tu alcance, aunque no lo creas.

Ya sé que estás pensando. "¡Imposible! ¡No puedo pagar una hipoteca de dos millones de dólares!" Mi respuesta es que quizá tengas razón, pero no necesitas pagarla solo. Te explico por qué. Las hipotecas para propiedades chicas como las viviendas unifamiliares casi siempre tienen de aval el flujo de efectivo y la riqueza del comprador. Quizá te sorprenda saber que los préstamos para propiedades de inversión grandes se garantizan con el activo hipotecado. En otras palabras, en vez de que garantices los dos millones de dólares del edificio, el préstamo se respalda con el valor de la propiedad. Esto reduce tu riesgo desde un inicio.

Veamos el ejemplo anterior. El condominio que compré por 116 000 dólares con un pago inicial de 20 000 dólares colocaba toda la responsabilidad en mí, desde la hipoteca hasta la administración. El proyecto de nueve millones de dólares era arriesgado porque no tenía dinero invertido y la propiedad tenía administradores profesionales. La otra propiedad era mía, toda mía —para bien y para mal—. Vendí el condominio cinco años después por 121 000 dólares, una ganancia de 5 000 dólares. Hace poco refinanciamos un edificio de 182 unidades que adquirimos hace menos de un año. Su valuación nueva fue de 11.3 millones de dólares, dos millones de dólares por encima de su costo de compra. Como soy dueño del 10% del proyecto, gané más de 200 000 dólares en menos de un año. Esto demuestra el poder de comprar y administrar bien.

Este ejemplo también demuestra la relación entre riesgo y valuación. Cuando compras una casa o condominio para renta, la apreciación de tu propiedad depende exclusivamente de la apreciación del vecindario. Más te vale haber comprado en el vecindario correcto porque hay muy poco que puedes hacer para elevar el valor de la propiedad. En comparación, las propiedades comerciales como los complejos departamentales se aprecian con base en el flujo de efectivo de la misma propiedad. Si genera más, vale más. ¡Ahora sí tienes control! Cuando sube el flujo de efectivo también sube el valor de la propiedad. Administra bien tu propiedad y aumentarás su valor. Administra mal y sólo mantendrás o perderás valor.

Las propiedades grandes también son menos arriesgadas por los inquilinos. Cuando rentas una casa unifamiliar, queda 100% ocupada. Cuando queda vacía, está 100% vacía y tienes que pagar toda la hipoteca de tu bolsillo. En las propiedades más grandes, incluso un edificio con ocho unidades, la salida de un inquilino se compensa con los otros siete que pagan renta. Tu riesgo por ocupación disminuye bastante con cada inquilino adicional.

Mito 3: Puedes "especular" tu camino hacia el éxito o volverte rico rápido sin pago inicial

Muchos creen que especular con propiedades —en otras palabras, comprar y vender rápido por más de lo pagado— es la forma de generar riqueza. Las personas que creen esto y ganaron dinero tuvieron suerte. Sin embargo, me parece que es como comprar y vender todos los días en el mercado de valores. No es fácil y es muy arriesgado.

Sin pago inicial es otra forma de decir que la propiedad está 100% financiada. Esto significa que buena parte de tu flujo de efectivo, si no todo, se usa para pagar las mensualidades. En los tratos sin pago inicial se pagan tasas de interés más altas porque el prestamista asume un riesgo mayor, el costo de prestar es más alto y hay poco o nada de dinero para mejorar o incluso reparar la propiedad si algo se rompe. Con este modelo se apuesta por una apreciación de la propiedad en lugar de mejorar las operaciones y ganar dinero a través del flujo de efectivo. Esperemos que el mercado vaya al alza y que entres en el momento perfecto, ya que apostaste a que se alinearan varios factores externos. La única forma de controlar la apreciación, como verás a detalle más adelante, es mejorar el flujo de efectivo. ¡Este escenario no tiene flujo!

Seguro intuyes que no me gustan las inversiones sin pago inicial ni especular con propiedades. En mi ejemplo sin pago inicial propio, tuvimos que pagar dos millones de dólares como equipo por el complejo departamental en Sun City valorado en nueve millones de dólares. Creo que comprar y retener activos que generan ingresos como las propiedades en renta son la forma de construir riqueza. Quizá digas: "Pero necesito la ganancia de capital —el valor adicional que he obtenido de mi propiedad— para comprar y rentar una segunda propiedad más grande. Esto significa que necesito vender la primera propiedad". Según mi experiencia, esto es falso. Lo que necesitas es una segunda oportunidad de inversión suficientemente buena para llevarla con inversionistas.

Ellos te ayudarán a hacer el pago inicial sobre esa propiedad y tú los premiarás conforme genere ingresos la inversión.

En 2004 terminamos de construir una propiedad de 208 unidades localizada en Goodyear, Arizona. Su construcción costó 13.8 millones de dólares. El edificio terminado se valuó en 16.3 millones de dólares. Hemos recibido varias ofertas para vender esta propiedad. Los agentes se forman para comprarla. Aunque ganar 2.5 millones de dólares en efectivo por dos años de trabajo era tentador, decidimos no vender. El problema principal son los impuestos. Reportar una ganancia de 2.5 millones de dólares nos obligaría a reinvertir ese dinero en el mercado para evitar un impuesto durísimo. Claro, hay apreciación, pero también tuvimos algo que se llama "suceso fiscal". Imagínate pagar 30% de impuestos sobre una ganancia de 2.5 millones de dólares. Ése es un pago fiscal innecesario de 750 000 dólares.

No necesitas vender para obtener tu dinero. Puedes refinanciar la propiedad y retirar lo permitido de patrimonio. Esto no crea un suceso fiscal ni te obliga a colocar el dinero en otra inversión. En el caso de la propiedad de 208 unidades, vamos a refinanciar y usaremos el patrimonio retirado para pagar con intereses a nuestros inversionistas. Es un gran sistema, sobre todo porque retienes control de la propiedad, mantienes tu flujo de efectivo por las rentas del edificio y, conforme se aprecia el edificio, puedes refinanciar y sacar más ganancia —sin pagar impuestos—. Es dinero que puedes usar para cerrar otros negocios, algo que hago todos los días.

Las propiedades suben de valor 95% de las veces; es raro que pierdan valor a largo plazo. Esto es cierto sobre todo si sigues los métodos en este libro para aprender a comprar propiedades. Podrás pagar mejoras necesarias que revitalizarán tu vecindario y mejoran la experiencia de tus inquilinos. Todo eso agrega valor; por eso es mejor surfear la ola de la apreciación a largo plazo.

Mito 4: Algunos simplemente tienen el toque de midas

Es fácil pensar que las personas que invierten con éxito en bienes raíces tienen alguna clase de toque de Midas. No existe tal cosa. Simplemente son personas que ven oportunidades, saben cómo hacerla realidad y le sacan provecho.

Toma cualquier terreno de 10 acres. Digamos que esta parcela está rodeada por tiendas y que todas las cadenas minoristas importantes tienen presencia en centros comerciales aledaños. También hay un fabricante de microchips grande que emplea a 1 000 personas.

Si le preguntas a un constructor de casas te dirá que ve 40 viviendas unifamiliares en esos 10 acres. Pregunta a un constructor de viviendas de lujo y verá diez residencias lujosas. Pregunta a un desarrollador de centros comerciales y verá una nueva plaza con dos grandes tiendas minoristas, tiendas especializadas y restaurantes por todos lados. Pregunta a un desarrollador de multifamiliares y verá una comunidad con 150 unidades, casa club, alberca y centro deportivo. Otro desarrollador comercial especializado en construir oficinas podría ver un edificio de tres pisos. En otras palabras, todos ven la propiedad de forma distinta. Cada visión generará ingresos distintos —algunos mejores que otros—.

Lo más importante para reconocer oportunidades es el sentido común. Las personas que parecen tener el toque de Midas usan su sentido común cuando ven propiedades y oportunidades. En este ejemplo, el sentido común me dice que construir y vender casas de lujo sería complicado, pues el terreno de 10 acres está rodeado de tiendas muy concurridas. Vender casas unifamiliares podría ser igual de difícil. Construir tiendas podría ser viable si el desarrollador es capaz de atraer tiendas de calidad a su local. No obstante, es posible que ya operen en plazas comerciales cercanas. En este ejemplo construir departamentos o espacio para oficinas es la mejor opción, por mucho. ¿Por qué? Por la fuente de trabajo cercana, la ausencia de departamentos en la zona, la cercanía con las tiendas y la falta de infraestructura para oficinas. En este caso, el desarrollador que se dedica a construir oficinas o departamentos tendrá la mejor oportunidad de triunfar. Parecerá que tiene el toque de Midas, pero no hay magia, sólo sentido común.

¿Cómo saber si estás usando tu sentido común? Es fácil. Si a todos les cuesta ver tu visión para una propiedad, puede ser una de dos cosas: una idea revolucionaria que demostrará que están equivocados o una mala idea rechazada por todos excepto tú. La segunda opción se da 99% de las veces. Recuerda, si te cuesta vender tu visión para una propiedad, ¡probablemente será difícil vender tu proyecto terminado! Eso te costará dinero.

Mito 5: Necesitas tener mucha confianza

No es cierto. Las personas se subestiman todo el tiempo. Escuchan esa pequeña voz con dudas que susurra y a veces grita a su cerebro. La voz les dice todas las razones por las cuales no pueden hacer algo, por las que ni siquiera deberían intentarlo. Creo que hay dos voces: la voz de la razón y la voz de la duda. La voz de la razón es el sentido común; la voz de la duda es tu pasado definiendo tu futuro.

Decidí a consciencia no dejar que mi pasado dictara mi futuro. Crecí en un hogar de clase media, una familia promedio. No tiene nada de malo. De hecho, me parece que es algo muy bueno. Trabajé por todo lo que tengo hoy. Aprendí buenos valores. Mucho de eso se los debo a mis padres. Mi padre empezó a emprender hacia el final de su carrera. Antes trabajaba mucho, sí, pero no era emprendedor. Trabajó para la misma compañía casi toda su vida laboral y tenía un ingreso estable que financiaba nuestro estilo de vida de clase media. Era una buena vida para mí, mi hermano y mis dos hermanas.

Seguí los pasos de mi padre y obtuve un empleo cuando salí de la universidad. Sin embargo, en ese empleo conocí a personas —personas que sabían cómo emprender—. Se convirtieron en mis mentores, y gracias a ellos me convertí en emprendedor. Después combiné los valores arraigados de mis padres con mi nuevo espíritu emprendedor. Estaba completo.

Nada de mi educación me hubiera preparado para lo que hago hoy. Pensándolo bien, todo me ha preparado. Considero que cada persona tiene la capacidad de rechazar las memorias y cicatrices de padres negativos, madres súper críticas, amigos burlones y maestros que nos tacharon desde el primer día de clases. Todos hemos tenido influencias negativas en nuestras vidas y todos tendremos muchas más. Ve a Hollywood. ¿Qué sería una biografía de un famoso en E! sin la lucha, sin el reto? Todos deben superar situaciones difíciles —eso hacen las personas exitosas—. Deciden superar su pasado, sea cual sea. Yo elegí aceptar mi pasado, aprender de él, copiar lo bueno y entender que lo malo sólo me hizo más fuerte.

La inversión en bienes raíces es un negocio que te obliga a explotar tus fortalezas. Mi consejo es que explotes no sólo lo bueno en tu vida, sino también los malos momentos por lo que representan: experiencias que forjan carácter. A diferencia de lo que muchos creen, es imposible tener demasiado carácter. Ese es mi mensaje acerca de la confianza y el carácter. El resto de este libro está dedicado a construir tu negocio de inversiones en bienes raíces.

Mito 6: Quieres pero no tienes tiempo

Esto realmente es una cuestión de decisiones y prioridades. Siempre hay tiempo para hacer las cosas que necesitamos hacer: trabajar cada día, podar el césped, dar de comer al perro. A menudo falta tiempo para hacer las cosas que deseamos hacer: aprender un segundo idioma, construir un librero o realizar servicio comunitario. Hay una diferencia entre necesitar y desear. Normalmente hacemos lo que necesitamos y hacemos a un lado lo que deseamos. Desafortunadamente, nuestros deseos son lo que en realidad enriquece nuestras vidas.

Tú debes querer, incluso necesitar, invertir en bienes raíces. Es tu trabajo. Para ser realmente exitoso, sobre todo al inicio, tendrás que involucrarte en actividades diarias como encontrar y evaluar propiedades, negociar tratos, supervisar reparaciones, quizá hasta administrar la propiedad cuando sea tuya. Puedo decir con total sinceridad que este negocio me llena, me divierte y por eso es rentable.

Fui víctima del mito de no tener suficiente tiempo para mí. Me responsabilizo por ello. Robert Kiyosaki me pidió que escribiera este libro hace varios años. Finalmente acepté la idea y empecé a querer trabajar en él. Sin embargo, querer no es suficiente. Lo que me hizo empezar fue tener una fecha límite. Eso llamó mi atención. Entendí que necesitaba disciplina para escribirlo. Por eso completé el libro.

Si no tienes tiempo para empezar tu negocio de inversión inmobiliaria quizá sea porque tu mente no cree que *necesites* hacerlo. Quizá sólo *quieres* hacerlo, y "querer" por sí solo no es suficiente para empezar. Al final de cuentas, si tienes un empleo de lunes a viernes, entonces tendrás tiempo para buscar y evaluar propiedades los fines de semana. Tendrás que hacer llamadas a la hora que puedas durante la semana o por las tardes. Siempre hay una forma de hacer tus sueños realidad… siempre y cuando realmente sean tus sueños.

Mito 7: Necesitas conocer a alguien para empezar en este negocio

Conocer a algunas personas clave como un agente de bienes raíces, un abogado o un banquero puede ahorrarte algo de tiempo, pero no necesitas conocer a ninguna persona relacionada con la inversión inmobiliaria. En este libro descubrirás qué personas clave necesitas tener en tu equipo. También verás que tus metas serán las que definirán a tu equipo. Las personas que hoy conoces pueden o no ser las correctas para tu equipo, dependiendo de qué buscas en tu negocio de inversión en bienes raíces.

Empieza y te sorprenderás de cuántas personas conocerás y cuánto aprendes de ellas. No tardarás en tener "amigos en el medio". Me refiero a esto. Actualmente negociamos en Portland, Oregon. Yo vivo y trabajo en Arizona. No he visitado Portland en más de 10 años. Ni yo ni la gente de mi empresa teníamos conocidos en Portland. Lo que sí sabíamos es que la ciudad se encontraba entre dos ríos y que había mucho desempleo. Este último dato significaba que los dueños de propiedades probablemente tenían problemas. Yo lo vi como una oportunidad de negocio. Teníamos un gran problema: sabíamos *acerca* de la ciudad, pero no conocíamos a una persona *en* la ciudad. Concluimos que las condiciones del mercado ameritaban al menos un vuelo y algunos días en Portland.

Decidimos encontrar nuestro equipo —o al menos parte de nuestro equipo— antes de viajar. Usamos internet para buscar administradores de propiedades, funcionarios de la ciudad, agentes y más especialistas para preparar nuestro viaje. No íbamos a viajar tan lejos sin conocer a alguien que pudiera educarnos sobre el mercado. Logramos concretar 10 o 12 juntas en un lapso de dos días. Nos costó algunas comidas y cenas, pero pusimos las primeras piezas de nuestro equipo.

Mito 8: Necesitas ser un negociador o empresario experimentado

Nuevamente, esto es mentira. Tener experiencia en los negocios hará que el primer día que entres como inversionista a tu oficina sea más fácil, pero nada más. Tu verdadero poder y confianza no vendrán de experiencias pasadas. En lugar de eso, vendrán de armar un trato sólido en el que ganen todas las partes. Este libro te enseñará cómo encontrar y evaluar propiedades para establecer un precio de compra realista que maximice tu ingreso mensual y eleve el valor del activo. Encuentra una oportunidad así y todos querrán invertir contigo.

Durante estos años he rechazado muchos tratos, y no por negociar mal. Uno de esos tratos era un edificio de 205 unidades en Glendale, Arizona. El precio de lista era 7.9 millones de dólares y el agente me dijo que tenía otras ofertas —la más alta era de 7.2 millones de dólares—. Hicimos nuestra tarea, investigamos la propiedad y estimamos que 7.2 millones de dólares era un precio justo por el ingreso de la propiedad. El vendedor rechazó cada oferta y quitó su propiedad del listado. Seis meses después el vendedor volvió a listar su edificio por 8.1 millones de dólares. Si siguiera interesado en la propiedad, hubiera hecho una oferta basada en el ingreso que genera el edificio. Hubiera ofertado los mismo 7.2 millones de dólares de antes. El vendedor probablemente me sacaría a patadas junto con todas las personas que ofertan basándose en la operación del edificio. ¿Te sorprende que aún no haya vendido su edificio?

La metodología de este libro te enseñará que el precio de lista no tiene sentido. No tiene caso negociar basándote en ese número; es más, hacerlo te llevará al fracaso. ¿Por qué? Porque el precio de lista casi siempre es lo que el vendedor opina que vale su propiedad. No se basa en las operaciones reales del edificio. Muchos las llaman juntas de negociación, pero para mí realmente son juntas de presentación. Es ahí donde presento los números y una oferta que se acepta o rechaza. Cuando me corren —y en realidad nos corremos mutuamente— es porque los números no cuadran. Rechazar un trato es algo bueno.

Mito 9: Necesitas saber mucho sobre bienes raíces

Este mito frena a las personas todos los días. Siente que necesitan ser expertos en su área para ser exitosos, ¡sean bienes raíces, acciones o lavanderías! En primer lugar, el éxito es un viaje, no un destino. Todas las personas exitosas empiezan en el mismo lugar. Un día despiertan, se levantan junto a su cama, bostezan y empiezan.

Empezar y continuar día tras día es la única forma de volvernos expertos. La destreza se adquiere con la experiencia. Leer este libro te dará una estructura sólida para empezar. Además sabrás lo suficiente para impresionar en fiestas elegantes y carnes asadas. Sin embargo, aprenderás bastante más cuando cierres tu primer trato. Aprenderás aún más del segundo y tercer trato, e incluso más con el cuarto.

Yo aprendo algo nuevo con cada negocio. Algunos de los edificios que compramos en Portland se levantaron sobre un viejo muelle de madera construido en la década de los treinta. ¿Quién hubiera imaginado que tendría que aprender todo sobre la integridad estructural de muelles con 70 años de antigüedad? Yo no, pero tuvimos que aprender todo sobre el estado de ese muelle antes de comprar la propiedad. Yo vivo en el desierto. Imagínate lo raro que fue para mí contratar buzos, una embarcación e ingenieros estructurales para realizar inspecciones. Fue un gran aprendizaje. Siempre encuentro algo nuevo. Es lo que hace esto tan interesante.

La única forma de saber mucho sobre bienes raíces es empezar en los bienes raíces. Hacerlo te permitirá conocer a personas, aprender sobre el mercado, ver los patrones y entender las tendencias. Encontrarás tus propios muelles setenteros, pero eso hará que todo sea divertido. No tardarás en sorprender a las personas en fiestas elegantes y carnes asadas con todo lo que has vivido, no sólo leído.

Mito 10: No puedes tener miedo al fracaso

¡Muéstrame un emprendedor que diga "no temo fracasar" y te mostraré a un mentiroso! Es una afirmación fuerte, por supuesto, pero también es cierta. Todos temen al fracaso. La diferencia es que algunos dejamos que ese miedo al fracaso nos detenga. A veces el medio evita que demos el primer paso, algo muy desafortunado. Si éste es tu caso, decide avanzar en este momento; pon un pie en frente del otro, haz una llamada a la vez, visita una propiedad y después otra. No es difícil, pero puede parecerlo si nos enfocamos en el resultado final y no en los diminutos —y muy fáciles— pasos intermedios.

El miedo a veces aparece cuando llega la hora de "tirar del gatillo" con una propiedad. Lo llamo parálisis de análisis y las personas la sufren todo el tiempo. Analizan de más una oportunidad y nunca son capaces de firmar la línea punteada. Este libro será en especial útil para personas con este tipo de miedo, ya que les mostrará exactamente qué necesitan hacer para analizar una propiedad de inversión. Cuando los números cuadran, no necesitas analizar más. No volverás a paralizarte por miedo.

El miedo también está presente cuando te lamentas. En otras palabras, tiraste del gatillo, pero aparecen problemas —y siempre hay problemas— lamentas la decisióny desperdicias energía preguntándote: "¿Por qué hicimos esto?", en lugar de: "¿Qué podemos hacer para superar este obstáculo?" Esta forma de miedo puede convertir una excelente oportunidad en una mala inversión. Yo no lamento las decisiones en mi vida. Simplemente veo dónde estoy como el punto de partida. Desde ahí busco el éxito día tras día.

Admitiré que al principio tenía un miedo muy agudo al fracaso. La diferencia es que sabía que fracasaría si no actuaba y me paralizaba de miedo. Creí que era más probable triunfar si avanzaba un paso a la vez para concretar algunas oportunidades. Así funciona el miedo al fracaso: si no lo aprovechas como motivación, tu miedo se vuelve realidad.

Mito 11: Necesitas conocer los trucos del oficio

No existen los trucos del oficio en el sentido más puro del término. Sin embargo, sí hay secretos para tener éxito en la vida. Conocer estos secretos te hará triunfar en cualquier área. Primero necesitas plantear metas. Las metas serán la base para crear tu mapa hacia el éxito. Te dirán si ya llegaste a tu objetivo para que te des una palmadita en la espalda. Todos necesitan ese reconocimiento. No es coincidencia que el próximo capítulo hable sobre cómo plantear metas.

En segundo lugar, necesitas perseverar. Rendirte cuando las cosas se complican no produce ganadores. Pude haber renunciado muchas veces en los últimos 15 años. He tenido bastantes problemas difíciles. Falta de financiamiento, problemas con empleados y temas verdaderamente escalofriantes con inquilinos. Sin embargo, las personas exitosas trabajan y salen de sus problemas con más fuerza, confianza y preparación. Están listos para el siguiente reto… y créeme, habrá más retos.

Por último, necesitas entender el proceso. Este libro se encargará de eso. Te llevará de principio a fin y por todos los pasos intermedios. Desde plantear metas hasta armar tu equipo. Aprenderás a encontrar, evaluar, determinar el precio de compra y a administrar propiedades. Te enseñaré lo que he aprendido con mis 15 años de experiencia. Espero que este libro se convierta en tu manual para el éxito.

Pasos a seguir: capítulo uno

- Entiende los mitos en este capítulo.
- Pregúntate si existen otros mitos.
- Identifica si crees en mitos.
- Determina qué mitos son responsables de frenar tu éxito.
- Comprométete a abandonar estos mitos improductivos.
- Comprométete a aprender las técnicas y preparación necesaria para que sucedan cosas mágicas.

Blair Singer*

HISTORIA PERSONAL Y PERFIL EMPRENDEDOR

Nombre Blair Singer
Fecha de nacimiento 20 de febrero de 1953
Lugar de nacimiento Canton, Ohio

Educación tradicional

Ohio State University en Columbus, Ohio
Título: licenciado en letras
Especialización: ciencias políticas

Educación profesional

Sistema de ventas profesionales, Burroughs Corporation

Promedio escolar

Preparatoria: 87-89
Universidad: 84-86

Valor de la educación tradicional para convertirse en emprendedor

La educación tradicional en realidad fue una gran desventaja, ya que entré a los negocios con total aversión al riesgo y aterrorizado de equivocarme.

* Asesor de Pacre Rico en ventas y equipos.

Materia que me gustó más en la escuela

Ciencias políticas en la universidad... y estudiar sobre cómo hacer que las personas hagan cosas que normalmente no harían. Cómo realizar cambios a escala global.

También me gustó ser administrador del equipo de futbol americano de Ohio State University, así como viajar por el país aprendiendo lecciones de liderazgo y equipo.

Materia que odié más en la escuela

Química orgánica y genética... ¡empecé la universidad estudiando premedicina!

Primer proyecto de emprendimiento

Cortar pasto y palear nieve en Ohio. Era "dueño" de dos cuadras de la ciudad, lo cual me parecía importante en aquel entonces. Después fui parte de una desafortunada tienda de surf y vela en Waikiki en la que no ganamos dinero, nos divertimos mucho y descubrí el desarrollo personal... lo cual marcó el rumbo para el resto de mi vida.

La actividad empresarial clave que *no* aprendí en la escuela

Cómo cometer errores y aprender de ellos en lugar de sentirme avergonzado y evitarlos por completo. Tampoco me enseñó cómo rendir cuentas y ser responsable de mí mismo. Tuve que mudarme al otro lado del mundo y estar totalmente solo para finalmente entenderlo.

Por qué me convertí en emprendedor y mi primer emprendimiento importante

Mi primer emprendimiento real fue algo que "parecía buena idea en ese entonces". Fue en 1981. Era de los mejores vendedores de la corporación Burroughs en ese tiempo y me aburría tanto... Como competía en vela, era nuevo en Hawái y acababa de pasar por un doloroso divorcio, buscaba la forma de pertenecer a algo más grande. Un amigo me convenció de invertir 10 000 dólares en un negocio que acaba de adquirir. Era una tienda de surf y concesionaria de catamaranes Prindle. Si algo podíamos hacer bien los dos era vender. Lo que no pudimos hacer fue dirigir un negocio.

Éramos como niños manejando inventarios, compras, venta al detalle, contabilidad y administración de dinero. Sin embargo, fue de lo más divertido en mi vida. No lo cambiaría por nada. Los amigos que encontré eran emprendedores locos y aprendí al poco tiempo que tenía MUCHO que aprender. Desde niño me encantaba aprender cosas nuevas… y éste era un mundo lleno de posibilidades ilimitadas y seguramente aprendizaje ilimitado. Siempre me había rebelado en contra de la gente que decía que NO podía hacer algo: padres, maestros en la escuela, empleadores… La libertad del emprendedor me contagió al instante. También aprendí que la libertad a veces tendría un alto costo, pero siempre valía la pena.

Mejor lección de mi primer negocio

¡La mejor lección que aprendí de mi primer negocio fue qué tan poco sabía de los negocios! Siempre había pensado que no había problema de negocios que vender más no pudiera resolver. Vaya que estaba equivocado. Aprendí que las pequeñas omisiones o insuficiencias se magnifican conforme les agregas más ventas. Mala contabilidad, socios poco confiables, nulo manejo de flujo de efectivo… todo estaba listo para mucho drama y un sinnúmero de simulacros de incendio.

No fue hasta mi segundo gran emprendimiento que REALMENTE aprendí las lecciones. En el primer caso, estaba convencido de que nuestros problemas eran culpa de mi socio. Todavía tenía que aprender mi lección sobre ser 100% responsable por mis acciones en los negocios y en mi vida.

Años después, en Los Ángeles, me hice cargo de una operación de transporte de carga aérea con la esperanza de hacerme multimillonario al instante. Otro duro revés. Fue ahí donde aprendí los poderosos secretos de las grandes organizaciones. Al filo del desastre en numerosas ocasiones, fue nuestro código de honor o reglas internas los que nos mantuvieron de pie una y otra vez. Aprendí cómo tomar a gente ordinaria que a veces carecía educación o incluso a escépticos para convertirlos en un equipo de campeonato. Aprendí que el éxito iba en función de las habilidades empresariales como la habilidad de vender, reclutar y administrar un equipo, enseñar a otros a vender, actuar según los números y un código de honor. También requería toneladas de entrenamiento de desarrollo personal en mí y en mi equipo. ¡Me di cuenta de que el mayor problema con mi negocio en Hawái y mi negocio en Los Ángeles era yo! Descubrí que mientras más trabajaba en aclarar mis ideas, mejor fluía el negocio. Fue mi acondicionamiento —bien intencionado— de crecer en una granja de Ohio, ir a la escuela, ser bueno, no cometer errores y no confiar en los demás lo que frenó mi éxito.

Mejor lección: aprendí que realmente amaba liderar, enseñar e inspirar equipos.

Lo que aprendí de mi persona con el Índice Kolbe

BLAIR SINGER

Resultado del Índice Kolbe A®

FELICIDADES, BLAIR

Obtuviste una calificación perfecta en el Índice Kolbe A®

Tienes la capacidad única de enfrentar desafíos orientados al futuro. Lideras el camino hacia posibilidades visionarias y creas lo que otros decían que no podía crearse. Dices "sí" antes de siquiera saber el final de la pregunta... después lo conviertes en una aventura productiva.

Modos de acción Kolbe®

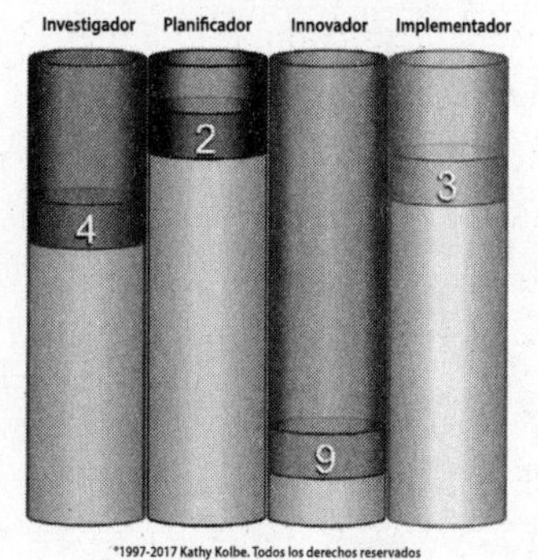

Reimpreso con permiso de Kolbe Corp.

La lección más importante de mi Kolbe es que realmente no hay debilidades... sólo una serie de fortalezas específicas. Siempre me criticaba por no planear bien. Sin embargo, con Kolbe descubrí que una aparente debilidad bloqueaba mi habilidad para ser increíblemente creativo bajo presión y sin previo aviso. Planear en realidad suprimía mi creatividad.

Mi rol en el Triángulo D-I

Mi rol en el Triangulo D-I claramente es la comunicación. Alinear equipos; establecer y comunicar misión y propósito; y claro, ventas y marketing.

Habilidades que son esenciales para los empresarios... pero no se enseñan en las escuelas

1. Estoy de acuerdo en que la disposición a cometer errores es por mucho la habilidad más importante de todas. Aprender a aceptarlos como experiencias de aprendizaje en lugar de condenas. Eliminar la vergüenza, la negación y las justificaciones que se relacionan con los errores. Casi todas esas respuestas, por cierto, se aprenden en la escuela como mecanismo de supervivencia.

   Aprender a aceptar los errores y las lecciones que contienen es tan crítico como aprender a no cometerlos en primer lugar. Una vez que cometes un error, debes lidiar con él de una y otra manera. Sin embargo, el temor a cometer un error en ocasiones me ha paralizado y dejado sin tomar decisión alguna. Ese miedo provoca estrés, confusión, preocupación, duda en uno mismo y una serie de malestares que simplemente te roban tus sueños.

2. La habilidad de negocios más importante, por mucho, es la habilidad de VENDER. Ventas = ingreso. A partir de esa habilidad llega la habilidad de generar ingreso, asignar recursos, reclutar socios grandiosos y jugadores de equipo, negociar y la habilidad de convencer a otros de comprar tus metas y sueños. Muchos consideran que las ventas son una palabra "sucia", algo que preferirían evitar. ¿Por qué? Probablemente por su miedo al rechazo o la vergüenza.

   Nunca he visto a un emprendedor exitoso que no sea capaz de vender. Es la línea de vida de cualquier negocio, pero también es clave para conseguir lo que quieres de la vida. He trabajado con cientos de miles de individuos en los últimos 25 años y con miles de negocios. Cada que vea a una persona o negocio con un problema de flujo de efectivo es porque esa persona o negocio no sabe cómo vender, no le gusta vender o no cree que sea importante.

   ¡Cada persona en un equipo de negocio debe vender!

3. La segunda habilidad más importante es la habilidad de reclutar y construir un equipo de campeonato. Salvo que hayas practicado deportes, nunca aprendiste a jugar en equipo. Tratar de cooperar en la escuela se consideraba trampa. Sin embargo, en los negocios la cooperación es esencial. ¡A mí se me enseñó que pedir ayuda era señal de debilidad! No era de extrañar que tuviera un inicio tan difícil en mi carrera empresarial. Aprender cómo establecer e implementar un código de honor simple, o una serie de reglas de equipo, mejorará radicalmente a cualquier grupo de individuos que trabajen hacia metas en común.
4. Como emprendedor aprendí que tienes que aprender a "enseñar". ¿Por qué? Porque las habilidades empresariales no se enseñan bien en la escuela. Por eso tienes que enseñar a tus equipos cómo vender, cómo cooperar y cómo triunfar. Considero que ésta es una de las habilidades más subestimadas en los negocios. Aquellos líderes que son excelentes maestros construyen equipos y organizaciones increíbles.
5. Diría que aprender cómo "ganar la guerra entre tus orejas" es fundamental hoy en día. Aprender cómo manejar tus propias emociones, psicología y desarrollo personal no es una opción... es una obligación. A medida que las cosas se vuelven más complejas, las emociones suelen subir y la inteligencia puede bajar. Trabajar continuamente en mí mismo y en mis respuestas emocionales —mis dudas y miedos— ha sido rentable millones de veces.

Mi lección más importante para emprendedores

Las malas sociedades me han llevado a encontrar grandes socios... y poderosas lecciones.

Es cierto que no puedes hacer un buen trato con un mal socio, pero sé que he tenido una serie de socios dudosos que me han llevado hacia los mejores socios y amigos de mi vida. Mi primer socio en la tienda de surf era de carácter dudoso, pero fue a través de él que me inicié en el mundo del desarrollo personal. Una vez dentro de ese mundo, me asocié con mi brillante maestro y mentor. Me cambió la vida, pero fue un desastre financiero. No obstante, fue por medio de él que Robert, Kim y yo nos volvimos verdaderos amigos y socios.

En mi vida los socios siempre han estado ahí para mostrarme la siguiente gran lección que necesito aprender. Incluso en el negocio de los camiones las negociaciones turbias de mis socios me enseñaron el verdadero valor de la rendición de cuentas y hacerme 100% responsable. Mi exsocio en nuestra franquicia global de ventas me enseñó la importancia de alinear los valores, lo poderosa que puede ser una organización alineada con valores... y lo destructiva que puede ser cuando está desalineada con valores. Aclaró mis propios valores y dirección. También me curó de la falta de confianza en mí mismo.

Cómo aprendí a recaudar capital

Aprendí a recaudar capital bajo mucha presión. Cuando mi compañía de camiones debía 750 000 dólares por perder mucho dinero con una empresa de factoraje, nos quedamos sin dinero para la nómina (nuestro personal de 30+ personas) y gastos operativos. Literalmente tuve que ROGAR al banco para que cubriera nuestra nómina unas semanas, ir con clientes para ROGAR que *ellos* nos adelantaran pagos por servicios que aún no habíamos realizados y ROGAR a proveedores para que siguieran trabajando con nosotros hasta que pudiéramos pagarles. En ese momento no parecía recaudación de capital; más bien parecían muchas ventas apasionadas. Fueron nueve meses duros, pero me enseñó a pedir dinero.

No fue hasta hace poco que realmente me di el tiempo para aprender a recaudar capital de forma organizada y legítima para financiar un negocio y un proyecto inmobiliario.

Cómo aprendí a superar el miedo y el fracaso

No sé si he aprendido cómo superar el miedo por completo. Aún tengo miedo y ciertamente fracaso de vez en cuando. Supongo que ha aprendido a manejarlo. He aprendido a cambiar mi respuesta de lucha o huida por la curiosidad. Continuamente busco asesoría, entrenamiento y mentores en las áreas que más suelen asustarme. Siempre que algo me asusta, he notado que tengo una respuesta automática que me obliga a querer hacerlo de todas formas... a conquistar ese miedo.

He ayudado a miles de personas a ganar miles de millones de dólares a lo largo de los años. También me ha ido bien a nivel personal, pero recaudar dinero de inversionistas para mi propio negocio era algo que no había hecho hasta hace poco. Temía que si fracasaba me llevaría a otros conmigo. Debido a experiencias con negocios anteriores, era un miedo legítimo. No obstante, estaba decidido a superar ese miedo y, bajo la increíble tutela de Ken McElroy y otros asesores de Padre Rico, tuve éxito. Todo este ejercicio se enfocó en superar mi miedo y aprender algo que siempre había querido saber, no sólo en el negocio en sí.

También aprendí que, ante el fracaso o los errores, hay que convocar al equipo o asesores para que te ayuden a trabajar en lugar de sufrir solo y tratar de descifrar cómo salir adelante por tu cuenta. Es muuuuuuucho más fácil y mucho más exitoso. Es un gran avance para alguien que no confiaba en nadie y tenía que demostrar al mundo que podía vivir por su cuenta.

Mi fortaleza personal

Mi fortaleza definitivamente es mi energía y resistencia. Creo que quien tiene la energía más alta gana... física, mental, emocional y espiritualmente. Era corredor de distancia en la preparatoria y construí el pensamiento de que podía resistir más que prácticamente cualquier persona (por las razones correctas, por supuesto). Me ha permitido luchar más tiempo y aprender más que la mayoría. No me rindo fácilmente, soy muy disciplinado con algunas cosas y estoy dispuesto a ser un estudiante o incluso un aprendiz en las áreas donde quiero crecer.

Mi debilidad personal

Mi debilidad personal sigue siendo mi preocupación por lo que otros piensan de mí. Me ha detenido más de una vez. Conforme he aprendido a aceptarme con todo lo bueno, lo malo y lo feo, mi habilidad para ser auténtico y dejar de preocuparme por lo que piensan los demás aumenta.

Las habilidades de emprendimiento que enseño mejor

Construcción de equipos y comunicación.

La lección de emprendimiento que enseño

Ventas = ingreso.

VENTAS = INGRESO

de Blair Singer

Si quieres más dinero,
aprende cómo vender.

Robert Kiyosaki

No es inusual que la gente recuerde sus "primeras veces"... y no soy la excepción. Como la mayoría, he tenido muchas primeras veces. Ésta es una que me enseñó muchas cosas.

Mi primera presentación de ventas

Era una mañana muy fría de febrero en las tierras de cultivo al noroeste de Ohio. Recuerdo los detalles porque mi madre me había envuelto en un traje para la nieve azul que me hacía ver como el tipo de las llantas Michelin; estaba tan relleno que sólo podía andar como pato. Fue por ahí de mi quinto cumpleaños; rebotaba sobre los caminos de tierra junto a mi abuelo en su camioneta para ganado. El frío no me importaba porque había mucho en juego.

En la parte trasera de la camioneta venía Sam. Sam era el cordero que mi abuelo me había "prestado" un año antes (consiguió el cordero como parte de muchas negociaciones y tratos de ganado con los que se ganaba la vida). Fue parte de una lección que estaba decidido a enseñarme a temprana edad. Éste era el trato: me prestó a Sam y yo tenía que cuidarlo y engordarlo con la intención de venderlo. ¿Por qué? Porque en mi último cumpleaños había querido un tren eléctrico, pero mis padres (trabajadores productores de leche en aquel entonces) dijeron que no les alcanzaba. Mi abuelo, sin embargo, me dijo que si quería el tren tendría que ganármelo. Así fue como aprendí que para comprar algo primero debes VENDER algo.

Así que cuando entramos al estacionamiento para la subasta de ganado todavía practicaba la presentación de ventas que iba a dar.

Descargaron a Sam y entramos a la arena de subastas. Probablemente había entre 75 y 100 granjeros presentes, sobre todo amish, que esperaban vender su ganado o comprar el ganado que necesitaban para sus rebaños.

Mi abuelo era muy conocido en la comunidad y había estado ahí con él muchas veces. Sin embargo, esta vez fue diferente.

Casi de inmediato hubo una pausa en las subastas y ofertas. Un comerciante grande se acercó, me levantó sobre el barandal de bronce y me llevó haaaasta el podio de subastas. Todo el lugar se quedó callado. Todos me miraban. Sam fue llevado al ruedo y, con una sonrisa enorme, el subastador me acercó un micrófono grande mientras asentaba con la cabeza. Vi a abuelo sentado ahí, sonriendo de oreja a oreja. ¡ERA HORA DEL ESPECTÁCULO!

Después de tantos años, agradezco a mi abuelo por su sabiduría al enseñarme tanto con tan poco esfuerzo. A la edad de cinco años me dio un regalo que garantizaba que siempre podría ganar dinero... a cualquier hora, en cualquier lugar y en cualquier economía. Me enseñó que las ventas eran el boleto para tener lo que sea que quisiera. Me enseñó el valor del intercambio. Me enseñó que si encontraba cómo agregar valor a las vidas o negocios de otros y aprendía a pedirlo, siempre podría ganar dinero. Me enseñó la libertad de tener mi propio dinero y la idea de que mi estilo de vida puede determinar mi ingreso, no al revés.

Fue por eso que cuando conocí a Robert y Kim nos convertimos en tan buenos amigos. Compartíamos la misma filosofía: "Deja que tu estilo de vida y tus sueños determinen tu ingreso... no que tu ingreso determine tu estilo de vida".

Eso sólo es posible, sin embargo, cuando sabes cómo VENDER Robert había trabajado para Xerox después de su servicio en Vietnam porque su padre rico le dijo que las ventas eran la habilidad número 1 que una persona tenía que dominar para ser un emprendedor exitoso. Entré a trabajar a Burroughs Corporation por la misma razón. En ese entonces ambas compañías eran mundialmente reconocidas por tener los mejores programas de entrenamiento en ventas a nivel global.

En los 30 años que he trabajado con emprendedores, pequeños negocios, grandes negocios e individuos con aspiraciones, siempre que he visto problemas de flujo de efectivo ha sido porque a esa persona —o a ese negocio o persona específica en el negocio— no le gusta vender, no cree que sea importante vender, cree que sus productos se venderán solos (¡una locura!) o cree que ya sabe vender cuando no lo sabe.

TÚ conoces las estadísticas: 95% de los negocios fracasa en los primeros tres años, no porque no tengan grandes productos o servicios o porque los dueños de negocios no trabajen duro. Tú sabes qué parte del cuerpo se parten. Los negocios fracasan porque los dueños, administradores o equipos de ventas no pueden vender. Quiebran porque se quedan sin dinero y no pueden recaudar capital... el mismo problema (¡ventas!). O trabajan solos y no pueden reclutar a un equipo... mismo problema.

Por cierto, aún recuerdo parte de la presentación que tanto practiqué el día de la subasta. "Éste es Sam. Es mi cordero. Lo conseguí cuando era chico y lo alimenté con una botella. Usaré el dinero que gane vendiendo a Sam para comprar un tren eléctrico." Recuerdo que todos se rieron. No sabía si eso era bueno o malo. Lo único que sé es que, como de costumbre, las ofertas fueron rápidas y furiosas. Estoy seguro de que la audiencia de compradores estaba entretenida y simplemente quería terminar esta subasta para que pudieran seguir con sus otros asuntos. De hecho, creo que me compraron por simpatía ese día.

Mi abuelo recolectó el dinero. No sé cuánto gané al final del día, pero sé que en mi quinto cumpleaños tuve un tren eléctrico a escala completamente nuevo. Y lo más importante, ahora controlaba el resto de mi vida.

Así que la lección aquí es clara. Debes saber cómo vender. Ventas = ingreso. Es lo que separa a los emprendedores ricos de los que batallan o son pobres. Entonces, ¿por qué es tan elusivo para tantas personas? En algunos de mis programas que hago por todo el mundo he hecho que algunas audiencias jueguen asociando palabras que relacionan con la palabra *vendedor.* Escucho a personas gritar palabras como *insistente, sucio, sin integridad, carros usados, molesto, peste, manipulador* y muchas más. Para muchos, la palabra *ventas* es una palabra sucia. Evoca imágenes negativas y desdén. La forma más fácil de evitar todo eso es convencerte de que no eres de los que venden y no vender. ¡Pero entonces estás en quiebra!

Si vas a ser un emprendedor rico, aprende a dominar las tres partes de las ventas. Esto es cierto ya sea que vendas en persona, en redes sociales, por marketing digital o de negocio en negocio.

Primera parte de las ventas

La **primera parte** es obvia. Aprende cómo descubrir lo que la gente quiere y dáselos. ¡Es todo! Realmente simple. ¿Cómo haces eso?

Éstos son los pasos:

- **Encuentra a personas con dinero y una necesidad...** no pierdas tu tiempo con aquellos que no pueden intercambiar contigo. Esto es fundamental en las redes sociales. Identificar un nicho muy específico y atender sus necesidades es mucho mejor que tratar de vender a todos.
- Acércate y **contáctalos...** aprende el arte de construir **relaciones**. Haz preguntas, interésate y primero entra en su mundo.
- **Identifica sus problemas** y desafíos, tanto técnicos como emocionales.
- Aprende a ser capaz de **presentar** tus soluciones con base en lo que te digan.
- Da los **beneficios** de tus soluciones. Tómate el tiempo para explicar el **valor** de tus soluciones basándote en sus problemas. Ésta es la parte más importante. Si la persona se opone al "precio" es porque no has presentado suficiente valor.

- Voltea sus **objeciones —un No a un Sí—** con muchas preguntas y averiguando la verdad.
- Haz una **oferta** convincente y **cierra** el trato aprendiendo cómo PREGUNTAR. Si no preguntas, la respuesta ya es NO.
- Vuelve para obtener excelentes **testimonios**. Claro que son muy útiles para marketing, pero también te obliga a asegurarte de que cumpliste la promesa que hiciste durante la venta.

Podríamos pasar mucho tiempo en cualquiera de estos pasos, pero en el breve tiempo que tenemos juntos quiero que sepas que con mucha práctica dominarás cada parte. Mucho de esto aparece en mi libro de la serie Asesores de Padre Rico *Vendedores perros.No necesitas ser un perro de ataque para tener éxito en las ventas.*

La venta más difícil de todas

La **segunda parte** de las ventas es la venta más difícil de todas. Es la parte que realmente separa a los emprendedores ricos de los pobres. La venta más difícil de todas... eres TÚ.

Así es. Te vendes a ti mismo. Obligarte a hacer lo que sabes que tienes que hacer, pero que por una u otra razón no quieres hacer. Hacer llamadas de venta, eliminar la procrastinación, detener el incesante autoabuso que implica ser demasiado crítico contigo mismo. Llamo a esa discusión que suena en tu cabeza "la vocecita". ¿Sabes a cuál me refiero? La voz que acaba de decir: "¿Cuál vocecita?" Esa voz.

La segunda parte de dominar las ventas es aprender a dominar la vocecita para que deje de dispararte en el pie y sabotear tus mejores planes.

Recuerdo que sufría en mi primer negocio real. Creo que fue Robert, en 1982, quien sugirió que fuera a un programa de desarrollo personal. Fue mi primer curso. En algún momento a la mitad del programa me di cuenta de que la única cosa en común en todos los éxitos y fracasos de mi vida, tanto en los negocios como en las relaciones (acababa de pasar por un doloroso matrimonio y divorcio de un año) era… ¡YO! En ese momento de mi vida fue una revelación enorme.

Todo lo que sé es que los meses siguientes a ese programa mis ventas se dispararon. Estaba en racha. Pasé de casi ser despedido a convertirme en el número uno en ventas en apenas 18 meses. Dejé de discutir conmigo mismo. Dejé de esconderme en el Flamingo Café tomando café en lugar de hacer llamadas de venta. Dejé de rendirme antes de tiempo cuando "cumplía mi cuota" de llamadas de venta. Dejé de hablar de no hacer lo que debía hacer. Mi nivel de confianza estaba por los cielos. Mis porcentajes de cierre eran increíbles.

Las ventas son un deporte de contacto emocional. Cada día es un programa de desarrollo personal en el que tienes la oportunidad de mejorar como persona. Mientras más te entrenes para lidiar con la vocecita, más ganarás.

Lo más importante fue que había aprendido a dominar el problema 1 de la vocecita que detiene en seco a las ventas. Es el problema que manda los sueños a la tumba con sus creadores. Es lo que entierra el genio, apaga el liderazgo y crea tanto lucha como miseria de por vida. ¿Quieres saber qué es?

¡Es tu preocupación de lo que la gente piensa o podría pensar sobre ti! Eso es.

Robert, yo y unas 12 personas más solíamos encerrarnos en un cuarto cada jueves por la noche durante meses para practicar nuestras presentaciones y manejar las objeciones más aterradoras que pudiéramos imaginar. ¿Por qué? Para hacernos insensibles a los problemas de la vocecita que podrían socavar los planes y las metas.

Así que ésta es la lista de problemas de la vocecita que podrían estar bloqueando tu ingreso e impidiendo tus ventas:

- Falta de **disciplina...**
- Como mi entrenador Mack Newton lo define: "Hacer lo que tienes que hacer cuando tienes que hacerlo, ¡te guste o no!"
- Baja **autoestima.**
- Cuando dos personas se reúnen en una situación de venta, la persona con la energía más alta gana.
- **Miedo...** a la humillación, a verte estúpido, al rechazo, a lo que sea.
- **Procrastinación.**
- No ser **"suficientemente _______"** (completa la oración).
- Tratar de ser alguien que no eres...

Y ya que hablamos del tema... Algunos dicen que tienes que ser como alguien más para tener éxito. Mi opinión tras trabajar con cientos de miles de personas es que eso, además de no funcionar y afectar tu ingreso, aplastará tu espíritu.

En *Vendedores perros* descubrirás tu genio vendedor porque hay al menos cinco personalidades de ventas distintas. No tienes que ser un perro de ataque pitbull. Quizá eres un encantador y siempre bien vestido poodle, un chihuahua lleno de evidencia irrefutable, un retriever servicial que opera según la ley de reciprocidad o incluso un basset hound que mira a los ojos y crea una súper conexión.

Los números

La **tercera parte** de dominar las ventas también es la clave para dominar cualquier negocio. Se llama **rendición de cuentas**. Me han preguntado cuál es la herramienta motivacional de ventas más poderosa. Suelo decir que es la "junta de ventas del lunes por la mañana" donde todos tienen que poner sus números en el pizarrón y rendir cuentas. Número de llamadas, número de citas, propuestas, cierres, etcétera.

Los números no mejoran a menos que los midamos. Tienes que llevar control de y rendir cuentas de tus actividades. Si sólo te enfocas en las ventas al final, llegas demasiado tarde. Vender es un proceso y tienes que dominar cada paso del proceso antes de poder dominar todo el proceso. Por eso mides cada paso, para saber cómo y dónde mejorar.

Los números no mienten. Cuentan una historia. Una historia de comportamientos, actitudes y esfuerzos. La ausencia de números también cuenta una historia. Para perder peso tienes que subirte a la báscula. Para mejorar tu salud financiera tienes que sacar un estado financiero.

He visto que las compañías dejan millones de dólares en la mesa porque no usan números para entrenar, asesorar o mejorar como podrían. Algunos de nuestros entrenadores trabajaron con una clínica de masajes pequeña no muy lejos de mi casa en Phoenix. Sólo trabajaron en un número de su ciclo de ventas; a las seis semanas ya había mejora las ventas anuales de 300 000 a más de 700 000. Inicialmente el dueño del negocio dijo que quería más contactos nuevos. No necesitaban más contactos nuevos. Simplemente necesitaban convertir mejor los contactos que ya tenía.

Está claro que tienes un sueño... o no leerías este libro. Sin embargo, si no puedes vender ese sueño a otros no te apoyarán. Puedes vender productos o servicios, pero si vas a ser un emprendedor rico necesitas vender más que eso.

Cuando tenía mi pequeña compañía de camiones en el aeropuerto internacional de Los Ángeles durante los ochenta, perdimos más de 750 000 dólares en los primeros nueve meses. Tenía más de 30 personas en mi equipo y muchos clientes exigentes. Le rogué al banco que cubriera nuestras nóminas cuando no tenía dinero, imploré a los clientes que nos pagaran por adelantado cuando aún no habían recibido el servicio y convencí a proveedores y aerolíneas que siguieran trabajando con nosotros a pesar de que no podíamos pagarles. Salvó a nuestro negocio en aquel entonces. Fue mi primera experiencia en la recaudación de capital. Sin embargo, me aterraba pensar que quizá no podría pagarlo todo de vuelta.

Muchos años después llegó el momento de expandir y crecer el negocio actual. *Mi* sueño. No obstante, sabía que la única forma en que podía hacerlo era recaudando capital. El recuerdo de esos tiempos difíciles en el negocio de camiones aún me atormentaba, pero sabía que ése era un problema de la vocecita. Con grandes mentores y mucho entrenamiento sobre la vocecita, lentamente aprendí cada paso del proceso de recaudación de capital… de los mejores en el negocio. Parecía que al quitar a la vocecita del camino y reconciliarme con mi pasado, el dinero empezaba a llegar hasta completar nuestra primera colocación de acciones privada.

Bill Gates VENDE acciones de Microsoft. Nosotros las compramos. Gran diferencia entre riqueza e ingreso.

Ya sea capital, recursos, apoyo o incluso amor, debes ser capaz de tener éxito pidiendo lo que quieres y estar dispuesto a intercambiar algo en el presente o futuro para que suceda.

Al final del día le pides a la gente que confíe en ti. La pregunta es: ¿eres bueno en eso?

Sé impresionante.

Sobre Blair Singer

Durante casi tres décadas Blair Singer ha empoderado a gente en todo el mundo para que supere sus vidas ordinarias y alcance su máximo rendimiento. Se ha ganado una reputación mundial como experto en ventas, negocios y crecimiento personal.

Es facilitador del cambio personal y organizacional, entrenador y expositor dinámico. El enfoque de Blair es de desarrollo personal con energía alta, intensidad y precisión, además de inspiración. Su habilidad única para lograr que grupos enteros modifiquen el *statu quo*, cambien sus comportamientos rápidamente y logren niveles de desempeño máximos en muy poco tiempo se debe a su enfoque de alto impacto.

Los clientes de Blair abarcan 20 países en cinco continentes. Van desde compañías Fortune 100 a dueños de negocios pequeños, emprendedores, equipos de venta y gente normal. Los programas de Blair y su equipo de entrenadores y asesores de clase mundial ayudan a cientos de miles de personas en el mundo cada año. Aplica los mismos principios probados y confiables que funcionan con grandes corporaciones y emprendedores exitosos al negocio de la vida cotidiana, ayudando a personas con hambre de más éxito.

Como uno de los asesores originales de Padre Rico y Robert Kiyosaki, Blair imparte dos de las habilidades y elementos más críticos para el éxito en los negocios (y en la vida): ser capaz de vender tu idea, sueño o concepto y construir un gran equipo para ofrecerlo. Su toque particular, sin embargo, es que el camino al éxito se recorre con una poderosa combinación de desarrollo empresarial, desarrollo personal y saber cómo superar limitaciones y obstáculos que surjan tanto personalmente como en grupos.

Blair es autor de tres libros bestseller. *Vendedores perros. No necesitas ser un perro de ataque para tener éxito en las ventas* y *El código de honor de un equipo de negocios exitoso* son libros de la serie Asesores de Padre Rico. Su libro más reciente, *Little Voice Mastery: How to Win the War Between Your Ears in 30 Seconds or Less— and Have an Extraordinary Life! (Domina la vocecita: cómo ganar la guerra entre tus oídos en 30 segundos o menos… ¡y tener una vida extraordinaria!)* ha llevado a la creación de varios programas de desarrollo personal que Blair imparte en ciudades de todo el mundo.

Con la creación de SalesDogs®, una metodología que ofrece ventas que cambian vidas y éxito en la comunicación, él y su equipo global de entrenadores y asesores han ayudado a miles a aumentar su ingreso a nivel mundial. Este proceso único identifica y magnifica las fortalezas naturales de un individuo o equipo y los convierte en resultados positivos, satisfacción personal e ingreso.

Blair es considerado el "maestro de maestros" en el ámbito de la formación para el desarrollo y la educación empresarial. Por medio de su marca única de enseñanza de alto impacto, Blair ha enseñado a miles de individuos y líderes cómo ser entrenadores, presentadores y representantes de clase mundial para sus marcas y mensajes.

Durante los últimos 27 años Blair ha dado miles de seminarios públicos y privados con audiencias de tres, 300 o hasta 10 000 asistentes. Sus clientes suelen experimentar crecimiento en ventas e ingresos del 34 al 260% en cuestión de meses. Su trabajo abarca 20 países y cinco continentes. En el extranjero trabaja extensamente en Singapur, Hong Kong, el sureste de Asia, Australia, Sudáfrica y en toda la costa del Pacífico.

Libros de Blair Singer

Serie Asesores de Padre Rico

Vendedores perros*

No necesitas ser un perro de ataque
para tener éxito en las ventas

El código de honor de un equipo de negocios exitoso

El secreto de las compañías para tener éxito
en los negocios y en la vida

Libros XCEL Press

Domina la vocecita*

Cómo ganar la guerra entre tus oídos en 30 segundos o menos…
¡y tener una vida extraordinaria!

---

* Disponible en español.

EXTRACTO DE

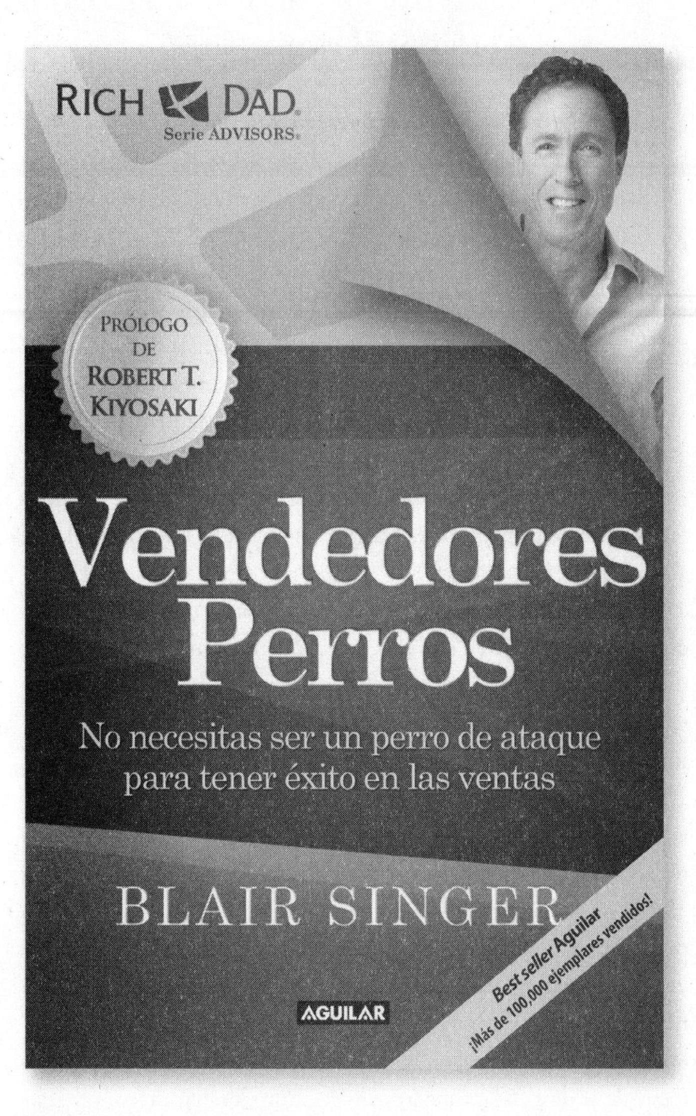
RICH DAD
Serie ADVISORS
PRÓLOGO DE ROBERT T. KIYOSAKI
Vendedores Perros
No necesitas ser un perro de ataque para tener éxito en las ventas
BLAIR SINGER
Best seller Aguilar
¡Más de 100,000 ejemplares vendidos!
AGUILAR

10

Creencia perruna

Cuatro formas de pensar de los vendedores perros campeones

Los seres humanos parecen pensar que tienen un cerebro complejo. Tenemos cortezas, sistemas límbicos, cerebros reptilianos... ¡y todo tipo de cosas! Un buen cerebro es útil para determinar tus impuestos, recordar tu aniversario o leer este libro. Pero, en ventas, demasiada materia gris a veces puede estorbar.

Por otro lado, los perros son criaturas muy simples con cerebros más bien pequeños. Por lo general reaccionan de manera positiva a lo que sucede alrededor porque no analizan demasiado ni teorizan en exceso ni se critican más de la cuenta. Viven el momento. Responden directamente a las simplicidades de dolor, placer, amor y respeto.

La persecución de un *frisbee* por un golden retriever está por completo enfocada en el éxito. Probablemente no padece insomnio durante la noche pensando en si atrapará el *frisbee* al día siguiente o no. Sólo sabe que lo quiere atrapar cuando se lo lanzan, ¡y no importa nada más!

Si fuera un ser humano, para cuando llegara al parque estaría estresado al máximo y preocupado por lo que otros dirán si no lo atrapa. ¡Se preguntaría a quién va a decepcionar si lo deja caer y ya estaría pensando excusas! El cerebro humano tiene un don sorprendente para relacionar hechos totalmente inconexos y crear supersticiones, rituales y sistemas de creencias extraños y maravillosos.

A veces llegamos a conclusiones complejas cuando ocurre algo fuera de lo normal... bueno o malo. Por ejemplo, haces una llamada y sale especialmente mal, conviertes la presentación en un desastre y el prospecto se porta rudo.

Como nuestro cerebro es un mecanismo para buscar placer/evitar dolor, buscará atribuir esos hechos a algo único. La conclusión podría ser tan ridícula como: "Hoy me lavé el cabello con champú nuevo". Y si tienes otra experiencia dolorosa (de cualquier tipo) y usaste ese mismo champú en la mañana, tu sistema de creencias relaciona el dolor con ese champú, así que de manera repentina dejarás de usar ese champú. Es una descripción muy simple, pero el punto es que tendemos a encontrar correlaciones entre hechos o sucesos desvinculados. Podría tomar la forma de un traje "de mala suerte" la manera como empezaste tu día o la última conversación con tu jefe.

La calidad de tus decisiones determina la del resultado. Si tus decisiones se basan en un sistema de creencias equivocado, los resultados serán incorrectos.

Así que recuerda, la próxima vez que te rechacen, te pidan que realices una tarea difícil o debas enfrentar el miedo: ve lo que en realidad es en ese momento. Simplemente atrapa *el frisbee*: ¡sé un perro!

¿Alguna vez has observado que algunas personas parecen tener "el toque mágico"? Sin importar lo que intenten, tienen éxito. Durante más de veinte años de desarrollo personal siempre me he preguntado cómo sucede eso. Ahora me parece que se debe a que instintivamente piensan como perros.

Los perros tienen cuatro disciplinas básicas en cuanto a mentalidad que, una vez integradas, pueden cambiar de manera drástica los resultados en todas las áreas de la vida. Con esas disciplinas, tú también puedes tener el "toque mágico".

¿Te interesa?

La primera pregunta crítica es "¿Estás dispuesto a pensar verdaderamente como perro?" Si tu ego lo permite, estoy seguro de que tu cuenta bancaria lo apreciará, porque esas formas de pensar explican por qué algunos perros pueden cazar (vender) y otros nunca logran ganar.

Dichas formas tratan sobre cómo lidias mentalmente con cuatro áreas críticas que todo el mundo enfrenta a diario:

1. Haciendo frente a desafíos o adversidad: enfrenta el reto.
2. Respondiendo a una experiencia negativa: encierra el diálogo negativo.
3. Respondiendo a una tarea exitosa: celebra todas las victorias.
4. Visualizándote a ti y a otros en tu equipo: proyecta el poder de tu intención personal.

La fórmula del éxito para los cuatro puntos anteriores requiere de unos minutos para aprenderla y unos segundos para aplicarla, y garantiza un efecto positivo en todas las áreas de tu vida. Disfruta de más ventas y dinero, mejor salud, más tranquilidad y felicidad. Es una fórmula demostrada que he estado usando durante más de 15 años para ayudar a organizaciones a hacer millones de dólares, mediante asesoría de vendedores perros millonarios, creando equipos de trineos de vendedores perros de campeonato, jugadores de alto desempeño y líderes de motivación.

Usar esas formas de pensar de manera sistemática ha demostrado una mejoría de las ventas de 30 a 80%. E incluso es posible probar algunas de esas formas de pensar con anticipación para predecir y alterar el desempeño futuro.

1. Enfrenta el reto

Aceptar un reto o enfrentar la adversidad puede ser intimidante y a menudo ocasiona ansiedad. La mayoría de los perros de alto desempeño son capaces de aceptar tareas muy desafiantes por su condicionamiento y entrenamiento. Para inspirarse, dependen de bancos de memoria muy simples que les dicen qué recompensa recibirán tras completar con éxito una tarea. No recuerdan las veces que han fallado, a menos que esos momentos se relacionen con castigo o dolor.

El golden retriever probablemente no se envenena la mente con visiones de fracaso. Por su ávida expresión de emoción y entusiasmo puros sabes que espera tener éxito… tendrá ese toque mágico. Lo único que puede ver es la caricia, dulce o apapacho que le espera. Confía en éxitos anteriores, al tiempo que deja diluir los fracasos. A partir de su pasado hay una serie de recuerdos del éxito que pueden aprovecharse para darle fuerza en el presente y valor en el futuro.

Cuando la leyenda del basquetbol Michael Jordan habla sobre cómo maneja la presión de tener siempre el balón en las manos al final de cualquier juego, dice: "No trato de visualizarlo o meterme en ello".

En cambio, recuerda con vivido detalle los últimos segundos llenos de drama de la final del Campeonato Nacional de la NCAA de 1982 cuando hizo una anotación de 22 casi desde la línea de salida para ganar el campeonato para Carolina del Norte. Comenta que cuando un reto es inminente, se imagina ese momento de 1982 y se dice: "Bien, ya he estado en un caso así", se calma y espera que algo positivo resulte (tomado de *Sacred Hoops*, de Phil Jackson).

Incluso cuando no has tenido éxito exactamente en esa situación, busca una experiencia similar de tu pasado de modo que puedas sentir confianza y tranquilidad para ayudarte en el momento presente.

RESUMEN

El presente puede crear emociones intensas, lo cual puede producir baja inteligencia y, en ocasiones, ingenio bajo. La fuerza puede venir del pasado. Aprende a capturar esos éxitos y a usarlos en el presente.

2. Controla el diálogo negativo

La disciplina más fenomenal es aprender cómo controlar el diálogo mental que se presenta durante la adversidad.

Perroestima en mal estado.

¿Alguna vez has visto a un perro deprimirse por no atrapar el *frisbee* frente a otros perros? ¿Alguna vez te has encontrado a un perro que se rinda tras intentarlo una vez? ¿Alguna vez has visto a un perro lamentarse, sentarse en una equina y decirse lo estúpido que es por dejar caer la pelota de tenis? Y, por cierto, ¿alguna vez has observado a un perro atrapar a un gato? Los han estado persiguiendo durante miles de años y dudo que algún perro haya atrapado un gato. ¿Acaso se quedan tirados en el piso, con las patas sobre la cabeza, llorando porque la vida no funciona? ¡Simplemente encuentran otro gato!

La adversidad es parte de la vida. Que te rechacen es parte de las pruebas naturales y del proceso de retroalimentación de la vida. Puedes quemarte la lengua con la sopa un par de veces hasta descubrir la temperatura correcta para comer. ¡Se trata de probar! No dejas de comer sopa o la comes sólo fría durante el resto de tu vida.

Los perros mantienen alta su energía y siguen intentándolo hasta obtener la respuesta que quieren. No necesitan una fórmula, lo llevan en la sangre.

Los vendedores perros, por otro lado, necesitan la fórmula ganadora para evitar que su cerebro sufra un colapso. A continuación hay algunas claves para mantener tu cerebro en orden y concentrado en las ventas.

Primero, contrario a lo que sostienen muchos programas tradicionales *New Age*, es crítico saber cómo *externar* el evento. Eso significa que es importante atribuir la causa del problema a circunstancia fuera de tu control. En otras palabras, cambia el enfoque de culpa y ubícalo lejos de ti. Por ejemplo:

- ✓ El prospecto está teniendo un mal día.
- ✓ Hay mala sincronía.
- ✓ Es un día en que el cabello no se te acomoda.
- ✓ La información era inaccesible para ti.
- ✓ Se debe a problemas personales de alguien más.

Básicamente es importante que mantengas tu casa mental limpia de basura que la dañe. No puedes permitir que un impulso negativo sea reflejo de ninguna otra parte de tu vida, tu negocio o tu ciclo de ventas. Que un prospecto hubiera rechazado tu llamada en frío no significa que toda tu semana vaya a ser mala. No significa que tu ciclo de ventas inherentemente esté defectuoso o que no estés hecho para ser vendedor. Y no significa que nunca vayas a tener en orden tus finanzas. Aquélla es la charla de un cerebro loco. Un perro nunca soñaría con hacer correlaciones tan extrañas y aleatorias.

¡Ser responsable no significa que todo lo malo que te suceda sea causado por ti!

Asumir que eres la única causa de todas las experiencias negativas puede resultarte increíblemente dañino. Esto no significa que no aprendas de tus errores. Sólo significa que no permites que los errores arruinen tu bienestar mental. Esta habilidad para explicar y lidiar con la adversidad se puede encontrar en la forma de pensar de todo gran vendedor, jugador, equipo, entrenador e inversionista.

Tú *eres* responsable de cómo respondes, de cuál será tu siguiente acción o de cómo interpretas la experiencia… pero no necesariamente eres la *causa de la experiencia en sí.*

¡Ni siquiera importa si tu conclusión o interpretación es cierta! Tu mente no sabe cuál es la diferencia. Si interpretas que la causa eres tú, tu energía baja. Si ubicas la causa en el exterior, sube, te recuperas más rápido y vendes más.

En segundo lugar tienes que decirte a ti mismo que el rechazo es un hecho específico, sin dejar que tu cerebro lo interprete como si tuviera una importancia duradera o extendida. Tómalo como es: una persona determinada no tiene necesidad de tu servicio o producto en particular en ese momento justo.

A continuación encontrarás la fórmula para enfrentar situaciones negativas.

¡MEMORIZA ESTO!

1. Primero se presenta un problema. Debe estar sucediendo en realidad, como dejar tu saco en el aeropuerto… ¡y darte cuenta justo cuando el avión acaba de despegar! O quizá que el prospecto te diga que ya no necesita tu producto.
2. En cuanto descubras el problema experimentarás una oleada de algún tipo de emoción. Esto debe servir como tu alarma, diciéndote que debes estar al tanto de lo que viene después.
3. El diálogo comienza en tu cerebro.
4. En cuestión de segundos debes superarlo preguntándote: *"¿Qué me estoy diciendo a mí mismo en este momento?"* Esta pregunta obliga a tu cerebro a responder y entonces sales de ti mismo y observas el diálogo interno.
5. Debes identificar primero la emoción real: enojo, frustración, desilusión y así sucesivamente. Pregunta: *"¿Qué estoy sintiendo en este momento"* En cuanto hayas identificado la emoción, di la palabra en voz alta: "Exacto… ¡es frustración!" Puedes gritarlo o susurrarlo, dependiendo de dónde estés y cómo te sientas. Diviértete con esto… por ejemplo, dilo con acento de inspector Clouseau.
6. Aproximadamente en diez segundos, reconoces que estás usando una palabra descriptiva "universal" como "siempre", "nunca", "cada vez" o "todo". Por ejemplo: "*Esto siempre* me pasa a mí" o "*Nunca* lo voy a conseguir".
7. Una vez que reconozcas la palabra universal haz una pausa, pon una palomita, sonríe y di: "¡Lo tengo!" Pronunciar

la(s) palabra(s) equivale a 95% de la batalla hacia la recuperación instantánea. La sonrisa aligera la carga y eleva tu nivel de energía.

8. Entonces debes corregir mentalmente las palabras universales con algo específico como "esta vez", "sucede que", "resulta que" o "en este caso no funcionó".
9. Llegado a este punto estarás en condiciones de identificar la directriz interna: "yo", "a mí", "mi culpa", "se trata de mí", "por qué yo" y así sucesivamente.
10. Sonríe otra vez y di "¡Lo tengo!" Luego encuentra una forma de culpar, justificar o dejarlo en manos de circunstancias lógicas. ¡Llevar a cabo esta parte puede ser divertido y gracioso! "Ese tipo estaba de malas hoy" "¡Con semejante copete no es de sorprender que esté teniendo un mal día!" "La competencia fue buena está vez: ¡oigan, hay espacio para todos!"
11. Luego, con base en lo que te hayas dicho a ti mismo, rápidamente crea un cúmulo de datos y evidencia que justifiquen lo que te dijiste: "Estaba cansado por las 24 horas de viaje y un poco agotado cuando coloqué mi chaqueta en alguna parte del aeropuerto", o: "Ese tipo siempre ha sido amable las demás veces que hemos hablado, sólo hoy se comportó como un imbécil".
12. El paso más importante: Hazte la siguiente pregunta: "¿Cómo *quiero sentirme* realmente en este momento?" (optimista, espiritual, feliz, emocionado, fuerte, seguro, etcétera.) Hazte la pregunta y luego trata de llevar ese sentimiento a tu interior. Si no puedes, piensa en una experiencia, visión o episodio que te ponga una sonrisa en la cara. En cuanto lo hagas, conserva el sentimiento el mayor tiempo posible (segundos, minutos, ¡horas!). Esto cambiará la energía de tu alrededor. Es la parte mágica. No me preguntes por qué funciona, ¡sólo hazlo! He descubierto que cuando mis

emociones o sentimientos comienzan a cambiar, lo demás también cambia. Ejemplo: Me digo a mí mismo: *"Realmente preferiría sentirme feliz en este momento"*. Me imagino la escena de Benjamín anotando su primer gol con sus dos pequeños puños levantados mientras explota de alegría. Una sonrisa se dibuja en mi rostro. La mantengo durante unos segundos, esperando mi siguiente acción presente y el proceso está completo.

13. Después de todo esto debes esperar que algo bueno suceda pronto. ¡Y sucede! El teléfono suena y alguien de seguridad del aeropuerto te dice que encontraron tu chaqueta o recibes una llamada de un prospecto que habías perdido y quiere verte.

¡Todo ese proceso tarda cerca de un minuto como máximo!

Además, si algo negativo sucede, debes sintonizarlo con tu diálogo interno, controlar esa "vocecita" de tu cabeza y llevarla a una conversación ganadora. Esta técnica es básica para generar ventas en cualquier nivel del negocio. ¡Es fundamental tener una actitud ganadora respecto de la vida! Diviértete con la adversidad.

Haciendo contacto

3. Celebra todas las victorias

Responder al éxito cuando las victorias se presentan o algo positivo sucede es un proceso importante en dos pasos. Primero, debes ¡celebrar la victoria! Una "demostración" física: apretón de manos, señal con el puño o "¡así se hace!" son métodos con los que estamos familiarizados. Como vendedor perro te sugiero que por lo menos te des una palmada en la cabeza o lances un buen aullido a la luna.

Si alguna vez has visto deportes por televisión o los has practicado sabrás que celebrar es parte del juego. Cada vez que un jugador anota un punto, gana unas yardas, hace algo bien, consigue una carrera o atrapa una pelota, de manera instintiva el resto de los jugadores le dicen unas palabras de aliento, le dan una palmada en la espalda, un golpe en la cabeza (no se recomienda) o alguna otra cosa como reconocimiento por su contribución. Siempre que un jugador de la NBA anota una canasta sus compañeros lo animan. Por esa razón están tan orientados a sus logros. De todas las técnicas, probablemente es la más poderosa, aunque la menos usada por los adultos, porque se avergüenzan y piensan que es infantil o poco profesional.

Hace varios años trabajé para un hotel internacional. Era una buena compañía con varios cientos de personas en su equipo. Trabajaba con los jefes de departamento, estimulaba en ellos el hábito de celebrar... no sólo sus victorias, también las de su personal. Esto no era fácil porque la cultura de muchas regiones asiáticas no incluye celebraciones. No obstante, con el paso de los meses los nuevos hábitos comenzaron a arraigarse.

Ese hotel, de modo lento pero seguro, comenzó a ver resultados cuando el personal completo se sobrepuso a sus reservados hábitos naturales. La organización se convirtió en una máquina de ventas para hacer dinero. Su energía estaba tan alta durante la última baja económica asiática, que cuando la mayoría de los demás hoteles en la región operaban a 40 o 50% de su capacidad ese hotel estaba a 90% o más. Se unieron y decidieron que todo el personal era responsable de las ventas. De hecho, ¡la cuenta más grande correspondió a miembros del departamento de limpieza! El giro exitoso fue resultado directo del reconocimiento constante y la celebración activa de las victorias, por no mencionar la moral elevada y la felicidad general en todo el hotel.

Ya ves, todos sabemos cómo hacerlo. Lo hicimos cuando éramos jóvenes y lo hacemos cuando jugamos. De niños es notable nuestro

instinto natural de persistir, preguntar y divertirnos haciendo cualquier cosa.

Pienso que todos nacemos como vendedores perros perfectos. Pero luego nos dicen: "preguntar es grosero", "deja de portarte como tonto", "deja de molestar a los demás" o "siéntate y quédate quieto". Todas las cosas que hacemos instintivamente (hablar con extraños y gritar con toda nuestra fuerza sólo porque nos dieron ganas) son condicionadas para dejar de hacerlas.

Hace poco tiempo una mujer me platicó que en su última junta de padres de familia de la escuela de su hija de cinco años le dijeron que iba bien en la escuela, pero "tenía un poco elevada la autoestima". ¿Te imaginas?

A medida que nos regañan, castigan, ridiculizan o ignoran nos empujan al sistema de "seriedad", en especial en lo que respecta a los negocios.

Los perros abandonarán sus huesos, comida y juguetes por una buena rascada detrás de las orejas. Se emocionan mucho con el reconocimiento. Los niños pequeños también son así. Nada ha cambiado porque somos adultos. Nuestros cerebros y almas siguen siendo iguales.

Esta técnica de celebración es ajena a la mayoría de las personas, pero es natural en quienes logran muchas cosas. También se relaciona con controlar la "vocecita" y encauzar el diálogo en la dirección adecuada. Y recuerda, ¡no importa si lo que te estás diciendo a ti mismo es cierto o no! ¡A tu cuerpo y a tu mente no les importa! Parte de este diálogo tiene que ver con la forma de hacer que un acontecimiento se filtre en todas las áreas de tu ser y que lo hagas tuyo.

Manejar el éxito es lo opuesto a manejar obstáculos. Si algo bueno sucede, que un prospecto acepte una cita o recibas algún signo positivo del cliente, no sólo debes celebrarlo sino, para *realmente* crear impulso, debes usarlo… ¡para convertirte en una leyenda en tu momento! Debes decirte que gracias a ese éxito toda tu semana será maravillosa. Puedes ver cómo todo en tu vida tendrá éxito sólo por ese pequeño evento.

Finalmente, es importante interiorizarlo diciéndote que el éxito ocurrió por ti. ¡Te lo ganaste, trabajaste por ello, eres listo y sabes de este asunto! ¿Entiendes? Tu energía e impulso crecerán y todos los vendedores perros saben que cuanto mayor sea la energía, mayor el siguiente éxito.

Puedes no estar consciente, pero ya sabes cómo hacerlo, porque lo hiciste con tus hijos, mascotas y contigo mismo en otras áreas de la vida. Cuando tus hijos eran pequeños, ¿acaso no hacías un gran alboroto y celebrabas sus nuevos logros? Si tu hijo lograba ponerse de pie, aunque fuera por una milésima de segundo, ¿no te imaginabas una futura gloria olímpica? Si alguna vez has jugado golf, lo has experimentado. De la misma manera en que tu frustración llega a su punto máximo y estás listo par arrojar tus bolas al lago, haces un tiro excelente a 90 centímetros del hoyo principal o haces un tiro de 12 metros. ¿Qué haces? Levantas el puño sintiéndote Superman y la frustración se evapora.

¡Imagina si trataras toda tu vida de esa manera! Tu energía y resultados serían increíbles. El problema es que algunas personas, incluso al obtener una victoria, quieren bajarla al nivel de las rodillas. Esconden la barbilla y se dicen: "Tuve suerte esta vez". Hacen una llamada exitosa y dicen: "Ojalá todos fueran así". Ese diálogo clava una espina en tu corazón, espíritu, energía y resultados. De ahora en adelante, sé una leyenda.

Hueso para gerentes: ¡Tu jauría de vendedores perros también necesita celebrar sus victorias! De hecho, cuanto más lista sea una raza y más agresivo el perro, más debes halagarlo para asegurar un buen desempeño. Si los ignoras o sólo los regañas por su mal comportamiento, los vendedores perros pueden volverse malos y desagradables e incluso volverse contra ti un día. Debes celebrar las victorias enseguida y con frecuencia para que se conviertan en excelentes cazadores y compañeros.

Por alguna razón, cuando crecemos, vamos a trabajar y seguimos una carrera, celebrar se vuelve infantil.

De hecho, nos enseñan a "no" vender, a "no" preguntar. Nos enseñan a trabajar duro, ser buenos, colorear dentro de las líneas y esperar que alguien reconozca nuestros esfuerzos y nos arroje algunas sobras. Nos dicen que "todas las cosas buenas llegarán para los que esperan". Nos enseñan a aceptar y no objetar, dar y no preguntar, aceptar nuestra cruz en la vida. Nos manipulan y obligan a encajar en un molde donde se espera que vivamos tranquilos hasta el día de nuestra muerte. Nos juzgan por nuestra habilidad para responder preguntas, no para hacerlas ¡y Dios nos libre de cometer un error!

Creo que todo mundo tiene talento natural para vender. Todos los niños venden. Algunos necesitan más habilidades que otros. Algunos otros, una nueva actitud al respecto. Otros ya están versados en la caza. La próxima vez que tu hijo te moleste con algo, en vez de decirle que te deje en paz, pídele tres buenas razones que respalden su petición. Cuando veas cómo esos ojitos alzan la mirada en busca de soluciones, sonríe convencido de que tu entrenamiento de ese momentó lo está preparando para una vida de alegría, amor y riqueza. Y es su derecho por nacimiento y destino.

Así que celebra, celebra y celebra. Por cierto, un perro no necesita fiesta ni aumento para sentirse reconocido o celebrado. Un simple aplauso, palmadita, caricia o rascada en el cuello son suficientes.

RESUMEN

Las victorias son el bien más preciado que tienes. La mayoría de las personas tienen una mentalidad natural que las minimiza, ¡pero eso mata el entusiasmo y la energía! ¡Es crítico aprender cómo distinguir las victorias, atraparlas, aprovecharlas y guardarlas hasta el siguiente gran acontecimiento!

4. Proyecta el poder de tu intención personal

Controlar estas técnicas es fundamental para formar un equipo u organización de ventas poderoso. También es el secreto para reducir estrés en el trabajo, mediante un liderazgo inspirador y, lo más importante, por medio de la generación de riqueza personal. Aprender a proyectar tu intención y la de los demás puede ser la diferencia entre frustración y riqueza. Déjame explicártelo en términos caninos: cuando un perro corre detrás de una ardilla, gato o pelota, ¡su plena intención es atraparla! No hay "intento" involucrado, sólo acción. Cuando un perro va hacia ti con la lengua de fuera y babea los zapatos... pretende que lo acaricies. No hay duda al respecto. Es su intención. Si tú como vendedor perro piensas que encantarás a todas las personas que conozcas, probablemente te irá mejor de lo que supones. Sin embargo, si piensas que serás una molestia para el prospecto o resultarás aburrido... ¡probablemente lo serás! Es cuestión de intención.

Proyectar tus intenciones y expectativas puede marcar la diferencia entre riqueza y frustración. En otras palabras, ¿qué respuesta esperas en tu siguiente presentación? ¿Que eres una maravilla? ¿Creerán que realmente estás ahí para ayudarlos a encontrar nuevas soluciones? ¿Igual que tú, te odiarán, pensarán que eres una molestia? ¿Qué crees que pensarán? ¿Cuál es tu intención?

La investigación nos muestra que la respuesta en la cual creas predeterminará la respuesta real. Si piensas que serás una monserga al hacer una llamada de ventas, probablemente estás en lo correcto. Pero si piensas ser un emisario de información bienvenido, acaso también estés en lo correcto. Tu mentalidad predetermina los resultados.

No hace mucho mi hijo Benjamín (entonces de cuatro años) se encontraba en un dilema. Estábamos en Singapur, hospedados en un complejo de departamentos de la ciudad. Nos habíamos quedado ahí varias veces porque tenía excelente ubicación y una alberca grande donde siempre había muchos niños con quienes Ben podía jugar.

Ese lugar también tenía cuarto de juegos y mesa de billar. A Ben le encanta rodar las bolas sin usar el taco. La mesa de billar requiere dos monedas locales de un dólar. Ben lo sabe. Ese día había ganado dos dólares por poner y quitar la mesa y estaba emocionado por jugar más tarde.

Antes de ir al salón de billar fuimos a la alberca para asolearnos un poco y hacer algo de ejercicio. En un típico estilo de vendedor perro, Ben vio la máquina de refrescos y fue a comprar un Sprite y una Coca. Feliz regresó con Eileen y conmigo con sus refrescos.

Le explicamos que acababa de gastarse el dinero para jugar billar. Después de una difícil discusión que sólo un padre puede entender, se enfrentó al dilema de tener dos bebidas que en ese momento no eran tan deseables como la mesa de billar. Poco tiempo después escuché un sonido estruendoso. Era Ben tratando de regresar las bebidas a la máquina… ¡para recuperar su dinero!

Una vez que lo calmamos hicimos que se diera cuenta de que su única opción era intercambiar las bebidas por dinero. Se le prendió el foco y sus ojitos azules analizaron el territorio con precisión de láser: joven pareja al lado de la piscina… ¡a la carga!

¡No tuvieron alternativa! ¡Hasta la fecha no sé si siquiera hablaban inglés! Corrió hacia ellos, puso las latas y comenzó su charla de ventas. Yo no escuchaba nada, estaba muy lejos, pero observé asombrado. Entendieron que les ofrecía las latas y quería dinero a cambio. Y a juzgar por sus gestos pienso que también les explicaba por qué necesitaba el dinero. Al principio negaron con la cabeza, pero la intención de Ben para vender esas bebidas era imparable.

Desde el principio no tuvo miedo, duda o temor a quedar en ridículo, sólo la intención de vender los refrescos. Observé desde lejos y reí para mis adentros. ¡Vaya vendedor perro! Ben tenía la idea de que no lo rechazarían. Finalmente observé con orgullosa sorpresa cuando le dieron las ansiadas monedas. Ben incluso se ofreció a abrir las latas para que las disfrutaran de inmediato (mostraba rasgos de un retriever).

Con las monedas en la mano, feliz, regresó con nosotros lleno de deleite por su logro, dejando tras sí a dos clientes sin sed.

¡Ésa es intención!

Ben no tenía duda de que vendería esas latas. Meses después, sigue siendo así. Insiste e insiste sin darse por vencido porque sabe que tarde o temprano encontrará una grieta en nuestra armadura y accederemos a sus peticiones. Todos los niños son vendedores perros.

Huesos para gerentes respecto a expectativas e intenciones de otras personas

¿Cuál es tu expectativa en relación con tu jauría? La comuniques o no, se dejará ver de una u otra manera. Tu intención o expectativa respecto del desempeño de otros también determinará en parte sus resultados. Si calificaras a cada uno de tus cachorros con un número del uno al diez en términos de su potencial para el éxito, ¿cuáles serían esas cifras? Si calificaste a alguien con tres o cuatro, en parte ya lo predeterminaste para ese nivel. Se notará en tu actitud y estilo de dirección, y en su desempeño.

Por desgracia, esto también nos sucedió en la escuela a muchos de nosotros. Los maestros nos colgaron números invisibles en la frente. ¿Qué números tienes colgados? ¿Te los creíste? ¿Qué número te has colgado tú mismo? ¿Te ayuda o lastima ahora?

Es poco común el vendedor perro que supera las expectativas de su amo. Sé cuidadoso con tus intenciones y expectativas.

Tuve un vendedor que trabajaba para mí en el negocio de fletes aéreos a quien los demás vendedores y asociados siempre consideraron un dolor de cabeza. No obstante, él y yo teníamos una excelente relación y en poco tiempo duplicó nuestro volumen en una de nuestras ciudades más competitivas. Yo seguía diciéndole que podía tener éxito, incluso cuando se lamentaba o se quejaba. Después de un tiempo el malhumor comenzó a disiparse, fue remplazado por aullidos y ladridos de celebración, pues una pequeña victoria llevó a otra y a otra.

Es un ejemplo sencillo del efecto que un buen entrenador puede tener en un vendedor perro, de una persona que, por sus peculiaridades, molestaba a muchas personas. En todos sus trabajos anteriores tuvo resultados mediocres. Había pasado de un trabajo a otro y a otro. Era un perro callejero.

Cuando lo recibí, empecé su entrenamiento de nuevo. Lo identificamos como un chihuahueño ladrador que volvía loco a todo mundo. Lo entrenamos en habilidades de retriever y basset hound. Su increíble rapidez mental de chihuahueño, aunada a la suavidad de tono y compromiso con el servicio, lo hicieron uno de los vendedores más ricos del territorio. Celebramos las victorias, reconocí sus esfuerzos y le dije que SABÍA que era capaz de ganar toneladas de dinero. En otras palabras, creí en él aunque otros lo habían tratado a periodicazos. Los resultados hablaban por sí mismos.

Resumen del hueso para gerentes

De la misma manera en que la intención afecta tus ventas, la que tienes respecto de tus vendedores perros puede limitarlos o incitarlos a lograr un éxito extraordinario. Hay un número que mide tus expectativas respecto de los demás, de ti mismo y de tus acciones. Si es una expectativa en relación con otros, se marca justo en la frente de esa persona y desempeña un papel importante para determinar su desempeño. Es muy importante que como entrenador de perros no tengas prejuicios hacia las limitaciones que otros gerentes hayan puesto a tus vendedores perros. Algunos pulgosos se convierten en los mejores cazadores, porque su nuevo maestro/entrenador les abrió una nueva expectativa y percepción sobre sí mismos. Si los ves como campeones, cumplirán tus expectativas y se convertirán en campeones.

EXTRACTO DE

PRÓLOGO DE ROBERT T. KIYOSAKI

El código de honor de un equipo de negocios exitoso

El secreto de los campeones para tener éxito en los negocios y en la vida

Nueva edición de *EL ABC para crear un equipo de negocios exitoso*

BLAIR SINGER

Capítulo uno

¿Por qué necesitas un código de honor?

A falta de reglas, la gente crea las suyas. Algunos de los grandes colapsos en finanzas, negocios y relaciones ocurrieron porque gente bien intencionada simplemente se guió por distintas reglas. En el mismo sentido, los resultados más increíbles provienen de personas con la misma mentalidad que se unen bajo un lazo invisible para lograr el éxito.

Por experiencia y por defecto formulamos nuestros propios lineamientos, reglas y suposiciones. Es natural. Pero cuando comenzamos a asociarnos con otras personas, culturas y organizaciones, a veces tenemos dificultades tratando de entender por qué "esos tipos" no entienden, o cómo pueden despreocuparse tanto de nuestros sentimientos, reglas y modos de hacer las cosas. En la mayoría de los casos, "esos tipos" sienten lo mismo que nosotros. ¿Por qué? Suponemos que algunas reglas básicas son las mismas para todos. Mala suposición.

Este libro intenta revelar el proceso para eliminar una de las causas más grandes de pérdidas financieras, frustración y desengaño: cómo rodearse de gente adscrita a las mismas reglas y cómo establecerlas para asegurar un desempeño óptimo y resultados divertidos e increíbles en todo lo que uno hace.

Durante cerca de doce años, he estudiado equipos, analizando qué los hace exitosos y cómo logran funcionar de manera óptima. Después de tanto tiempo, puedo decir esto: no tendrás un equipo de campeonato, en ninguna faceta de su vida, sin un Código de Honor.

> *Consejo de equipo*
>
> En ocasiones, la manera más sencilla de evitar enojos, enfrentamientos y falta de armonía en cualquier grupo es tomarse tiempo para estar seguro de que todos participan con las mismas reglas.

Si te interesa construir una relación sólida, ya sea en tu negocio, comunidad, familia o incluso contigo mismo, son necesarias reglas y estándares de conducta para lograr metas. Un Código de Honor es la manifestación física de los valores del equipo, aplicados a la conducta. No es suficiente el hecho de tener valores, todos los tenemos. Lo crucial es saber cómo poner en práctica dicha conducta física para reflejar tales valores.

Ilustraré lo que quiero decir. Cuando estaba en la escuela preparatoria en Ohio, formaba parte del equipo de campo traviesa. Por lo general, se espera que cualquier ser humano de sexo masculino que viva en el estado de Ohio juegue futbol americano, pero si pudieras ver mi estatura te darías cuenta de que no fui hecho para chocar contra un defensa de 120 kilos, por mucho que me guste ese juego. El campo traviesa era más de mi estilo.

Lo que mucha gente desconoce es que, por lo general, hay cinco o siete competidores de cada equipo corriendo a la vez. Además, hay otros equipos corriendo al mismo tiempo. La única manera de ganar es que todo el equipo termine relativamente cerca delante del grupo principal de corredores. En otras palabras, tener una superestrella que corra delante de todos y llegue en primer lugar no es útil si los miembros del equipo se dispersan. El campo traviesa es un deporte de pocos puntos, lo cual significa que el primer lugar recibe uno, el segundo dos y así los demás. La idea es que todo el equipo termine lo más pronto posible para que reciba la puntuación más baja. Si se llegara en cuarto, sexto, séptimo y noveno, incluso si otro equipo llegara primero, segundo, decimosegundo y decimoctavo, el equipo ganaría.

Así, durante los cinco kilómetros cada corredor ayudará a los demás, dándoles valor, apoyándolos, gritándoles cuando pierdan el aliento. Tomando en cuenta que los músculos duelen y el cuerpo pierde fuerza, se trata de una carrera de resistencia física, pero también emocional. Cada uno se apoya en los demás durante la ruta. Si alguien flaquea, el resto del equipo regresará con él para recuperarlo. Se requiere de todos para que cada uno gane. Hacíamos cualquier cosa para cruzar juntos la línea de meta. En otras palabras, ayudar a todos era parte de nuestro código.

Ganamos la mayoría de nuestras carreras o quedamos en buenos lugares, aunque casi no teníamos supercorredores. Éramos un equipo de campeonato. Fue mi primera experiencia con equipos, en el nivel más básico, físico, visceral, pero las lecciones que aprendí siguen vigentes. Siempre me he rodeado de gente que me impulsa en ese sentido y me permite impulsarme a mí mismo. Les sirve a ellos y a mí. Como resultado, he gozado de amigos increíbles, éxito y riqueza.

También he visto que en tiempos de presión, cuando los riesgos son altos, la gente se transforma. Nunca he visto un gran equipo que no se una más bajo algún tipo de presión, ya sea de una competencia, influencias externas o autoinducida. En esos encuentros de campo traviesa sabíamos que cada persona, cada segundo, cada paso nos llevarían a la victoria para el equipo: eso nos unía. Sabíamos que el éxito de un equipo es más importante que las metas individuales. Ninguno quería decepcionar a los demás. Eso nos movía más que el deseo de ganar. Nuestro código nos mantenía juntos sin importar lo que sucediera. En esos momentos tan importantes nos unimos e hicimos lo necesario para ser exitosos.

> *Consejo de equipo*
>
> Un Código de Honor saca lo mejor de cada persona que lo adopta.

Si crece la presión, también lo hacen las emociones. Cuando esto sucede, la inteligencia tiende a disminuir. Las personas regresan a sus instintos básicos en momentos de estrés y entonces se ve quiénes son en realidad. A veces el panorama no es agradable. ¿Alguien te ha dicho algo cuando te encontrabas molesto y más tarde se arrepintió? A eso me refiero cuando hablo de emociones altas e inteligencia baja.

He visto equipos que trabajan bien día a día, pero cuando las cosas se ponen difíciles, todos regresan al "sálvese quien pueda". Llega una crisis y todos corren a protegerse, pues no hay reglas que los ayuden a ver claro. Los juicios basados en emociones alteradas se vuelven la guía y puede no ser la mejor opción para los interesados.

Por ejemplo, más de la mitad de los matrimonios termina en divorcio. Con estrés, la gente es incapaz de negociar sus deferencias. No hay ningún código de honor o reglas que los unan. Es lo mismo en una sociedad de negocios sin reglas o lineamientos. Ambas situaciones pueden terminar mal.

No es que la gente no *quiera* solucionar sus diferencias. El problema es que sin reglas y expectativas acordadas de antemano actúan por instinto, sobre todo cuando las emociones se exaltan. Cada uno hace lo que considera correcto, basándose en los sentimientos de ese momento. Las decisiones que se toman en dicha situación pueden no ser las mejores.

Ahora sé que tú nuncas ha estado bajo ningún tipo de estrés, ¿cierto?

Claro que lo has estado. Sabes que cuando estás molesto, cuando se acerca la fecha de entrega, cuando estás enojado con algún familiar o un colega, es imposible un intento de negociar. ¿Por qué? No estás en tus cinco sentidos. Por eso necesitas un código de honor.

Debes generar, en un momento de cordura, reglas para tu equipo que les digan a todos cómo actuar cuando las cosas se pongan difíciles. Así, en momentos de mucho estrés, las reglas determinarán el comportamiento, no las emociones. El Código NO es sólo una serie de lineamientos para usar a conveniencia. Esas reglas deben invocarse cuando no se cumplan.

Las necesidades, tareas y problemas de un equipo determinan qué tan rígido es un código. Los Marine Corps tienen uno que mantiene a sus equipos unidos bajo fuego. Cuando las balas vuelan, la vida y la muerte tienen que ceder su lugar a la lógica y al trabajo en equipo. La repetición de su código y reglas condiciona al equipo a formar cierta unidad de confianza, en lugar de correr buscando la salvación personal.

Tener un Código de Honor no implica que todos los miembros del equipo estén contentos siempre. A veces las cosas se complican. Un código puede resultar molesto, crear confrontación e incluso situaciones incómodas para algunas personas. Pero al final protege a cada miembro del equipo del abuso, la negligencia y las lagunas de la ética. Un Código de Honor saca lo mejor de cada persona que lo adopta.

Nunca debes asumir que la gente conoce el código por sí misma. No es algo necesariamente intuitivo. Se aprende de otros: padres, entrenadores, líderes o amigos. Alguien debe "enseñarlo" y todos los involucrados adherirse a él. Esto es cierto para cualquier relación, laboral, familiar o contigo mismo: cualquiera que afecte tu propia felicidad y éxito.

Actualmente cerca de 50% del producto interno bruto de Estados Unidos proviene de pequeñas empresas y, de ellas, cerca de la mitad son de un solo dueño o cuyas oficinas están en casa. Menciono esto para destacar algo: la persona promedio tiene mucho más poder del que crees. El modo en que dirijas tu empresa afecta las vidas de muchos.

Consejo de equipo

Tu Código es un reflejo de ti mismo y atraerá a aquellos que aspiren a las mismas normas.

Tu reputación, ingresos y longevidad dependen de un comportamiento consistente, interno y externo. El futuro de un país está en manos de quienes dirigen la economía, los mercados, nuestras empresas y familias. ¡Ése eres tú! Tu importancia puede ser minúscula, pero nunca cuestiones tu influencia en los demás. Te reflejas en tu código y éste resultará atractivo para quienes aspiren a las mismas normas. El modo en que manejas tu empresa puede tener mayor repercusión que el servicio ofrecido.

Decide ahora mismo hacer un Código de Honor para ti y para los equipos a los que perteneces. ¿Qué representas tú? ¿Qué código fomentas en el mundo? ¿Qué tan unido es tu equipo? ¿Qué tan feliz quieres ser?

Mi objetivo es darte una guía, motivaciones e introducción sobre la manera de construir un gran equipo que te otorgue a ti y a quienes te rodean la riqueza, la satisfacción y la alegría que todos merecen. Ahora hablemos de quién forma parte de tu equipo.

Ejercicio de equipo

1. Tengan una conversación sobre los equipos en que han participado. ¿Cómo fue? ¿Cuáles eran las reglas? ¿Cómo se sintieron?
2. ¿Cuáles serían las ventajas de tener un código en tu empresa, finanzas, salud y familia?

Garrett Sutton, Esq.*

Historia personal y perfil emprendedor

Nombre Garrett Sutton
Fecha de nacimiento 15 de abril de 1953
Lugar de nacimiento Oakland, California

Educación tradicional

Colorado College, Colorado Springs, CO, 1971-1973
Universidad de California, Berkeley, CA 1973-1975
Título: licenciado en administración de empresas

Educación profesional

Hastings College of the Law, San Francisco, CA, 1975-1978
Título: Juris Doctor (doctorado en jurisprudencia)

Promedio escolar

Preparatoria: 90-92
Universidad: 87-89

Valor de la educación tradicional para convertirse en emprendedor

Dos clases: marketing en California y corporaciones en Hastings fueron muy útiles.

---

* Asesor de Padre Rico en entidades financieras y protección de activos.

Materia que me gustó más en la escuela

Inglés/periodismo (seguido por historia)

Materia que odié más en la escuela

Cálculo... casi era un infierno. Aún no sé qué trata de medir.

Primer proyecto de emprendimiento

Recolectar pelotas perdidas en Lake Tahoe y vendérselas de nuevo a los golfistas.

La actividad empresarial clave que *no* aprendí en la escuela

La importancia de recaudar dinero.

Por qué me convertí en emprendedor y mi primer emprendimiento importante

Me convertí en emprendedor porque parecía ser el reto más grande y porque no me gusta que me digan qué hacer.

Mi primer emprendimiento grande fue publicar una revista mensual de entretenimiento y estilo de vida en Santa Rosa, California, llamada *Sonoma Monthly.* La publicación duró alrededor de tres años.

Mejor lección de mi primer negocio

Que no tenía idea de lo que hacía. Necesitaba más personal, más fondos y más poder de permanencia. No sabía cómo construir una marca. Confiaba en un equipo que no estaba tan comprometido como yo. La mejor lección (en retrospectiva) fue fallar rápido.

Lo que aprendí de mi persona con el Índice Kolbe

GARRETT SUTTON

Resultado del Índice Kolbe A®

FELICIDADES, GARRETT

Obtuviste una calificación perfecta en el Índice Kolbe A®

Eres excelente alternando rápidamente entre prioridades cambiantes. Se te conoce por asumir riesgos basado en realidades prácticas. No pierdes el tiempo con lo que siempre se ha hecho, pero moderas tu proceso de prueba y error usando opciones estratégicas.

Modos de acción Kolbe®

Investigador	Planificador	Innovador	Implementador
6	6	7	2

Reimpreso con permiso de Kolbe Corp.

Aprendí que era un innovador listo para asumir riesgos. También me di cuenta de que no era tan fuerte en la implementación y la planificación, lo que significa que necesito mucho esfuerzo de mi equipo para lograr objetivos.

Mi rol en el Triángulo D-I

Dentro de la tríada de liderazgo y misión del equipo, mi rol son las cuestiones legales. Mi trabajo es brindar información y estructuras legales a entidades, además de desarrollar estrategias para minimizar pasivos y riesgo personal.

Habilidades que son esenciales para los empresarios... pero no se enseñan en las escuelas

1. El sistema legal permite que todos nos protejamos. Nuestro sistema legal no toma las decisiones más correctas y benéficas para ti de forma automática. Sin embargo, esto te permite elegir estas opciones para tu beneficio. La clave es conocer cuáles son tus opciones, ya que el sistema escolar no las enseña. Puedes operar como dueño único, sin protección. El sistema no te enseña algo distinto. Tú, al igual que todos, puedes dar un paso extra y protegerte con una corporación o sociedad de responsabilidad limitada. No obstante, sin una educación emprendedora no sabrías qué es ni cómo dar ese paso.
2. El sistema legal se basa en la equidad y la justicia, no en minucias demasiado complicadas. El sistema legal parece tan complicado cuando hablas con un abogado. Sin embargo, aunque algunas áreas en realidad son somníferas (estatutos redactados por reguladores y grupos de presión) otras en realidad no lo son. Los abogados juegan a esconder la pelota. No dan información a sus clientes a propósito para justificar sus horas y honorarios. Un curso básico en derecho contractual identificaría que mucho de nuestro sistema se basa en la política pública que protege derechos de propiedad privada. El sistema legal fluye desde este gran concepto. Una vez que lo entiendes, gran parte de la ley tiene sentido (con la excepción de interferencia gubernamental en tales derechos). Los emprendedores que perciben el panorama general, el cual no se enseña en la escuela, pueden contratar abogados para que se encarguen de los detalles.
3. Habrá disputas... prepárate para ellas. Siempre que dos o más personas se reúnen para emprender un negocio, seguramente habrá disputas. Está bien y es natural. La clave es no permitir que tales disputas derriben a la compañía. Dos socios con 50% de las acciones (o cuatro con 25% cada uno)

pueden llegar a un callejón sin salida. Ningún lado cede. Cada lado contrata a un abogado. Los únicos que ganan son los abogados. Es mejor discutir e implementar procedimientos de desempate. Un lado puede ganar un año y el otro lado el siguiente año; también se puede dar la décima parte de 1% a una parte neutral para ser el desempate. Aunque no se enseña en la escuela, estos choques suceden en los negocios. Debes estar listo para ellos.

Mi lección más importante para emprendedores

Arma tu equipo. Puedo contar varias historias de terror en las que emprendedores se dieron cuenta demasiado tarde de que necesitaban ayuda profesional. Un contador público certificado y un abogado deben estar en tu banca para poder usarlos cuando sea necesario.

Cómo aprendí a recaudar capital

Aprendí con el dinero de mis clientes. La manera correcta de recaudar dinero es con un memorándum de colocación privada. He preparado memorándums de colocación privada para numerosos clientes.

Cómo aprendí a superar el miedo y el fracaso

Temiendo y fallando varias veces.

Mi fortaleza personal

Estoy dispuesto a invertir mi tiempo haciendo mi parte si disfruto hacer las tareas. Me gusta ser un jugador de equipo en un equipo ganador.

Mi debilidad personal

No me va bien en sociedades donde los otros no hacen su parte. Necesito ser parte de un equipo en que ciertas tareas se asignen a otros miembros del equipo. Resiento tener que hacer todo el trabajo en un ambiente de equipo.

Las habilidades de emprendimiento que enseño mejor

Cómo usar entidades, proteger tus activos y preparar planes de negocio.

La lección de emprendimiento que enseño

Protege tus activos.

PROTEGE TUS ACTIVOS

de *Garrett Sutton, Esq.*

No necesitas ser delincuente para ser rico.
Los delincuentes rompen la ley. Las leyes están escritas
para hacer más ricos a los ricos.

Robert Kiyosaki

Como a casi todos, probablemente te gustaría no meterte en problemas. ¿Verdad?

Sin embargo, ¿te preocupa meterte en problemas si inicias un negocio o inviertes en bienes raíces? No es una preocupación descabellada. Hay tantas leyes que ni los mejores abogados las conocen todas. Estoy seguro de eso... porque soy abogado. Soy el asesor de Padre Rico para corporaciones, sociedades de responsabilidad limitada y estrategias de protección de activos. También soy consejero general para varias compañías. Discutiremos la importancia del consejero general más adelante, pero antes te contaré mi historia.

Crecí en la bahía de San Francisco. Mi padre era juez de condado en Oakland, California, y me educó para respetar el sistema legal. También aprendí a temprana edad que algunas personas podían perder todo porque no tomaron los pasos correctos desde un principio. He oído historias de terror de dueños únicos (sin dar nombres, por supuesto) que fueron demandados y llevados a la quiebra por no protegerse con algunos pasos legales simples. Me dejó impresionado.

Cuando llegó la hora de ir a la universidad, quería salir del estado y esquiar. De alguna forma logré entrar a Colorado College, una excelente escuela pequeña en Colorado Springs. Su plan de materias se dividía en bloques en los que se tomaba una sola clase cada tres semanas y media (con media semana libre para esquiar).

Desafortunadamente no me funcionó ese plan en bloques. Necesitaba más tiempo para asimilar el material del curso. Fue así como me transferí a la Universidad de California en Berkeley. Esto pasó cuando Cal era una universidad de segundo nivel. Tras años de disturbios y locura, los padres no querían enviar a sus hijos a Berkeley. Ésa era la oportunidad que necesitaba. Tuve la fortuna de obtener una licenciatura en negocios en Cal. Después crucé la bahía para asistir a Hastings College of the Law, la escuela de leyes de la Universidad de California en San Francisco. Tras pasar el examen de la barra, ejercí como abogado en San Francisco y Washington, D. C. Sin embargo, siempre me habían gustado las montañas, Lake Tahoe y esquiar así que me mudé a Reno, Nevada. Fue una gran decisión. He criado a mi familia aquí y Nevada es un gran estado para establecer una corporación o una sociedad de responsabilidad limitada.

Conozco la ley corporativa y la ley de protección de activos, pero regresemos al punto original. ¿Conozco todas las leyes? Por supuesto que no, hay demasiadas. En una librería de derecho promedio hay filas y filas de libros llenos de leyes, leyes y más leyes. No obstante, lo más impactante es que desconocer alguna de estas leyes no sirve de defensa. ¡Se espera que sigas todas las leyes, incluso si no sabes que existen! Se estima que cada uno de nosotros sin saberlo rompe más de tres leyes al día. ¿Cómo sobrevivimos en un sistema tan excesivamente regulado?

Bueno, se puede hacer. Mira a tu alrededor. Hay bastantes negocios e inversiones en bienes raíces que prosperan en el mundo actual. ¿Cómo lo hacen? Se reduce a una sola palabra: apropiado. Hacen negocios de forma apropiada. Siguen la ley. Trabajan con un abogado para protegerse de forma apropiada. Las corporaciones y sociedades de responsabilidad limitada están protegidas contra la responsabilidad personal ilimitada. Éste es un primer paso apropiado. Puede haber más. En algunos casos debes trabajar con un abogado que se especialice en el nicho de negocio al que entras.

Si el día en que pagas nóminas haces préstamos necesitas ver a un especialista en las siempre cambiantes leyes de ese campo. Si vas a proporcionar servicios de consultoría y conoces tu especialidad, quizá sólo necesites un abogado para ayudarte a abrir tu sociedad de responsabilidad limitada o corporación. Sea cual sea tu situación, quieres hacerlo de la manera apropiada.

Hacerlo bien también incluye pagar tus impuestos. Si siempre vas a operar en pequeño, quizá puedas engañar al gobierno tomando dinero por debajo de la mesa sin reportarlo. Probablemente conoces a gente que hace esto. Por principio yo no ayudo a esa clase de personas. Todos deberían seguir la ley. Sin embargo, por una cuestión práctica no puedo ayudar a los tramposos a crecer su negocio.

Si no reportas los ingresos con precisión, tu ingreso parece más pequeño. Esto no ayuda cuando tratas de conseguir un préstamo bancario para expandir tus operaciones. Quieres mostrar ingresos altos, no bajos. Tampoco ayuda presentar ingresos inapropiadamente bajos al tratar de vender tu negocio. Las empresas se venden en múltiplos de ingresos. Al robarle impuestos al gobierno te robas a ti mismo cinco veces esa cantidad en una venta de negocio. Los que hacen trampa a corto plazo usualmente son castigados a largo plazo. Lo más importante es que el dueño marca la conducta del negocio. Cuando el dueño roba, tácitamente permite que otros engañen en la organización. Los negocios sin integridad rara vez sobreviven.

Los emprendedores e inversionistas inteligentes pagan sus impuestos aprovechando los métodos legales y apropiados para reducir sus impuestos. Seguro piensas que no conoces todos los métodos apropiados y legales. Claro que no los conoces. Al inicio nadie los conoce. Ciertamente no enseñan esto en la escuela. Para hacerlo apropiadamente necesitas un equipo a tu lado. Otros han tenido éxito antes que tú. Con el equipo correcto también puedes tener éxito. La ley fiscal se puede usar para darte una gran ventaja. Un contador en tu equipo puede ayudarte con eso. Asimismo, un tenedor de libros puede ayudarte a dar seguimiento a las cosas desde un principio. Necesitas pagar cualquier retención a empleados de forma apropiada. Deja que tu tenedor de libros se encargue. Debido a que hay tantas leyes, un abogado es un miembro clave.

Hablemos de todas esas leyes. Aplican igual para todos nosotros.

Si eres un empleado (un E, en la esquina superior izquierda del Cuadrante del flujo de dinero) las leyes de empleo te benefician, a diferencia de los A y los I (o los dueños de negocios pequeños en la esquina inferior izquierda y los dueños de negocios grandes e inversionistas del lado derecho). Los empleados siempre estarán protegidos bajo la ley. Claro, habrá casos en los que los empleados manipulen el sistema para su ventaja. Los A, D e I siempre se enfrentarán a este problema. Su única opción es mantenerse éticos y aceptar que algunas manzanas podridas aparecerán en el camino.

Aparte de las leyes laborales, hay toda otra área de leyes que son emocionantes e inspiradoras para los D e I. Son los incentivos en nuestro código fiscal y sistema legal que se redactaron específicamente para beneficiar a los tomadores de riesgo. Si haces lo que el gobierno quiere que hagas puedes conseguir un gran éxito. Esto es cierto en cualquier país del planeta.

¿Qué evita que los E o A pasen al lado derecho del cuadrante? ¿Las leyes los obligan a quedarse del lado derecho?

Por supuesto que no. Las leyes aplican igual para todos. Como un E o un A tienes la libertad de aprovechar los mismos incentivos ofrecidos a los D e I. Ninguna persona o sistema legal te restringe el movimiento a esos cuadrantes. La única persona que te detiene eres tú.

Pero de nuevo, si vas a operar en este cuadrante necesitas un equipo. Necesitas los servicios de profesionales, un equipo profesional que esté de tu lado y un equipo que actúe según lo que más te convenga.

Si vas a operar de forma apropiada necesitas recordar esta fórmula:

APROPIADO = DESEMPEÑO PROFESIONAL

Para hacer lo apropiado —para hacer lo correcto— necesitas profesionales que realicen sus servicios para ti. A medida que crezcas estos profesionales te mantendrán alejado de problemas y te permitirán aprovechar las leyes que fomenten tu crecimiento. Las personas que tienen éxito en los negocios y bienes raíces lo hacen de forma apropiada al usar profesionales en su equipo que los impulsan hacia adelante.

¿También necesitas saberlo todo? De ningún modo. Para empezar ya planteamos que no puedes saberlo todo. Nadie puede. En segundo lugar vas a estar tan ocupado creciendo tu negocio e inversiones inmobiliarias como para preocuparte por aprender, deja tú conocer todo.

Hay una historia interesante sobre Henry Ford que ayuda a probar el punto. El fundador de Ford Motors no tenía una educación formal. Era de "dinero nuevo" y algunos le hacían preguntas a Ford para menospreciarlo y sentirse superiores. Finalmente, Ford explotó. "No tengo tiempo para preguntas necias", dijo. "Dame cinco minutos y puedo responder lo que sea." Henry Ford era más inteligente que los demás. Si bien conocía sus limitaciones, sabía que una persona inteligente usa la fuerza de su equipo. Una persona inteligente sabe cuándo consultar a sus expertos. Sólo la persona estúpida es demasiado orgullosa para pedir ayuda. Usa a tu equipo como Henry Ford.

Cuando pasas al lado D e I del cuadrante necesitas ser un generalista, no un especialista. Necesitas saber a quién llamar. De igual forma, aunque soy especialista en protección de activos también soy un generalista legal para varias compañías. Esta función de abogado se llama consejero general. Como implica el término, es un abogado que conoce a grandes rasgos el panorama legal y puede brindar asesoría al respecto. Como consejero general asesoro a empresas sobre cuándo traer a un especialista. No me ocupo de la ley laboral. Cuando un cliente tiene un problema laboral, lo ayudo a encontrar un especialista en ley laboral.

Todo equipo necesita un abogado. No obstante, asegúrate de que tu abogado tenga la confianza suficiente para llevarte a un especialista. Algunos abogados quieren hacer todo el trabajo. Sin embargo, si no se especializan en todas las áreas (y nadie es especialista en todo) pueden hacerte más daño al tratar de encargarse de todos los asuntos. Un buen abogado sabe cuándo necesitas a un buen especialista.

Además, al ser dueño de negocio o inversionista en bienes raíces debes ser un generalista. Nuestro sistema educativo pide a todos que sean especialistas. Está bien. Ahora tenemos muchos especialistas. No obstante, como dueño de negocio e inversionista inmobiliario necesitas mantener la vista en el panorama general. La riqueza se obtiene siendo un generalista y usando a tu equipo de especialistas cuando es necesario.

Como generalista quieres adquirir activos y crecer negocios. Conocerás de forma general los incentivos con los que cuentas. Uno o dos niveles debajo de eso tus especialistas pueden encargarse de los detalles para maximizar apropiadamente los incentivos.

Este cambio de enfoque te beneficiará mucho. Te dejaré con una famosa cita de Henry Ford: "Tanto si piensas que puedes, como si piensas que no puedes, tienes razón". Buena suerte ensamblando y usando tu equipo. Juntos pueden operar de forma apropiada para darte una gran ventaja.

Sobre Garrett Sutton, Esq.

Garrett Sutton, Esq. es asesor de Padre Rico y autor bestseller de *Inicie su propia corporación*, *Loopholes of Real Estate* (*Lagunas legales en los bienes raíces*), *Run Your Own Corporation* (*Administra tu propia corporación*), *Buying & Selling Business* (*Cómo comprar y vender un negocio*), *El ABC para salir de las deudas y cómo diseñar planes de negocio exitosos* en la serie de asesores de Rich Dad. También es autor de *How To Use Limited Liability Companies and Limited Partnerships* (*Cómo usar compañías de responsabilidad limitada y sociedades limitadas*) y *Toxic Client: Knowing and Avoiding Problem Customers* (*Cliente tóxico: cómo conocer y evitar a clientes problemáticos*). Asimismo, es coautor de *Finance Your Own Business* (*Financia tu propio negocio*).

Garrett es dueño y operador de Corporate Direct, Inc., la cual brinda servicios de formación y mantenimiento de compañías en los 50 estados.

Garrett estudió en Colorado College y en la Universidad de California en Berkely, donde cursó una licenciatura en administración de negocios en 1975. Se graduó como doctor en jurisprudencia de Hastings College of Law, la escuela de leyes de la Universidad de California en San Francisco.

Garrett es miembro de la Barra Estatal de Nevada, la Barra Estatal de California y la Asociación de la Barra Americana. Ha aparecido en *The Wall Street Journal*, *The New York Times* y otras publicaciones.

Garrett disfruta hablar con emprendedores sobre las ventajas de formar entidades de negocio. Suele dar conferencias sobre la serie asesores de Padre Rico.

Garrett participa en los consejos de la American Baseball Foundation ubicada en Birmingham, Alabama, y tanto en Sierra Kids Foundation como el Nevada Museum of Art en Reno, Nevada.

Para mas información sobre Garrett Sutton y Sutton Law Center, por favor visita su sitio web: www.sutlaw.com. Puedes encontrar información adicional en www.CorporateDirea.com. Para una consulta gratuita de 15 minutos con un especialista en corporaciones, por favor llama a 1-800-600-1760.

Libros de Garrett Sutton, Esq.

Serie Asesores de Padre Rico

Inicie su propia corporación*
La razón por la cual los ricos tienen sus propias
empresas y los demás trabajan para ellos

Cómo diseñar planes de negocios exitosos*
Cómo preparar un plan de negocios que
los inversores lean e inviertan en él

Cómo comprar y vender un negocio
Cómo puedes ganar en el cuadrante de los negocios

El ABC para salir de las deudas*
Convierta su deuda mala en deuda buena
y el crédito malo en crédito bueno

Administra tu propia corporación
Cómo operar legal y mantener apropiadamente
tu compañía hacia el futuro

Las lagunas legales de los bienes raíces
Secretos de la inversión exitosa en bienes raíces

---

* Disponible en español.

Libros SuccessDNA

Cómo usar compañías de responsabilidad limitada y sociedades limitadas
Cómo aprovechar al máximo tu estructura legal

Financia tu propio negocio
Entra a la pista rápida de las finanzas
con gerri detweiler

Cliente tóxico
Cómo conocer y evitar a clientes problemáticos

EXTRACTO DE

PRÓLOGO POR ROBERT KIYOSAKI

Inicie su propia corporación

La razón por la cual los ricos tienen sus propias empresas y los demás trabajan para ellos

GARRETT SUTTON, ESQ.

Capítulo veintiuno

Siete pasos para lograr la responsabilidad limitada

Ya sea que usted esté preocupado por proteger su negocio, evitar que las demandas contra éste afecten sus activos personales o planear la distribución de sus activos a sus herederos, lo que usted necesita saber es cómo limitar la responsabilidad. Como ya lo hemos visto en este libro, el uso adecuado de las herramientas que limitan la responsabilidad puede evitar que los acreedores desnuden su negocio o su equipo, participación patrimonial o capital ganado con mucho esfuerzo. Puede que evite las obligaciones de su negocio de dejarlo personalmente quebrado. Además, puede ayudarle a asegurar la transferencia más eficiente para la riqueza de generación en generación. Para proteger por lo que ha trabajado y todo lo que usted tiene debe saber cómo limitar la responsabilidad.

Como una revisión para terminar, aquí están siete pasos clave para asegurar la responsabilidad limitada.

1. **Formar una entidad de responsabilidad limitada.** Antes de que pueda disfrutar los beneficios que brinda la responsabilidad limitada usted necesita formar una entidad que le otorgue responsabilidad limitada. Como lo hemos discutido, hay varias entidades disponibles y cada una ofrece características y limitaciones diferentes. Su menú de entidades incluye corporaciones, sociedades de responsabilidad limitada y sociedades en comandita. Si usted tiene un negocio que no opera como una entidad limitada, puede que sus activos personales y todos los activos del negocio queden en riesgo. Si no ha usado entidades de responsabilidad limitada para proteger sus activos personales o planear su futuro, puede que todo lo que posea sea vulnerable. El primer paso que debe tomar tiene que ver con platicar con un asesor sobre las entidades de responsabilidad limitada y formar la o las entidades que mejor se acomoden a sus necesidades.

2. **Usar un agente residente confiable**. Un agente residente es una persona que recibe el emplazamiento a nombre de su compañía. El emplazamiento es la notificación de que su entidad es sujeto de una demanda. No cuesta mucho seguir esta formalidad corporativa tan importante. Nuestra firma cobra 125 dólares al año y el servicio es gratis el primer año que usted forma su entidad. Es importante que sepa que muchos negocios brindan servicios de agentes residentes. Si usa un agente residente no confiable, quien no le informa de las demandas de manera oportuna, su entidad puede quedar sujeta al fallo del tribunal sin tener la oportunidad de defenderse. No use un agente residente que pueda no estar en el negocio el año próximo o que no le informe cuando reciban un emplazamiento para su entidad.
3. **Realice los informes anuales requeridos**. En tanto que formar una entidad de responsabilidad limitada y usar un agente residente confiable son pasos cruciales, éstos no le darán beneficios si no mantiene ciertas formalidades y usa adecuadamente su compañía. Una vez que registre el acta constitutiva de una corporación o de una sociedad de responsabilidad limitada, o bien, el certificado de sociedad en comandita, usted debe registrar informes anuales y pagarle a su estado una cuota anual. No es difícil, pero es necesario para lograr la responsabilidad limitada.
4. **Prepare o tenga un asesor que prepare las minutas de las juntas**. Al preparar las minutas de las juntas usted indica que está tratando la entidad como algo distinto a usted. En las minutas de las juntas hay registros escritos de las decisiones de su entidad. Se deben preparar cuando la entidad se forma al inicio, de manera anual, para reflejar la esencia de las juntas anuales y cuando una entidad toma una decisión importante. Mientras que la mayoría de los estados requiere que las corporaciones tengan juntas anuales de su

junta directiva y accionistas, las juntas anuales y las minutas de una sociedad de responsabilidad limitada o de una sociedad en comandita, también son recomendables para asegurar la responsabilidad limitada. En el capítulo 9 dimos algunos patrones. Sin embargo, si le intimida el prospecto de preparar minutas de las juntas (y muchos de nuestros clientes lo están) pida que alguien las prepare por usted.

5. **Dele a conocer al mundo su entidad**. Darle a conocer al mundo que está operando como una entidad de responsabilidad limitada distingue la actividad de la entidad de su actividad personal. Si no hace una distinción entre su actividad personal y la de la entidad, puede llegar a perder los beneficios de la responsabilidad limitada. Así que en sus tarjetas, folletos, contratos y cheques, querrá tener el Inc., S en C o SRL a la vista de modo que la gente sepa que está tratando con una entidad y no con usted personalmente. Esto evitará que un demandante argumente que pensó que estaba tratando personalmente con usted y debía de cobrarle a usted directamente.
6. **Mantenga cuentas bancarias independientes**. Además de decirle al mundo que usted actúa como una entidad de responsabilidad limitada, debe distinguir entre sus activos personales de los de la entidad y mantener cuentas bancarias independientes. Usar una sola cuenta bancaria para usted o la entidad, pedir préstamos para la entidad, desviar los fondos de la entidad para usos distintos de esta o mezclar de otra forma los activos y el capital puede negarle a la entidad la capacidad de servir a su propósito. Abra y use una cuenta bancaria independiente para las actividades de su entidad.
7. **Prepare o contrate a un asesor para las declaraciones de impuestos separadas**. Las entidades de responsabilidad limitada son entidades fiscales independientes y requieren una declaración de impuestos separada. No es

buena idea enlistar las ganancias o los gastos de su declaración de impuestos personal de la propiedad que le corresponde a la declaración de impuestos de la entidad. Trabaje con un buen contador y evítese problemas. Es importante seguir los siete pasos. Recuerde lo que le pasó a Roger y Sonny en el capítulo 9. Fracasaron en seguir estas formalidades corporativas y se les hizo personalmente responsables por demandas contra su negocio.

Puede evitar que se perfore el velo corporativo y proteger sus activos personales al seguir estos pasos importantes (pero fáciles de alcanzar). Una vez más, su mayor beneficio será tener a un abogado, a un consultor y a otros asesores de su lado.

Al elegir y construir un grupo de asesores asegúrese de trabajar con personas que le agraden y en las que confíe. Querrá traer como jugadores del equipo a un abogado, un contador, un diseñador gráfico, ingenieros, consultores y otros profesionistas. No debe haber cabida para individuos que sean egocéntricos, abrasivos, negativos o no responsables. Los miembros de su equipo deben ser capaces de trabajan con usted y con los demás miembros del equipo para lograr una meta en común: proteger y avanzar su participación comercial. Esto no es pedir demasiado, especialmente ya que les está pagando a estas personas.

Para ese fin considere las entrevistas para su equipo profesional. Reúnase con varios contadores, abogados y otros proveedores de servicios para saber cómo son ellos y su práctica. Haga preguntas específicas tales como cuánto son sus honorarios y qué nivel de experiencia tiene en ciertas áreas. Sea un comprador que compara.

Y como cualquier entrenador o gerente, siéntase en libertar de remplazar a los miembros de su equipo si no tienen un buen desempeño para usted. Si, por ejemplo, su contador no le regresa las llamadas por semanas, con el tiempo puede que quiera comenzar a buscar a alguien más responsable.

Al construir y cultivar un equipo de profesionales que cuiden de usted y de su negocio, usted será capaz tanto de concentrarse en sus metas centrales, como de tener éxito en el futuro.

Por supuesto, su equipo de asesores sólo puede hacer una parte. La verdadera fuente del éxito va a venir de usted mismo. Las elecciones y decisiones que tome, los medios por los que le de enfoque a su negocio y por la manera con la que lidie con las personas y las situaciones, serán todos factores determinantes de su éxito. También será importante el balance que le dé a las obligaciones del trabajo, la familia y la comunidad.

Por favor, también recuerde concentrarse en trabajar con inteligencia y no con fuerza. Como el padre rico de Robert Kiyosaki le enseñó, al usar las mismas estrategias que usan los ricos a su favor, usted también se puede volver rico.

Todas las estrategias que se discutieron aquí; el uso de corporaciones, SRL y las S en C; la utilización estratégica de las entidades de Nevada y Wyoming; y maximizar el uso del código fiscal a su favor, se pueden implementar fácilmente y sin mucho gasto. Todas se presentan para ayudarlo a lograr sus sueños y metas más grandes.

¡Buena suerte!

EXTRACTO DE

PRÓLOGO POR ROBERT KIYOSAKI

Comprar y Vender un Negocio

Cómo Puedes Ganar en el Cuadrante de los Negocio

GARRETT SUTTON, ESQ.

Capítulo uno

Antes de empezar

Ser tu propio jefe

Suena como el paraíso... ser tu propio jefe. Ser dueño de tu propia compañía, fijar tus propios horarios, no responder a nadie e incluso vestirte como quieras. El padre rico de Robert Kiyosaki recomienda ser dueño de negocios, idealmente administrado por otros, gracias al ingreso que generan y la libertad que pueden brindar. Sin embargo, seas un emprendedor que no administra o un jefe en la operación diaria, ser dueño también significa asumir la responsabilidad —toda la responsabilidad— de la salud de tu compañía. El éxito o fracaso de tu negocio (y, en consecuencia, de tu éxito financiero personal) depende exclusivamente de ti. No hay días libres por enfermedad, vacaciones pagadas ni oportunidad de asumir menos responsabilidades. Un cambio en la economía ya no sólo significa preocuparte por tu seguridad laboral, sino por la ruina financiera total. No hay redes de seguridad en el mundo empresarial, así que es mejor saber desde un principio si eres un Linus o una Lucy. Linus era el intelectual de la pandilla Peanuts, pero le faltaba seguridad. Lucy era la emprendedora, la que actuaba sin pensar las cosas. En algún punto entre las personalidades de este dúo hermano-hermana se encuentra el empresario ideal. ¿Tienes la personalidad empresarial adecuada?

Antes de comprar un negocio, reconoce que conocer tus fortalezas y debilidades desde un principio puede ahorrarte horas, posiblemente años, de frustración y limitar tu riesgo financiero. Hazte algunas preguntas. Aquí hay unas con las que puedes empezar:

- ¿Cómo se compara tu educación con las demandas de la industria a la que planeas entrar?
- ¿Sabes cómo dar seguimiento financiero y planificar los impuestos?

- ¿Cómo te sientes acerca de las ventas y marketing? ¿Qué experiencia tienes?
- ¿Tus habilidades se prestan para llevar el tipo de negocio que estás considerando?
- ¿Tus necesidades serán satisfechas por tus habilidades? Si no, ¿son habilidades que puedes aprender? De ser así, ¿cuánto tiempo te tomará ponerte al día?
- En un nivel más interior, ¿cómo se adaptan las necesidades del negocio a tu personalidad? Si no te gusta la gente, quizá no te gusten las ventas al detalle. Si aborreces las matemáticas, los aspectos financieros y de administración intensos de la manufactura probablemente no serán de tu agrado.
- Algunos negocios viven y mueren a los pies de un líder fuerte. La identidad del negocio puede ser la identidad del dueño. ¿Puedes ser todo para todas las personas?
- Algunos negocios requieren viajar, cargar cosas pesadas o trabajar durante las noches, fines de semana y días festivos. ¿Tu estilo de vida te permite eso? ¿Estás dispuesto a hacer los cambios necesarios? Las probabilidades de éxito en un negocio que no te gusta, o cuyas demandas no se ajustan naturalmente, son malas. Sigue lo que te gusta, lo que sabes o lo que puedes aprender.
- ¿Cómo se comparan tus metas con lo que el negocio realmente puede ofrecer? La pasión te llevará lejos y el conocimiento aún más lejos, pero al final pueden ser los números los que cuenten la historia. No tomes decisiones sin ellos. Permite que tu pasión sea para tus objetivos, pero deja que tu cabeza lidere el camino.
- ¿Serás un buen emprendedor? Considera lo siguiente:
  1. ¿Necesitas mucha supervisión o encuentras tu propio camino?
  2. ¿Otros confían en ti?
  3. ¿Eres responsable por elección o por fuerza?

4. ¿Sabes tratar a las personas?
5. ¿Eres un líder?
6. ¿Estás dispuesto a recorrer todo el camino incluso si no hay recompensa inmediata a la vista?
7. ¿Eres un tomador de decisiones?
8. ¿Puedes anteponer el panorama general ala recompensa inmediata?
9. ¿Terminas lo que empiezas?

- ¿Sabes quién eres y qué quieres? Saca tu currículum. Analízalo de forma realista. Escribe tus metas. Escribe el potencial real de la compañía que estás considerando. Imagínate administrando la compañía. Sé específico. Hay poder en la especificidad de las metas escritas. Deja que te guíen al decidir si eres el adecuado para el negocio y si el negocio es adecuado para ti.
- ¿Cómo se adaptará tu familia? Ahora, antes de firmar papel y finalizar obligaciones, es el momento para considerar a la familia.

1. ¿Cuáles serán las horas y preocupaciones extra de tu familia?
2. ¿Los miembros de la familia serán capaces o estarán dispuestos a ayudar con la carga?
3. ¿Cómo afectará la disminución de la seguridad financiera a la cohesión de tu familia?
4. ¿Vale la pena renunciar a la seguridad de los cheques de pago, seguros, beneficios de retiro, vacaciones y cosas similares por el orgullo de ser dueño y la esperanza de una recompensa a largo plazo? En el lenguaje del Cuadrante del flujo de dinero de Robert Kiyosaki, ¿estás listo para pasar de ser un E (empleado) a un A (autoempleado dueño de su negocio) y de ahí, esperemos, a un D (dueño de un negocio administrado por otros)?

5. ¿Cuál es la flexibilidad de los miembros de la familia —financiera, psicológica y emocional—? Asegúrate de conocer las necesidades de todos y considera si esta compra satisface esas necesidades.
6. Si no tienes apoyo familiar, ¿podrás hacerlo por tu cuenta? Las empresas familiares no necesariamente ponen a toda la familia a trabajar. Si esperas ayuda de una esposa, hijos u otra persona, necesitas conseguir su apoyo mucho antes de cerrar la compra.

- ¿Huyes de algo (trabajo sin futuro, aburrimiento mental, jefe infernal) o vas hacia algo (autoestima, independencia, creatividad)? Si huyes de algo, ningún negocio te llevará suficientemente lejos. Sin embargo, si avanzas hacia algo la distancia se acortará mucho con un poco de previsión y planificación.

Por qué comprar (en lugar en emprender)

La preparación y el trabajo duro pueden llevar a la realización personal, a una carrera que controles y a la independencia financiera. Cuando eres el jefe, determinas cuánto tiempo invertir y cuánto dinero retirar. Cuando el éxito llega, es tu éxito. Tus horas conducen a tus ingresos. No sólo llenas los bolsillos de otra persona.

Hay mucho menos riesgo financiero involucrado con comprar un negocio existente que iniciar uno propio. Ese periodo inicial entre iniciar un negocio y salir tablas es el más peligroso para un negocio. Un negocio existente debe estar haciendo algo bien para no haber quebrado. Las recompensas de la propiedad e independencia son las mismas en una empresa nueva que en una empresa existente, pero el negocio existente tiene un pasado para ayudarte a guiarlo hacia el futuro. Se ha despejado un camino para que sea recorrido por los nuevos dueños.

La historia es una herramienta valiosa en cualquier negocio. Hay un nivel de expectativa... una hoja de ruta teórica para el futuro. Es esta aura de previsibilidad la que hace más fácil financiar una compra que un negocio nuevo. El negocio existente tiene estados financieros, activos, flujo de efectivo... en pocas palabras, colateral, que puede ser utilizado para préstamos bancarios. Y si los bancos no muestran interés, muchos vendedores motivados te ayudarán con el financiamiento, a menudo con mejores condiciones que los del prestamista comercial. Un dueño incluso puede permanecer tras la venta para ayudar con el a veces complicado y siempre delicado proceso de transición. Vivimos en tiempos en los que pequeños negocios no sólo pueden coexistir con las grandes empresas; también son capaces de prosperar. La tecnología ha hecho que el acceso sea casi ilimitado. Tu negocio puede llegar a clientes al otro lado del mundo con la misma facilidad que a clientes al otro lado de la calle. Fax, correo electrónico, internet, videoconferencias, material impreso... todo ello permite a un negocio local alcanzar a un mercado global manteniendo gastos bajos e inventario limitado. Estos canales quizá no han sido explorados por el dueño actual de la compañía. Podrían ser la diferencia entre su negocio estable y tu negocio próspero.

Por qué vender (en lugar de retener)

El mejor momento para vender es cuando la economía y la industria están en buenas condiciones. Si bien los vendedores tienen poco o nada de control sobre estos factores, pueden mantener a sus empresas en condiciones óptimas de venta para aprovechar oportunidades imprevistas. Un negocio bien administrado es un activo valioso en cualquier mercado. Conocer las normas económicas e industriales, así como la forma en que la compañía las sigue, puede ayudar al vendedor a fijar el mejor precio si él o ella decide vender.

A veces eventos completamente fuera de la esfera de influencia del vendedor aparecen y motivan una venta. Algunos de éstos incluyen:

- Cambio en la competencia (como cuando una compañía grande decide entrar a la industria y busca comprar una empresa).

- La muerte de un socio o accionista mayoritario (el dueño puede necesitar vender para pagar a los demás socios o dividir el patrimonio del fallecido).
- Los mismos herederos del dueño no quieren la compañía (o no son competentes para administrarla).
- Cambios inesperados en las finanzas (tales como un divorcio o emergencias médicas).
- Cambios en las reglas (como cambios en la zonificación o leyes nuevas).

A veces los eventos ajenos a la esfera de influencia del vendedor impulsan la venta. Los vendedores deben entender sus motivaciones para evitar cometer un error.

El agotamiento es un motivador de venta común. Sin embargo, el agotamiento rara vez es a largo plazo; una venta lo es. Quizá el vendedor sólo necesita unas vacaciones u horarios más cortos. Quizá él o ella necesita sacudir las cosas y regresarle la aventura y diversión al negocio. Si el dueño decide vender, esa libertad (al igual que aquellos que están por irse de un empleo) puede impulsarlo a hacer cambios. Vendedores, ¿por qué no hacer esos cambios desde hoy?

Momento

El momento es importante si compras o vendes un negocio. La salud general de la economía, el estado de la industria específica y las condiciones de la compañía influyen en el proceso de toma de decisiones. La salud general de la economía puede dictar la disponibilidad de préstamos e influir en la perspectiva de compradores potenciales. Las economías alcistas generan compradores optimistas. Los compradores optimistas tienen esperanzas más idealistas del futuro; lo que compran es ese futuro. El estado de la industria de la empresa objetivo y la salud del negocio objetivo ayudan a definir niveles de riesgo percibidos. Menor riesgo significa precios más altos, incluso si esos riesgos sólo están en la perspectiva de quien lo ve.

Mientras que los compradores y vendedores no tienen control sobre la salud de la economía o incluso sobre el estado de la industria, la evaluación de tendencias y percepciones influye mucho en su habilidad para estar en el lugar correcto en el momento adecuado. El ingrediente clave para la buena suerte es una buena planificación.

Las depresiones económicas pueden ser buenas noticias para los compradores. Si los compradores tienen el poder adquisitivo (o mejor aún, el efectivo), suelen aprovechar descuentos durante una recesión. Por supuesto, los riesgos son mayores. Al final de cuentas, los compradores probablemente compran esperando que la economía se recupere. Eventualmente lo hará, pero resistir la tormenta puede ser una decisión costosa.

Los auges económicos pueden ser buenas noticias para los vendedores. El optimismo afloja las carteras. Sin embargo, precios de compra más altos generalmente significan más deuda para el comprador, y si el optimismo resulta infundado, tener una compañía con deuda significativa y valuación insuficiente puede obligar al comprador a vender. Una compañía con problemas en una economía bajista es la peor de las situaciones para el vendedor.

De cualquier manera, sea buena o mala economía, los compradores querrán asegurarse de tener suficiente dinero a la mano para cubrir no sólo la compra sino también el bajón inicial que generalmente se da con nuevos dueños.

Riesgo de no venta

Imagina poner una compañía a la venta y no recibir ofertas. O bien, sólo recibir ofertas bajas. ¿Qué salió mal? Quizá el precio que pides fue demasiado alto. Éste sería el momento para que el vendedor regresara al análisis de valuación y reconsiderara los supuestos que usó para proyectar ventas futuras. ¿Los supuestos fueron realistas? Si el dueño aún quiere vender, tendrá que considerar reducir el precio o retirar a la empresa del mercado. Si hace lo primero, el vendedor quizá necesita checar su ego. Si hace lo segundo, debe controlar los daños.

Una buena forma de entender algunos de los conceptos que discutimos es mediante el estudio de casos. Nuestro primer caso es instructivo.

Caso número 1 – Walter, Peter y Anian

Walter era dueño de una cadena de tres empresas diseñadoras de armarios y organización de hogares en un estado grande y poblado. Walter se publicitó bastante y muchas personas en toda la región sabían de The Closet Admiral.

Walter había construido el negocio hasta el punto de poder alejarse y hacer otras cosas. Había traído a Peter para ser el gerente general de los tres negocios de diseño de armarios. Peter, siendo agresivo y confiando en sus habilidades, insistió en que tuviera la opción de comprar una participación futura en el negocio. Walter lo aceptó, pero más allá de aceptarlo en principio no se iniciaron negociaciones y ni siquiera se habían discutido los términos de una adquisición.

Poco después cambiaron los planes de Walter para el negocio. Le llegó la oportunidad de tener un negocio aún más rentable con mucho más potencial. Para aprovecharla, tendría que vender The Closet Admiral para generar suficiente efectivo y hacer el pago inicial necesario por el nuevo negocio.

Walter decidió solicitar ofertas de compra por The Closet Admiral de forma discreta. Quería actuar con sigilo para que nadie supiera, o impidiera, sus planes futuros. No le dijo a Peter, a su banquero ni a cualquiera de su círculo interno de asesores.

Anian era dueña de cinco tiendas de diseño de armarios en la parte sur del estado. Era una mujer de negocios dura, siempre interesada en un trato. Cuando Walter se acercó a ella para proponer una venta de bajo perfil, ella respondió con interés. Con un apretón de manos, ella aceptó mantener todo el asunto confidencial. En realidad sólo quería ver los libros de Walter. Quería saber cómo había sido capaz de expandirse tan rápido.

Tras revisar los libros, Anian hizo dos llamadas telefónicas desastrosas. Primero llamó al banquero de Walter para reclamar el no recibir los mismos términos favorables que Walter para las compras de equipo. El banquero estaba muy enojado porque la relación confidencial entre él y Walter había sido comprometida. Después Anian llamó a Peter para ver si trabajaría para ella. Peter descubrió entonces que el negocio en el que creía tener una participación accionaria estaba a la venta. Estaba furioso con Walter porque lo consideró una grave traición de confianza.

Tanto Pedro como su banquero se rehusaron a volver a hacer negocios con Walter. Peter renunció de forma ruidosa y burlona, invitando a otros empleados a hacer lo mismo. Varios lo siguieron. El banquero reclamó varios pagarés de Walter, obligándolo a buscar financiamiento paralelo y matando sus esperanzas de completar la otra oportunidad de negocio que le interesaba seguir.

La interrupción causó que Walter casi perdiera su negocio. Cuando los empleados se fueron, se llevaron varias fuentes de clientes recurrentes con ellos. Algunos de sus mejores empleados empezaron a trabajar en dos firmas nuevas y muy competitivas de diseño de armarios… que Anian había abierto en la zona.

Walter resistió asegurando a sus empleados restantes que siempre tendrían un lugar para trabajar, que no vendería el negocio y que su seguridad laboral era tan importante para él como para ellos. Le tomó casi un año, pero Walter levantó el negocio. También aprendió una lección muy valiosa sobre la confidencialidad necesaria al vender un negocio y el cuidado necesario al seleccionar a los compradores potenciales correctos.

Como acabamos de ver, la venta de empresas afecta a mucho más que sólo a compradores y vendedores. Clientes, vendedores y empleados pueden enterarse de la posibilidad de una venta; las reacciones emocionales son inevitables. El miedo a lo que deparará el futuro puede hacer que algunos busquen proveedores, clientes o empleos nuevos. Las consecuencias pueden ser de largo alcance sin que el dueño siquiera se entere de ello. Por lo tanto, los vendedores necesitan ser proactivos desde el principio. Los acuerdos de confidencialidad son una necesidad para que sólo quienes deban saber de una venta lo sepan. El acuerdo debe hacerse por escrito e incluir, de ser posible, una cláusula contra daños por la divulgación no autorizada de información confidencial. Sin embargo, este tipo de cláusula contractual sólo sirve al vendedor hasta cierto punto. Una vez que lo sepan los demás, o si es probable que estén a punto de averiguarlo (y ten por seguro que SABRÁN de una posible venta), el vendedor necesita empezar a hablar y aliviar preocupaciones. Más te vale tener una historia consistente y lista porque tus empleados van a querer escuchar algo que sea razonable, reconfortante y con sentido.

Cómo manejar una venta fallida

Si la venta no se lleva a cabo y la empresa es retirada del mercado, el dueño tendrá que hablar con aquellos involucrados y tranquilizarlos diciendo que está nuevamente comprometido con el negocio y con ganas de éxito en el futuro. Cualquier sentido de fracaso proyectado por un dueño hará que otros entren en un círculo de incertidumbre. Como todos sabemos por experiencia, la incertidumbre conduce al miedo. El miedo conduce a la búsqueda de seguridad. Esa búsqueda de seguridad puede significar que clientes, vendedores y empleados encuentren nuevas oportunidades en otros lugares y abandonen al dueño.

Para disipar los temores tras la decisión de no vender, los dueños deberían redoblar esfuerzos en el servicio al cliente. Es poco probable que la mayoría de los empleados sepa que hubo una posible venta, pero el dueño no tiene forma de saber quién podría haber escuchado la noticia. El servicio al cliente nunca lastima a un negocio y hacer que el servicio sea prioridad no sólo convence a aquellos que escucharon que estás nuevamente comprometido con el negocio, sino que aumenta la lealtad de aquellos que nunca se enteraron de la noticia. Para aquellos que pregunten qué pasó, sé franco pero no des detalles. Los clientes necesitan tranquilidad, no una lección de capitalismo. Como decía Henry Ford: "Nunca te quejes, nunca expliques".

Las consecuencias con los vendedores pueden ser financieras. La mayoría de los vendedores tiene relaciones con los dueños basadas en recompensas a largo plazo. Ofrecen buenos créditos esperando mantener el negocio de ese dueño por mucho tiempo. La noticia de que una empresa está en venta hace que esas esperanzas a largo plazo sean menos probables. No esperes que la noticia de no venta sea un alivio. Es probable que los vendedores ahora vean a la compañía como una inversión a corto plazo (se preguntarán si el dueño aún trata de vender, cuestionando su compromiso). Esto es especialmente cierto con pequeños negocios privados en los que las relaciones son más íntimas. Los dueños pueden descubrir que los vendedores resienten no haber sabido de la venta. Aunque desde tu perspectiva no sea asunto suyo, desde su punto de vista es su negocio. Tu negocio es su negocio. Valorar su posición te ayudará a entender las dinámicas involucradas.

Es probable que los empleados se sientan aliviados de que la compañía ya no esté a la venta, pero pueden tener algunas de las mismas emociones que los clientes y vendedores. Todavía pueden cuestionar la lealtad del dueño. Una vez que esto sucede, sus propios niveles de lealtad probablemente disminuirán conforme se enfoquen más en protegerse a sí mismos. Los dueños incluso pueden considerar tener una fiesta en la compañía o quizá algún retiro para fortalecer al equipo y darle nuevo vigor a la empresa.

Por más que trabaje el dueño, puede que el daño ya esté hecho. Al final, existe el peligro de que no vender cueste más al dueño que no bajar su precio de venta.

Consejos de padre rico

- Conoce tus fortalezas y debilidades antes de comprar un negocio.
- Prepárate para aceptar toda la responsabilidad por el éxito o fracaso de tu negocio.
- Como vendedor de un negocio, conoce y entiende las consecuencias de una venta de negocio fallida.

Tom Wheelwright, CPA*
Historia personal y perfil emprendedor

Nombre	Tom Wheelwright
Fecha de nacimiento	26 de octubre de 1957
Lugar de nacimiento	Salt Lake City, Utah

Educación tradicional

University of Utah
Título: licenciado en artes
University of Texas en Austin
Título: maestría en contabilidad profesional
Nivel educativo más alto: maestría

Educación profesional

Contador público certificado
Ernst & Young National Tax Department, involucrado en la Ley de Reforma Fiscal de 1986

Promedio escolar

Preparatoria: 97-100
Universidad: 97-100

---

* Asesor de Padre Rico en impuestos y estrategias de construcción de riqueza.

Valor de la educación tradicional para convertirse en emprendedor

Fue necesaria. No hubiera formado mi propia firma de contadores sin educación tradicional.

Materia que me gustó más en la escuela

Impuestos... y tuve un gran profesor: el doctor Haney.

Materia que odié más en la escuela

Contabilidad de costos... demasiada memorización y sin conceptos que aprender.

Primer proyecto de emprendimiento

Cosechamos semillas de flores de caléndula muertas en el otoño, las empacamos y las vendimos (en la primavera) de vuelta a la gente que nos había dado las flores de caléndula muertas el otoño anterior (mi amigo y yo calculamos correctamente que ellos eran los compradores más probables de semillas de caléndula).

La actividad empresarial clave que no aprendí en la escuela

Ventas... y no hay ingreso sin ventas. Cuando entré a trabajar a Price Waterhouse incluso pedí un curso de ventas, ya que esperaban que desarrollara una línea nueva de clientes fiscales con presencia en múltiples estados. Aceptaron mandarme a un breve curso, pero se rehusaron a enviarme a un programa de ventas completo. Éstas eran personas "educadas" que no entendían la importancia de aprender cómo vender.

Por qué me convertí en emprendedor y mi primer emprendimiento importante

Me convertí en emprendedor cuando abrí mi firma de contadores en 1995. Acababa de ser despedido de Price Waterhouse y estaba cansado de que gente sin idea me dijera qué hacer.

Había sido empleado de compañías grandes durante 13 años, incluyendo cuatro años con una compañía Fortune 500. Cuando estuve ahí, descubrí que un empleado tiene mucho riesgo porque sólo sirve a un cliente: la compañía. Mi primera responsabilidad cuando fui contratado fue reducir mi personal/equipo a la mitad. Éstas eran personas que habían hecho un buen trabajo pero que eran despedidas porque la compañía recortaba costos.

Después de que Price Waterhouse me despidió, entendí que si creaba mi propia compañía tendría mucho menos riesgo, más control y mucho más potencial de recompensa. Si un cliente tenía problemas financieros y ya no podría pagar mis servicios, no era el fin del mundo. Tenía muchos otros clientes que podían remplazar ese ingreso.

También conocí a varios contadores con sus propias firmas que no sabían tanto como yo sobre la ley fiscal… y manejaban autos mucho más lindos que mi Mazda viejo. Decidí que era tiempo de reducir mi riesgo y aumentar mi potencial de ingreso.

En 1995 formé Thomas Wheelwright, CPA, que después se convirtió en ProVision. Inicié con dos clientes que me siguieron tras mi salida de Ernst & Young. Los primeros días fueron difíciles, ya que sólo pude conseguir dos clientes más en los primeros nueve meses. Después entendí que podía comprar una firma de contadores. Pedí prestado al vendedor, a un amigo y mis padres porque no tenía dinero propio.

En cuatro años mi firma creció de esos dos clientes iniciales a una firma con 10 empleados. Desde entonces hemos crecido hasta ser una de las firmas más grandes en Arizona, con clientes en los 50 estados y en más de 30 países.

Mejor lección de mi primer negocio

Tras mi segundo año en el negocio, crecía tanto que necesitaba ayuda para manejar mi carga de clientes… y rápido. Me preocupaba que si no manejaba bien a los clientes mis fuentes de referencias dejarían de mandarme gente. No planeé crecer tanto. Sucedió rápido y estaba demasiado ocupado encargándome de los clientes como para ver mi negocio y plan a futuro.

El resultado fue que acepté a un socio y cedí 50% de mi compañía porque estaba desesperado. Esto fue muy contraproducente varios años después cuando tuve que despedir a ese socio. Afectó a la empresa un par de años y fue muy doloroso, personal y financieramente. Hubiera evitado todo esto de haber contratado a un empleado en lugar de aceptar un socio.

El hecho de tener un socio no fue el problema; había tenido socios muy buenos a lo largo de los años. Fue que estaba desesperado… y que no seguí mis instintos. En lugar de eso escuché los consejos de otras personas. Decían que necesitaba hacer lo que fuera para atender a los clientes, incluso si significaba entregar la mitad de mi compañía.

Los buenos socios que he tenido desde entonces no llegaron por desesperación. Llegaron por planeación. Eso no significa que siempre he tenido buenos socios desde ese entonces. Sin embargo, los buenos socios que hoy tengo son producto de la buena planeación y no de una reacción automática. La mejor lección fue confiar en mis instintos y planear el crecimiento.

Lo que aprendí de mi persona con el Índice Kolbe

FELICIDADES, TOM

Obtuviste una calificación perfecta en el Índice Kolbe A®

Tienes la capacidad única de enfrentar desafíos orientados al futuro. Lideras el camino hacia posibilidades visionarias y creas lo que otros decían que no podía crearse. Dices "sí" antes de siquiera saber el final de la pregunta... después lo conviertes en una aventura productiva.

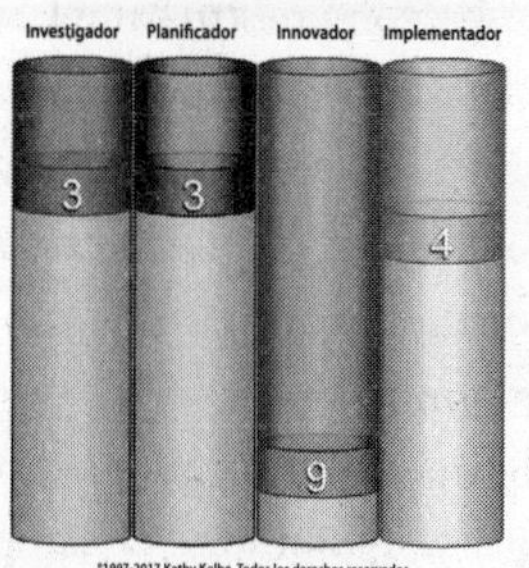

Reimpreso con permiso de Kolbe Corp.

Mi Kolbe me explicó por qué había tomado este camino en mi carrera y por qué nunca fui feliz como empleado.

La educación tradicional está diseñada para los investigadores y planificadores.

Como puedes ver en mi tabla, soy un innovador... lo cual significa que me aburro rápido. Por eso no tomé el camino normal de un contador: quedarse en una oficina haciendo declaraciones de impuestos durante muchos años.

En lugar de eso pasé varios años aprendiendo la rutina fiscal y después aproveché la oportunidad de transferirme al National Tax Department en Washington, D. C., donde pude enfocarme en consultaría y en enseñar a otros contadores públicos certificados.

Aprendí de mi Kolbe que mi "genio" es simplificar. Por eso fui capaz de tomar leyes fiscales complejas y simplificarlas para mis estudiantes en Ernst & Young. Después, cuando me mudé a Phoenix, pasé 14 años simplificando la complejidad de las leyes fiscales multiestatales para estudiantes de maestría en Arizona State University en su programa Masters of Tax.

Mi libro, *Riqueza libre de impuestos*, simplifica estrategias fiscales para emprendedores e inversionistas. Mientras la mayoría de los asesores fiscales hace que la ley fiscal parezca la cosa más difícil de la historia, yo lo veo como una simple hoja de ruta para reducir impuestos y construir riqueza.

Ahora usamos Kolbe con nuestros empleados y también con cada cliente. Lo usamos con empleados para asegurarnos de contratar empleados con los instintos naturales correctos y para que realicen los trabajos correctos. También usamos Kolbe para ayudarnos a entender cómo liderar a nuestros empleados. Un iniciador como yo, por ejemplo, necesita fechas claras mientras que un planificador como mi compañera —Ann— nunca necesita una fecha de entrega, ya que no pierde la oportunidad de terminar y quitar ese proyecto de su mesa.

Descubrimos los instintos naturales de nuestros clientes y los empatamos con profesionistas fiscales que tienen resultados Kolbe similares. Así podemos servir y entender mejor a nuestros clientes. También usamos Kolbe para ayudar a nuestros clientes a determinar su rol personal en sus negocios y equipos de inversión, así como determinar qué posiciones deberían contratar primero.

Mi rol en el Triángulo D-I

Mi rol en el Triángulo D-I de Padre Rico está ligado con el flujo de efectivo, cómo la compañía puede retener más porcentaje del dinero que gana y con implementar estrategias fiscales sólidas y rentables. Mi trabajo como CEO y líder de ProVision es encontrar nuevas formas de que nuestros clientes ahorren impuestos, enseñar a nuestro personal cómo servir mejor a nuestros clientes y comunicar nuestro mensaje al mundo.

Habilidades que son esenciales para los empresarios... pero no se enseñan en las escuelas

Muy fácil: lo primero es la comunicación. En las escuelas no se nos enseña cómo comunicarnos, sea de manera verbal o escrita. En lugar de eso nos enseñan a regurgitar reportes de libros, escribir ensayos y evaluar poesía. No es que sea malo aprender o hacer estas cosas; simplemente no ayudan a un emprendedor. Los emprendedores necesitan saber cómo comunicar su mensaje al público, a clientes, a inversionistas y a empleados.

Tuve un profesor de contabilidad fenomenal que entendía esto. Había dejado de ser socio en una de las firmas de contadores públicos certificados más grandes a cargo de auditorías en todo el mundo. Entendió que los contadores necesitan aprender cómo simplificar estados financieros. Para el proyecto principal, nos hizo explicar en términos simples una parte del estado financiero de una compañía pública. Fue la única vez que realmente recibí una buena lección de comunicación de un profesor.

Pasé muchos de mis días comunicándome. Podía comunicarme con un cliente, simplificarles la ley fiscal o explicarles una estrategia fiscal. O bien, podía estar en un escenario explicando cómo funciona la ley fiscal a un grupo de emprendedores o inversionistas. También podía enseñar a mis socios y personal cómo mejorar nuestro servicio al cliente o reunirme con ellos para dar seguimiento a sus proyectos.

Todo lo que hago como emprendedor conlleva comunicación clara y concisa. Cuando fallo en mi comunicación, fallo a las personas a quienes trato de servir.

Mi lección más importante para emprendedores

Sigue tus instintos. Cada emprendedor sabe por instinto cuando algo va mal. Jim Collins, en su libro *Great By Choice*, describe esto como "paranoia productiva". Cada que me he metido en problemas empresariales ha sido porque ignoré mis instintos.

La escuela nos enseña a seguir a los demás, sobre todo a los que son autoridad. He descubierto que, si bien quiero aprender de los demás, siempre me va mejor cuando confío en mis instintos. Un emprendedor tiene que aprender a confiar en sus instintos, incluso si a veces se mete en problemas. Los errores que cometemos nos ayudan a aprender y a que nuestros instintos se vuelvan mejores y más refinados.

Los instintos te previenen contra los malos socios, malos tratos y malos empleados. Pueden alertarte cuando exista la posibilidad de tener problemas con un cliente en particular con el que no has hablado en mucho tiempo. Tus instintos te guiarán si se los permites. Es importante tener gente alrededor de ti que te desafíe sin evitar que avances según tus instintos.

Cómo aprendí a recaudar capital

Mi primera experiencia recaudando capital sucedió cuando realicé mi primera adquisición de una firma contable (he realizado tres adquisiciones durante mi carrera). Mi amigo, también contador público certificado, escuchó sobre una firma de contadores a la venta y sabía que me interesaba adquirir un negocio así. Era una firma de contadores públicos certificados con 100 clientes, el dueño y un empleado. En ese entonces yo estaba en bancarrota. Había pasado los primeros nueve meses desde que salí de Price Waterhouse haciendo llamadas en frío a todas las personas que podía, todo el día, con poco éxito. De hecho, incluso consideraba regresar al mercado laboral.

Esta firma parecía una gran oportunidad. Me reuní con el dueño y acordamos un precio. Sólo tenía que encontrar el dinero. La primera persona a la que me acerqué fue al vendedor. Estaba dispuesta a financiar 50% del precio de compra. Eso significaba que sólo tenía que encontrar alrededor de 60 000 dólares. El amigo que me avisó sobre la firma ofreció financiar

30000 a un año, siempre que pudiera usar mi casa como aval. Acepté. El dinero restante llegó de mis padres.

Los ingresos de la firma pagaron el dinero de mi amigo al primer año. Para el final del segundo año ya había pagado de vuelta al vendedor. Mis padres querían el flujo de efectivo del préstamo y pidieron que, en lugar de repagarles, les pagara intereses mensuales por el resto de sus vidas.

Fue hasta después que descubrí que, si hubiera ido a un banco, con gusto me hubieran prestado 50% o más del dinero. Necesitaba comprar esa firma. Mi ignorancia fue rentable en esta ocasión. Los términos de financiamiento que recibí de otros fueron mucho mejores que los que hubiera recibido de un banco. Tras esta experiencia siempre busco financiarme primero con el vendedor. Fue como recibir la firma gratis ya que ésta terminó pagando al vendedor.

Cómo aprendí a superar el miedo y el fracaso

Fui misionero mormón en Francia por dos años justo después de que terminé la preparatoria. Toqué miles de puertas y me acerqué a cientos de personas en las calles pidiendo que me escucharan hablar sobre mi religión. La gran mayoría de las personas decía que no. Algunos decían: "¡Claro que no!" Llevaba menos de un mes en Francia cuando me acerqué a discutir sobre religión con un hombre que se dio la vuelta y me golpeó con fuerza. Casi todas las puertas que toqué no fueron abiertas o fueron azotadas en mi cara.

No hay nada como vender mormonismo a católicos en Francia para enseñarte a superar el miedo y el fracaso. Recuerdo una vez, después de estar más de un año en Francia, que iba de puerta en puerta a lo largo de todo un edificio de apartamentos sin que una sola persona nos diera entrada. Mi joven compañero después me preguntó cómo era capaz de mantenerme positivo. Le dije que, si las personas tan sólo supieran lo que nosotros sabíamos, nos abrirían sus puertas. Las cerraban porque no les transmitíamos nuestro mensaje. Nuestro trabajo era que nos invitaran a sus hogares. La lección que aprendí de esto fue que mientras estuviéramos impulsados por nuestra misión —fuera cual fuera— no teníamos necesidad de temer al rechazo o al fracaso. Nuestra misión no se trataba de nosotros. Se trataba de las personas a las que servíamos. Esté en un escenario frente a 10 000 personas en Australia o hablando con un prospecto por teléfono, mi mente se enfoca en cómo puedo servir. Cuando nos enfocamos en las demás personas, nuestro miedo desaparece.

Mi fortaleza personal

Me preocupo por todos. Siempre quiero que todos tengan éxito. Nunca pierdo el sueño por mis problemas personales, pero sí pierdo el sueño seguido por mis clientes, mis socios y mi equipo. Tengo la convicción inquebrantable de que las personas son buenas y tienen potencial para triunfar si se les dan las herramientas y educación correcta.

Mi debilidad personal

Me sugestiono fácilmente. Tiendo a tomar el consejo de otras personas por encima de mi propio consejo. Por eso me cuesta tanto confiar en mis instintos.

Las habilidades de emprendimiento que enseño mejor

Cómo usar los incentivos de la ley fiscal para conservar más de tu ingreso ganado.

La habilidad de emprendimiento que enseño

Cómo usar la ley fiscal para aumentar tu flujo de efectivo.

Cómo usar el código fiscal para aumentar tu flujo de efectivo

de *Tom Wheelwright*, CPA

Los impuestos hacen más ricos a los ricos.
Desafortunadamente para la mayoría, lo contrario es cierto.
Es por eso que Tom es un miembro importante en mi equipo.
Para casi todas las personas, los impuestos son sus gastos más grandes.

Robert Kiyosaki

Amo el código fiscal. Cuando estudiaba en la Universidad de Utah tomé mi primera clase de impuestos en mi tercer año. Me gustó tanto que pospuse mis clases de contabilidad intermedia hasta mi último año para llevar todas las clases de impuestos que ofrecían. Descubrí que la ley fiscal era compleja y creativa. Todo me hacía sentido.

La ley fiscal tiene sentido cuando entiendes el propósito de la ley. Es cierto, la ley fiscal recauda ingresos para el gobierno. Sin embargo, la ley fiscal hace mucho más que eso. La ley fiscal impulsa la actividad económica.

Hace muchos años los gobiernos empezaron a reconocer cuánto odiaban pagar impuestos las personas (¿recuerdas la Fiesta de Té de Boston?). Descubrieron que las personas tomaban medidas para evitar pagar impuestos. Empezaron a preguntarse: "¿Qué actividades nos gustaría que realizara la gente?" Esa pregunta —y sus respuestas— los llevó a ofrecer exenciones fiscales a aquellos que hacían lo que el gobierno quería que hicieran.

La primera actividad que el gobierno quería era que la gente construyera negocios. Los negocios contratan a personas. Cuando las personas están empleadas, no dependen tanto del gobierno ni causan tantos problemas sociales. Además, pagan impuestos. El gobierno pudo encontrar una forma de motivar a las personas a abrir y crecer negocios... y eso era bueno para todos.

La forma principal en que el gobierno estimula a las empresas es mediante exenciones fiscales a negocios. Estas exenciones no son lagunas legales. Son incentivos intencionales para abrir y construir un negocio. Mientras más dinero invierta una persona en su negocio, más grande es la exención fiscal.

Empecemos con las exenciones fiscales más grandes: deducciones. Cualquier dinero que gastes con un fin empresarial y sea considerado tanto típico como útil para el negocio es deducible de impuestos. Eso incluye comidas, viajes, renta, gastos de auto y materiales. Cualquier dinero que ganes en tu negocio y gastes en actividades empresariales es deducible. Incluso el dinero que apartas a empleados para su retiro es deducible. Los empleados no tienen que reportar ese ingreso que apartaste (llamado un plan calificado) hasta que lo reciben. Como el gobierno quiere que la gente tenga dinero para su retiro, existe un incentivo fiscal adicional.

Hay muchos otros incentivos fiscales para negocios. En casi todos los países hay créditos fiscales disponibles para negocios que hacen trabajo de investigación y desarrollo. Francia se distingue por tener uno de los créditos fiscales más grande para investigación y desarrollo en el mundo. Esto significa que no sólo recibes una deducción fiscal por gastar dinero en investigación y desarrollo, también recibes un crédito —o una reducción directa de tus impuestos— por un porcentaje del dinero que gastas en desarrollar nuevos productos para clientes y sistemas para mejorar tu negocio.

Otro gran beneficio fiscal para emprendedores es la depreciación. Cuando compras equipo, consigues un edificio o mejoras un espacio para renta recibes una deducción por depreciación. Cada año recibes un porcentaje del equipo, edificio o mejora como deducción a tu ingreso del negocio. Esto es cierto sin importar si pagaste directamente el activo o si pediste prestado al banco para comprar o mejorar el activo. Así que el banco paga el activo y tú recibes la deducción por depreciación.

También hay cientos de incentivos más para dueños de negocios. Hay créditos de empleos, deducciones por donaciones a asociaciones civiles, créditos por comprar paneles solares para tu edificio, beneficios fiscales agrícolas para agronegocios y deducciones especiales para perforar pozos de petróleo y gas, madera y minas de carbón. No importa el negocio en el que estés, hay beneficios fiscales esperando a ser usados.

Los emprendedores también pueden aprovechar mejores tasas de impuestos en diferentes estados y países. Si eres empleado, estás obligado a pagar impuestos sobre tu ingreso en el estado y país en el que vives y trabajas. Cuando eres dueño de un negocio, puedes configurar tu negocio para aprovechar las bajas tasas impositivas en países con tasa de impuestos bajos como Irlanda, los Países Bajos y el Caribe. Si vives en los Estados Unidos, puedes aprovechar las tasas de impuesto cero en estados como Nevada, Wyoming y Texas. Estos estados y países ofrecen incentivos a emprendedores como tú para que hagan negocios en su estado o país.

Claro, un verdadero emprendedor no se detendrá con los beneficios fiscales para negocios. Un verdadero emprendedor tomará el dinero que no puede reinvertir en el negocio y lo invertirá en otros activos que producen flujo de efectivo; por ejemplo, bienes raíces, petróleo y gas. Esos activos también producen beneficios fiscales. Los gobiernos quieren que las personas construyan viviendas y proyectos comerciales, así que dan incentivos fiscales a quienes se dedican a ello. En los Estados Unidos, el gobierno quiere que inversionistas construyan viviendas de interés social, así que además de los beneficios fiscales regulares para bienes raíces (como la depreciación) el gobierno estadounidense da créditos fiscales.

Los gobiernos también quieren motivar a las personas a que inviertan en energía. Por eso hay deducciones y créditos por invertir en calentadores solares, petróleo y gas, carbón, energía hidroeléctrica y molinos de viento… hay incentivos hasta para vehículos eléctricos.

Hay beneficios fiscales a tu disposición sin importar qué negocio elijas. Ni siquiera importa en qué país vivas o trabajes. Todos los países brindan beneficios fiscales a los emprendedores. Lo único que se requiere es recibir una educación básica sobre cómo funciona la ley fiscal y encontrar un buen asesor fiscal para que se encargue de los detalles. Algunos de los mejores incentivos fiscales se encuentran en Europa. Australia, Francia y el Reino Unido. También hay incentivos fiscales para negocios en Rusia, China y Japón.

Cuando planeo visitar un país nuevo, busco las leyes fiscales y siempre encuentro lo mismo: las leyes fiscales de todos lados benefician al emprendedor. Cuando pagas menos en impuestos, tienes más dinero para invertir en tu negocio. Cuando eres un emprendedor y usas las leyes fiscales como fueron diseñadas para usarse, los impuestos realmente pueden hacerte rico.

Sobre Tom Wheelwright, cpa

Tom Wheelwright, cpa, es la fuerza creativa detrás de ProVision, la empresa líder en estrategia contable a nivel mundial. Como fundador y ceo, Tom ha sido responsable de innovaciones en consultas fiscales, empresariales y de riqueza, además de prestar servicios estratégicos a su clientela selecta por más de dos décadas.

Tom es un líder experto y autor reconocido en asociaciones y estrategias fiscales corporativas, un expositor distinguido y un educador en riqueza vanguardista. Donald Trump eligió a Tom para que contribuyera a su Programa de Creadores de Riqueza, llamando a Tom "el mejor de los mejores". Robert Kiyosaki, autor best-seller de *Padre Rico, Padre Pobre*, considera a Tom "un jugador de equipo que toda persona deseosa de riqueza necesita en su equipo". En el libro de Robert Kiyosaki *The Real Book of Real Estate* (*El libro real de los bienes raíces*), Tom redactó los capítulos 1 y 21. También contribuyó significativamente al nuevo libro de Robert Kiyosaki *Why the Rich Are Getting Richer* (*Por qué los ricos se hacen más ricos*), así como *Who Took My Money?* (*Quién se llevó mi dinero*) y *La ventaja del ganador.*

Tom ha redactado varios artículos publicados en revistas profesionales y sitios web de importancia. Ha hablado frente a miles de personas de Estados Unidos, Canadá, Europa y Australia. Tom ha usado su destacada capacidad para crear relaciones y equipos de trabajo para asesorar al mercado canadiense en el arte de invertir en los Estados Unidos contribuyendo a los libros de Philip McKernan *South of 49* (*Al Sur del 49*) y a su libro más nuevo *Fire Sale* (*Venta de remate*).

Tom ha diseñado estrategias fiscales, empresariales y de riqueza para inversionistas sofisticados en el sector manufacturero, inmobiliario y de alta tecnología durante más de 30 años. Su pasión es enseñar estas estrategias innovadoras a los miles que se reúnen para escucharlo hablar. Ha participado como ponente principal y panelista en múltiples meses de discusión, liderando debates revolucionarios que desafían el *statu quo* en materia fiscal.

La experiencia profesional de Tom es amplia. Incluye trabajar con las cuatro empresas contables más grandes, llevando y liderando entrenamiento profesional a miles de contadores públicos certificados del National Tax Department de Ernst & Young en Washington, D. C. También trabajó con Pinnacle West Capital Corporation, en aquel entonces una compañía Fortune 1000. Asimismo, Tom fue maestro adjunto en el programa Masters of Tax en Arizona State University durante 14 años, donde creó el curso para enseñar técnicas de planeación fiscal multiestatal y enseñó a cientos de alumnos de posgrado.

Libros de Tom Wheelwright

Serie Asesores de Padre Rico

Riqueza libre de impuestos*
Cómo construir riqueza masiva mediante
la reducción permanente de tus impuestos

* Disponible en español.

EXTRACTO DE

RICH DAD
ADVISORS
PRÓLOGO
DE
ROBERT
KIYOSAKI
Riqueza Libre
de Impuestos
Cómo Construir Riqueza Masiva
Mediante La Reducción
Permanente De Tus Impuestos
TOM WHEELWRIGHT, CPA

Capítulo 23

Elige al asesor fiscal y preparador de impuestos correcto

Día tras día, tu contador fiscal es quien puede hacerte ganar o perder más dinero que cualquier otra persona de tu vida, con la posible excepción de tus hijos.

Harvey Mackay

La primera vez que aprendí sobre leyes fue durante un curso de ley empresarial en mi universidad. Uno de los jueces locales de bancarrota impartía la clase. Era un excelente instructor y me encantaba su clase. Lo que más disfrutaba era aprender qué tan incierta puede ser la ley. Había aprendido muchos años antes que algo vago da mucha más flexibilidad que algo específico y certero. Y me encantaba saber que la ley era flexible.

Como casi todos los hijos, descubrí cómo manipular a mis padres a temprana edad. A veces usaba a mi madre para convencer a mi padre para que me dejara ir a donde normalmente no me dejaría. Otras veces pretendía no escuchar cuando me pedían hacer algo. La mayoría de las veces significaba cambiar el sentido de lo que me decían a lo que quería escuchar. Después, cuando hacía algo que no les gustaba, usaba sus palabras para convencerlos de que en realidad me habían permitido hacerlo.

Quizás estaba destinado a estudiar leyes para aplicarlas a favor de mis clientes. La primera clase de ley empresarial que me marcó el camino fue la ley fiscal. Me emocionaba tanto aprender la ley, que en mi tercer año de universidad me inscribí en todas las clases de impuestos disponibles en la Escuela de Negocios de la Universidad de Utah. La mayoría de mis compañeros se esperaba a su último año para tomar las clases de impuestos, pero me interesaban tanto que no podía esperar. Para hacerlo tuve que mover todas mis demás clases avanzadas de contabilidad a mi cuarto año.

Incluso recuerdo que llevé dos clases intermedias de contabilidad ese semestre para poder llevar todas las materias avanzadas hasta el final. Fue complicado pero valió la pena.

La Escuela de Negocios de la universidad tenía un profesor de impuestos excelente, el profesor Haney. Era un abogado fiscal que ejercía de tiempo completo y daba algunas clases en sus ratos libres. Era exigente pero entendía bien la ley y se entusiasmaba con el tema. Cuando pensaba en estudiar una maestría, la primera persona con la que hablé, además de mi esposa, fue el profesor Haney.

Le pregunté si debía entrar a una escuela de leyes u obtener un título de maestría en contabilidad fiscal. Me dijo que si quería pasar casi todo el tiempo trabajando el tema de la ley fiscal, lo recomendable era ejercer como contador público certificado. Según su experiencia, los CPC pasaban más tiempo en temas fiscales que los abogados. Tras su consejo, decidí aplicar a la maestría de contabilidad profesional de la Universidad de Texas.

Desde entonces he dedicado mi vida a estudiar la ley fiscal, enseñar la ley fiscal y a usar la ley fiscal para ayudar a mis clientes a reducir sus cargas fiscales. Y vaya que los impuestos son una carga. Como alguna vez dijo Benjamín Franklin: "Un gobierno sería considerado duro si gravase a su gente con una décima parte de sus ingresos en impuestos". Y pese a ello los gobiernos de todo el mundo rutinariamente cobran entre 40 a 50% en impuestos sobre el ingreso personal.

Lo dejo en claro por si aún no lo habías notado: me apasiona mucho reducir impuestos y la pasión es el elemento más importante para reducirlos.

REGLA NÚMERO 21

Mientras más se apasionen tú y tu asesor fiscal en reducir tus impuestos, más bajos serán tus impuestos.

Cada que hablo en un seminario recibo la misma pregunta, una y otra vez: "¿Cómo puedo encontrar a un buen asesor fiscal?" Ésta es una de las preguntas más importantes que puedes hacer. Un buen asesor fiscal no sólo te ayuda a reducir tus impuestos, sino que también quita el miedo a este tema. Y lo más importante, es capaz de quitar el miedo a una auditoría fiscal.

> *Cada que hablo en un seminario recibo la misma pregunta, una y otra vez: "¿Cómopuedo encontrara un buen asesor fiscal?" Ésta es una de las preguntas más importantes que puedes hacer.*

No obstante, apasionarse en reducir tus impuestos es una de muchas características que debes buscar en un buen asesor fiscal. También te interesa la forma en que el asesor ve la ley fiscal. ¿El asesor teme a la ley o la ve llena de oportunidades? Casi todos los contadores fiscales temen a la ley. Ni siquiera la leen. Prefieren leer una versión resumida de la ley, una guía fiscal simple. Estos contadores se alejan de los temas que no entienden... y la verdad es que no entienden mucho.

Se esconden de la ley porque nunca se han dado el tiempo de aprender la ley. Existe la misma diferencia en educación entre los asesores fiscales y preparadores de impuestos que entre los doctores, abogados y otros profesionales. Algunos preparadores fiscales tomaron cursos de unas cuantas horas a la semana para aprender a elaborar declaraciones de impuestos. Otros tienen educación más avanzada, pero no mucho. Los asesores que mejor entienden la

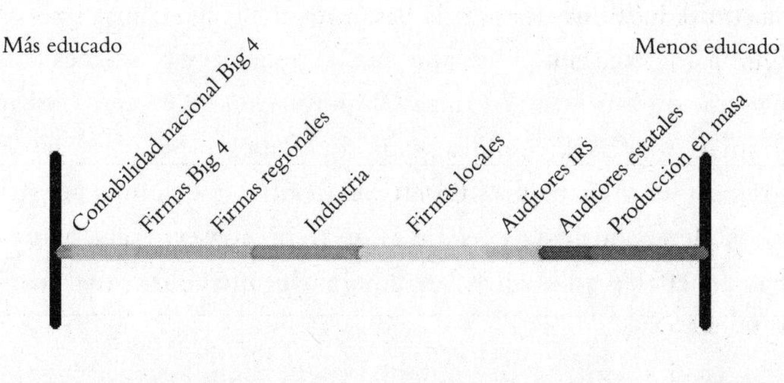

ley fiscal son los que se graduaron con el promedio más alto de las mejores universidades. Ellos estudiaron en las mejores universidades porque querían aprender la ley fiscal y todas sus complejidades. Les apasiona la ley fiscal tanto como a mí. La jerarquía de los preparadores de impuestos es bastante simple: se basa en su nivel de educación, tanto formal como práctica.

Esto provoca que la gran mayoría de los contadores, aquéllos con una educación y entendimiento menor, tomen únicamente las deducciones y beneficios fiscales más obvios en tu declaración. Es probable que hables con ellos una o quizá dos veces al año porque no tenían mucho de qué hablar. Probablemente recomiendan maximizar tus contribuciones a tus cuentas IRA, RRSP o 401(k). Te dirán que adelantes gastos a fin de año. Quizá te sugieran esperar otro año para recibir un ingreso que se te debe.

Pésimos consejos. ¿Notaste que todas sus recomendaciones eran sobre ahorrar impuestos hoy pero tener que pagarlos mañana? Estos contadores buscan reducir tus impuestos hoy a cambio de tu futuro. Alguna vez en una junta de entrenamiento le pedí a mi equipo que explicara la diferencia entre ProVision y otras firmas contables. Nuestro miembro más joven, recién salido de la universidad, me dio la respuesta más reveladora. Ella dijo que nunca esperó trabajar en una firma que se enfocara en el futuro del cliente en lugar de lidiar con su pasado. Una de las razones por las cuales los contadores no se enfocan en reducir impuestos de forma permanente es porque sólo se enfocan en el pasado y el presente. No toman en cuenta tu futuro.

¿Por qué hay gente que contrata a contadores y asesores con preparación tan escasa? Quizá sea porque no saben qué buscar en un asesor fiscal. O quizá sea porque quieren pagar lo menos posible a sus preparadores y asesores. Contratar a alguien porque cobra menos que otra persona es un tremendo error. La verdadera prueba de un buen asesor no es cuánto te cobra sino cuánto te cuesta.

REGLA NÚMERO 21

Lo importante no es cuánto te cobra tu preparador fiscal, sino cuánto te cuesta.

Permíteme darte un ejemplo. Uno de nuestros clientes, llamémosla Jill, me recordó hace poco cuántos impuestos le ahorramos al año. Entendemos tanto la ley que somos capaces de ahorrarle 70 000 dólares cada año. Invertidos a un 10% durante 20 años, esa suma asciende a $4 millones de dólares que no tendría de haberse quedado con su asesor fiscal anterior. En otras palabras, su asesor fiscal *le costó* $4 millones de dólares durante 20 años. Sí, él cobraba menos que mi firma, ProVision. Nosotros le cobramos 20 000 dólares a Jill por su planeación fiscal. Sin embargo, esos 20 000 dólares han sido la mejor inversión de Jill. Su retorno sobre inversión (ROI) supera el 350 por ciento anual. Además, como son devoluciones de impuestos, es dinero que recibe íntegro. ¿Te gustaría recibir un retorno del 350 por ciento libre de impuestos sobre una inversión de 20 000 dólares?

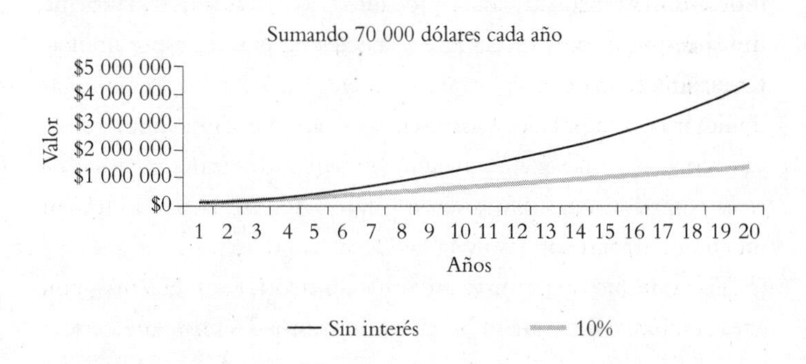

No todos los clientes van a ahorrar 70 000 dólares en impuestos al año. Algunos ahorrarán más y otros ahorrarán menos. Y los honorarios varían de cliente a cliente. Ésta es la pregunta clave: ¿qué contador le costó más dinero a Jill? ¿El contador al que pagó menos y le costó 4 millones de dólares o el contador al que paga más y le ahorra 70000 dólares al año? La respuesta es obvia, ¿no crees? Sin embargo, la mayoría de las personas sigue viendo cuánto le cobra un preparador en lugar de ver cuánto le cuesta en impuestos adicionales.

Otra tendencia entre los contadores fiscales es ver la ley como si fuera una línea recta. A estas personas las llamamos lineales o pensadores de hemisferio izquierdo. Esto describe a buena parte de los contadores. Ellos eligieron ser contadores porque disfrutan la certidumbre y la claridad de las cifras. Generalmente no se convierten en contadores porque disfrutan las leyes inciertas. Estos contadores fiscales son buenos para realizar trabajos de rutina como preparar una declaración de impuestos precisa. Lo que no hacen es encontrar formas creativas de usar la ley a tu favor. El problema es que los contadores no redactan el código fiscal. La ley fiscal es redactada por congresistas o miembros del parlamento que contratan a buenos abogados. Estos abogados ayudan a escribir leyes que cumplen los deseos políticos de crecimiento económico, promoción de ciertas industrias y mantener los ingresos del gobierno. Estos abogados no suelen pensar de forma lineal. Son lo que llamamos no lineales o pensadores de hemisferio derecho.

Las leyes de impuestos no se escriben como una línea recta. Las reglas de una sección afectan las reglas de otra sección legal; estas conexiones no siempre son obvias. Además de esto, existen muchas interpretaciones de la ley derivadas de sentencias judiciales. Es vital que tu asesor fiscal vea todo esto al momento de buscar la mejor manera de reducir tus impuestos. Si sólo conoce una regla es probable que ignore cuatro o cinco reglas más que podrían ahorrarte dinero.

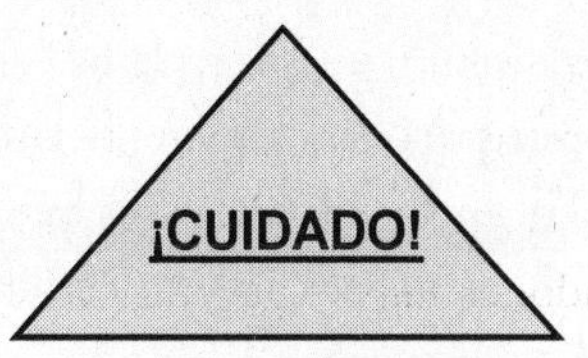

NO TODOS LOS ASESORES FISCALES SON IGUALES

1. Los asesores fiscales varían aún más en su grado de conocimiento y experiencia que los profesionales en áreas de la salud.
2. Tus impuestos a pagar dependen más del asesor fiscal que elijas que de cualquier otra cosa.

Por supuesto, la característica más importante que debe tener tu asesor fiscal es preocuparse más por ti que por su persona. ¿Cómo puedes saber esto? Es cuestión de ver si usa el tiempo de su entrevista para responder preguntas y platicarte de sus servicios o si se enfoca más en detectar lo que necesitas. Te contaré una historia que refleja este principio.

Hace tiempo me encontraba comiendo con uno de mis colegas en un café del vecindario. Miré el menú y encontré un sándwich que se veía delicioso. También noté que el sándwich incluía un pepinillo. Si te gustan los pepinillos, probablemente te agrade recibir uno con tu sándwich; si no te gustan, ver que tu sándwich tiene un pepinillo puede ser devastador.

Los pepinillos son muy sociales. No les gusta quedarse en un mismo lugar. Prefieren escurrir su jugo, lo que infecta el sándwich y cualquier otra cosa en el plato. Esto es muy bueno si te gustan los pepinillos… pero si no te gustan, encontrar un pepinillo en tu plato puede arruinar tu comida.

Como era de esperarse, pedí a la mesera si por favor podía asegurarse de que no hubiera un pepinillo en mi plato. "Por supuesto", respondió. "No se preocupe." No dejé de preocuparme. Le insistí cuando regresó con nuestras bebidas. Me aseguró que no habría problema: no iba a ver un pepinillo en mi plato.

Minutos después llegaron nuestros platos. Vi el mío. ¡Había un sándwich, algunas papas a la francesa y un pepinillo! ¿Por qué había un pepinillo en mi plato si pedí dos veces que lo quitaran? ¿Acaso lo pedí de mala forma? (Creí haberlo pedido con amabilidad.) ¿Lo había olvidado? ¿La ignoró el cocinero?

Mi colega y yo nos preguntamos qué podíamos aprender de esta situación. ¿Por qué había un pepinillo en mi plato? Llegamos a la conclusión de que el cocinero o la mesera estaban demasiado ocupados con su rutina como para preocuparse de mi solicitud.

¿De qué forma se pudo haber evitado esta gran tragedia? (Está bien, quizá no fue *una gran* tragedia.) Lo pensamos y pensamos hasta que nos llegó la respuesta. ¿Y si nuestra mesera me hubiera preguntado si quería un pepinillo? ¿Lo habría recibido? Claro que no. *Eso hubiera significado que saber lo que el cliente quiere era parte de su rutina.*

Lo mismo es cierto cuando entrevistas a tu asesor fiscal. Si la rutina del asesor es que tú hagas todas las preguntas, él puede (y se encargará de) responderlas, nada más. Él no puede saber algo que no le dices. Si en lugar de eso te hace preguntas sobre tu situación, entonces puedes estar seguro de que te cuidará bien a ti y tus intereses.

No te preocupes por las preguntas que deberías hacer a tu asesor fiscal. Si tienes que hacer preguntas significa que estás con el asesor equivocado.

Y no sólo eso. El impuesto que pagas depende directamente de tu relaidad y circunstancias. ¿Recuerdas mi frase de que cualquier gasto podía ser deducible en la situación correcta? Si tu situación cambia, tus impuestos cambian. Si tu asesor fiscal no te hace preguntas sobre tu situación, ¿cómo va a conocer las consecuencias fiscales de esos cambios? Él o ella seguramente será incapaz de enseñarte cómo cambiar tu situación para mejorar tu resultado fiscal.

La realidad es que tú tienes todas las respuestas. Tu asesor fiscal debería tener todas las preguntas. No te preocupes por las preguntas que deberías hacer a tu asesor fiscal. Si tienes que hacer preguntas significa que estás con el asesor equivocado.

TIP FISCAL

Contrata al asesor fiscal correcto. No sólo necesitas saber qué preguntas hacer a un posible asesor fiscal, también necesitas saber qué preguntas debería hacerte tu asesor fiscal.

Recuerda que eres la única persona que puede reducir tus impuestos. Tienes que saber cómo aplica la ley fiscal en tu caso para usarla en tu beneficio cada minuto de cada día. Asegúrate de encontrar a un asesor fiscal capaz y dispuesto a enseñarte las reglas que necesitas saber para reducir tus impuestos.

Muchos asesores no quieren que conozcas las reglas. Temen que al conocer las reglas tú ya no requerirás de sus servicios. Tú y yo sabemos que eso es falso. Conocer las reglas aumenta tu capacidad de reducir tus impuestos. Reducir tus impuestos aumenta tu flujo de efectivo. Aumentar tu flujo de efectivo aumenta tu riqueza. Y conforme aumenta tu riqueza, también aumenta tu necesidad de contratar un asesor fiscal. Entonces, siendo honestos, a tu asesor le conviene enseñarte las reglas que necesitas saber. Definitivamente le conviene.

CARACTERÍSTICAS DE UN BUEN ASESOR FISCAL

1. Muy educado en materia fiscal.
2. Le apasiona reducir tus impuestos.
3. Ve la ley como una oportunidad.
4. Se enfoca en ahorros fiscales permanentes.
5. Usa creatividad cuando aplica la ley a tu favor.
6. Considera toda la ley cuando reduce impuestos, no sólo una ley individual.
7. Se preocupa más por ti que por su persona.
8. Hace preguntas sobre tu situación específica.
9. Está dispuesto a enseñarte las reglas fiscales.

El último consejo que te daré para encontrar a un buen asesor fiscal es que también se encargue de preparar tus impuestos. No uses a un preparador de impuestos que no sea tu asesor fiscal. Hacerlo puede ser un tremendo error. Puedes recibir muy buenos consejos que el preparador quizá no sepa usar en tu declaración de impuestos.

Tu preparador debe trabajar no sólo para ser preciso. También debe preocuparse por reducir tus impuestos o minimizar tu riesgo de ser auditado. En mi firma vemos la preparación de la declaración de impuestos como el último paso de la planeación fiscal del año pasado y el primer paso para la planeación fiscal del año siguiente.

Date tiempo para encontrar un buen asesor fiscal que también prepare tu declaración de impuestos. Prepara tu entrevista con el asesor potencial destacando algunos de los puntos principales de este capítulo.

CARACTERÍSTICAS TÉCNICAS DE UN BUEN ASESOR FISCAL

1. Es preciso.
2. Prepara tu declaración de impuestos y diseña tu estrategia fiscal.
3. Reduce tus impuestos mientras prepara tu declaración.
4. Reduce tu riesgo de ser auditado.

Ahora que tienes toda esta información sobre cómo reducir tus impuestos, ¿qué sigue? Necesitas trabajar con tu asesor fiscal para aplicar todos estos consejos y reducir tus impuestos de inmediato. Esto aumentará tu flujo de efectivo inmediatamente. ¡Imagínate todo lo que puedes hacer con ese dinero extra!

En el siguiente capítulo hablaremos sobre cómo puedes usar ese flujo de efectivo adicional para generar un aumento masivo de tu riqueza.

CAPÍTULO 23: PUNTOS CLAVE

1. La ley fiscal es intencionalmente incierta y brinda mucha flexibilidad... si sabes lo que dice y cómo usarlo a tu favor.
2. Una de las cosas más importantes que puedes hacer para proteger tu riqueza es encontrar un asesor fiscal y preparador de impuestos que no sólo sea bueno, sino excelente.
3. Los mejores asesores fiscales conocen a fondo la ley fiscal, piensan de forma no lineal y se apasionan por conocer tus necesidades.
4. Nunca uses a un preparador de impuestos que no sea tu asesor fiscal. Esto puede provocar que recibas excelentes consejos que quedan en el olvido y evitan que obtengas ahorros fiscales.

Estrategia fiscal 23 – Contrata al asesor fiscal correcto

Éstas son las 10 cosas más importantes que debes preguntar durante tu entrevista con un asesor fiscal:

1. ¿Qué opinas de la ley fiscal?
2. ¿Quién se beneficia más de la ley fiscal?
3. ¿Por qué te convertiste en asesor fiscal?
4. ¿Qué te gustaría saber sobre mí?
5. Platícame un poco sobre tu equipo de asesores.
6. Describe tu experiencia empresarial.
7. Platícame más sobre tu estrategia personal de inversión.
8. ¿Dónde obtuviste tu maestría en finanzas?
9. Dame tres ejemplos de cómo reducirías mi riesgo de ser auditado por el IRS.
10. Dime qué piensas sobre la protección de activos.

Éstas son las 10 cosas más importantes que tu asesor fiscal debería discutir contigo:

1. Platícame de tus sueños y metas.
2. Describe tu situación familiar actual y futura.
3. Describe tu relación con tu esposa y tus hijos.
4. Describe tus inversiones actuales y futuras.
5. Describe tu situación empresarial actual y futura.
6. Explícame tu filosofía de reducción de impuestos.
7. ¿Qué te gustaría aprender sobre las leyes fiscales?
8. ¿Cómo aprendes mejor? ¿De forma auditiva, visual, táctil o kinestésica?
9. En un mundo perfecto, ¿cómo te gustaría trabajar con tu contador público certificado?
10. ¿Quiénes son los otros miembros de tu equipo?

Andy Tanner*

HISTORIA PERSONAL Y PERFIL EMPRENDEDOR

Nombre	Andy Tanner
Fecha de nacimiento	10 de mayo de 1968
Lugar de nacimiento	Murray, Utah

Educación tradicional

Snow College, Ephraim, Utah
University of Utah en Salt Lake City, Utah
Weber State University en Ogden, Utah
Asociado en ciencias
(Dejé la escuela 12 horas antes de recibir mi título de licenciatura.)

Educación profesional

Ninguna

Promedio escolar

Preparatoria: 77-79
Universidad: 77-79

Valor de la educación tradicional para convertirse en emprendedor

Mi experiencia deportiva al asistir a escuelas tradicionales fue muy valiosa. Mediante los deportes, empecé a experimentar lecciones de vida importantes como la misión, el liderazgo y el equipo.

* Asesor de Padre Rico en activos de papel.

Realmente no puedo juzgar el salón de clase de forma justa porque no era interesante para mí. No me interesaban mucho los temas que enseñaban, así que no estudiaba mucho. En realidad no sé si me hubiera ayudado o no. Estoy seguro de que hubiera encontrado algo bueno en cada clase si lo hubiera buscado con más ganas, pero me faltaba la madurez para hacerlo. Ademas, ninguna de las opciones de carrera para las que te prepara la escuela tradicional resonó conmigo; ninguna se sintió como mi vocación.

Materia que me gustó más en la escuela

Educación física y coro. La educación física es donde brillaba mi talento natural. Aunque me considero inteligente, nunca disfruté el proceso del salón de clase y aprendizaje con libros enfocado en tomar exámenes. Además, en realidad no sé cantar pero me alegro de que mis padres me hicieran tomar coro. Leland Flinders fue un extraordinario maestro de coro. Mi sospecha es que él ya estaba fuera de la carrera de la rata porque no enseñaba para ganar dinero. Enseñaba porque amaba la música y a los estudiantes. Era su vocación. Cada año nos enseñaba a nosotros, sus estudiantes, a recaudar dinero para un viaje anual a Hawái para contender en una competencia de coros. Exigía trabajo duro y madurez de todos los que queríamos participar. Todo ese trabajo tuvo su recompensa, ya que en 1986 ganamos la medalla de oro en esa competencia hawaiana. Al día de hoy es uno de mis mejores recuerdos de la escuela.

Materia que odié más en la escuela

Química orgánica

Primer proyecto de emprendimiento

En 1996 inicié FamilyParade.com. Era una red social como Facebook. ¡Ojalá hubiera sabido lo que era el Triángulo D-I en aquel entonces!

La actividad empresarial clave que no aprendí en la escuela

Liderazgo… y ventas

Por qué me convertí en emprendedor y mi primer emprendimiento importante

No encontré algo que verdaderamente disfrutara aparte de practicar deportes. Batallé en algunos empleos mal pagados tras abandonar la escuela; después descubrí que me encantaba hablar y enseñar. Entré a la industria de seminarios y me enamoró. La paga era bastante buena e inspirar a las personas me trajo mucha satisfacción. Aprendí sobre acciones porque, hace muchos años, me pidieron que enseñara ese tema en un seminario. Abrí mi propia compañía educativa y creé mis propios artefactos porque me encantaba enseñar y porque era mi vocación. Es lo que debo hacer en esta vida.

Mejor lección de mi primer negocio

Está bien fallar. Duele, pero no es el fin del mundo.

Lo que aprendí de mi persona con el Índice Kolbe

ANDREW TANNER

Resultado del Índice Kolbe A®

FELICIDADES, ANDREW

Obtuviste una calificación perfecta en el Índice Kolbe A®

Tienes la capacidad única de enfrentar desafíos orientados al futuro. Lideras el camino hacia posibilidades visionarias y creas lo que otros decían que no podía crearse. Dices "sí" antes de siquiera saber el final de la pregunta... después lo conviertes en una aventura productiva.

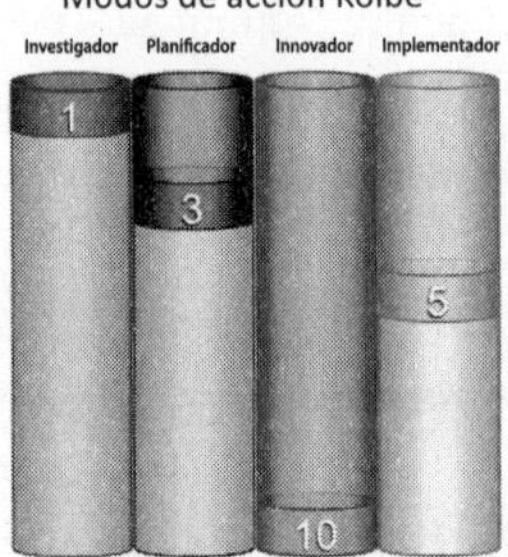

Reimpreso con permiso de Kolbe Corp.

Primero aprendí a aceptar mi naturaleza en lugar de luchar para cambiarla. En segundo lugar aprendí a aceptar las naturalezas de otros y a dejar de esperar que cambiaran. Tercero, me di cuenta de cómo mi Kolbe y el Kolbe de mi esposa se complementaban entre sí.

Mi rol en el Triángulo D-I

Mi rol es mantenerme enfocado y comunicarme con mi equipo.

Habilidades que son esenciales para los empresarios... pero no se enseñan en las escuelas

1. **Liderazgo**

Me encanta hablar y enseñar para ayudar a las personas. Ésta es una parte del liderazgo con la que me siento cómodo. Sin embargo, todavía aprendo cómo ser un mejor líder; es una habilidad que sigo desarrollando. A través de mis fracasos pasados y los desafíos presentes, me doy cuenta de que el liderazgo es un proceso interminable de desarrollo y no un destino final.

2. **Trabajo en equipo**

Como la mayoría de la gente, mi tiempo en la escuela me hizo sentir que competía como individuo contra mis compañeros de clase. En retrospectiva, puedo ver cómo este método de enseñanza nos roba el aprender cómo trabajar en equipo. Gracias a los deportes, el coro, mi banda de rock y mi negocio, ¡ahora me encanta ser parte de un equipo!

Mi lección más importante para emprendedores

Espíritu. Aún me considero un alumno. Aún cometo errores. Aún tengo desafíos. Algunos días como emprendedor son muy duros y siempre hay alguna clase de batalla que librar. Tener un espíritu emprendedor no sólo se trata de entusiasmarse por la libertad o el dinero. He aprendido que se trata de tener un espíritu de servicio a los demás, de crear valor a otros... y de seguir aprendiendo, año tras año.

Cómo aprendí a recaudar capital

Parado junto a otros asesores de Padre Rico, me asombra la experiencia de Kenny, Josh y Lisa cuando se trata de recaudar capital. No estoy a su nivel. Sin embargo, también he descubierto que hay bastantes personas con mucho dinero en busca de lugares para invertir. Al saber eso, puedo servir a esas personas teniéndoles una buena oportunidad de inversión y comunicando claramente el potencial y los riesgos a estos inversionistas. Algunos empresarios son mejores en la creación de oportunidades. Otros son mejores para comunicar la oportunidad. Aquí es donde tengo que tener mucho cuidado, ya que fácilmente puedo usar mis habilidades de comunicación para recaudar mucho capital. De hecho, a menudo se acerca gente que quiere darme su dinero. Para mí, recaudar capital va más allá de la habilidad de hacer que las personas te entreguen su dinero. Se trata de crear una oportunidad de inversión en la que valga la pena invertir. He visto a otras personas recaudar dinero con facilidad... ¡sólo para perderle ese dinero al inversionista!

Cómo aprendí a superar el medio y el fracaso

Todavía aprendo a superar el miedo y el fracaso. De vez en cuando aún me asusta tomar ciertas decisiones. Al igual que todos, a veces también temo al fracaso. Es algo que me siento cómodo diciéndote porque soy humano. Aun así, ha habido momentos en mi vida en que tuve que llenarme de gran valor. Todavía siento el miedo, pero invocar mi fuerza interior me ha permitido avanzar pese a ello.

Una de mis armas secretas para superar mis miedos personales es rodearme de un gran equipo. También noto que cuando me enfoco en mi misión y en su valor a los demás, siempre parezco encontrar el valor para enfrentar lo que sea. Cuando tengo metas dignas de lucha, el miedo a la pelea disminuye. Un buen ejemplo fue escribir mi primer libro sobre los problemas que tienen los planes 401(k). Estaba nervioso por cómo sería recibido, ya que sabía que iba en contra de ideas arraigadas que había recomendado el gobierno, Wall Street y la sociedad durante décadas. Tenía miedo a calificaciones de una estrella en Amazon. Sin embargo, pensar en todas las personas que se verían afectadas por el sistema 401(k) me dio el valor para levantar la voz y no guardarme nada. En última instancia, mi familia fue la que me dio más fuerza para combatir este miedo porque quería crear la mejor vida posible para ellos. Ha habido momentos en los que he tenido miedo, pero mi amor hacia ellos me hizo superarlo.

Mi fortaleza personal

Puedo decir con total confianza que soy uno de los mejores maestros en el mundo. Puedo tomar temas complicados como la inversión en acciones para hacerla simple y divertida de aprender. Éste es el servicio más valioso que puedo ofrecer al equipo de asesores de Padre Rico como apoyo a su misión.

Mi debilidad personal

A veces pienso que nuestra cultura nos invita a minimizar nuestras habilidades y logros individuales. Esto puede resultar en reducir la forma en que nos vemos a nosotros mismos y cómo medimos nuestro propio valor. A veces soy víctima de esto. Aunque conozco mis puntos fuertes, ocasionalmente permito que mi cerebro los cancele con sentimientos de debilidad. Cuando dejamos que sentimientos de baja autoestima se apoderen de nuestros pensamientos, creo que puede impedirnos desatar todo nuestro poder. Así que es una batalla que debemos luchar todos los días.

Las habilidades de emprendimiento que enseño mejor

Comunicación y resiliencia

La habilidad de emprendimiento que enseño

Activos de papel: estrategias para invertir en todas las condiciones de mercado y administrar riesgos

ACTIVOS DE PAPEL: ESTRATEGIAS PARA INVERTIR Y ADMINISTRAR RIESGO

de Andy Tanner

Las crisis del mercado hacen que los ricos sean más ricos...
y a la clase media y baja más pobre.
Andy es un miembro de mi equipo porque necesitas
saber cómo ganar dinero cuando los mercados suben...
y, especialmente, cuando los mercados bajan.

Robert Kiyosaki

Mi rol en el equipo de asesores de Padre Rico aprovecha mis fortalezas: enseñar a las personas sobre activos de papel. No me sorprende escuchar de alumnos que aumentar su conocimiento en cualquier clase de activo —en este caso, activos de papel— también les ayuda a prepararse (e inspirarse) para invertir en otras clases de activos.

Al usar el juego Cashflow 101 de Robert las personas aprenden instintiva e intuitivamente sobre un término de inversión elegante llamado análisis fundamental. El análisis fundamental es el proceso de entender un estado financiero, además de evaluar las fortalezas y debilidades relacionadas con esa declaración. Enseño a miles de estudiantes cada año; mis alumnos favoritos son los que ya se han familiarizado con el estado financiero usando el juego Cashflow. Esta experiencia hace mucho más fácil presentarles estados financieros reales a nivel personal, a nivel familiar y a nivel corporativo. Esto es importante cuando investigan la compra de una acción o incluso para entender qué sucede con la salud financiera de un país que puede afectar a los mercados globales. Los emprendedores quieren aprender el análisis fundamental para poder evaluar la fuerza de su propia compañía o el potencial de otras oportunidades en las cuales podrían invertir.

En Cashflow 202 a los inversionistas se les presentan las tendencias de mercado. Cuando tengo la oportunidad de hablar junto a Robert ante un grupo de emprendedores o aspirantes a inversionistas, suele pedirme que les enseñe sobre tendencias. Los emprendedores quieren ser conscientes de las tendencias porque hacia allá se dirige el mercado. Las tendencias pueden ir al alza, pueden ir a la baja y pueden mantenerse estancadas (lo que llamamos una tendencia lateral). La mejor parte es que sin importar en qué dirección vaya la tendencia, hay buenas oportunidades de inversión disponibles para que inversionistas educados se beneficien.

El estudio de tendencias se llama análisis técnico. Los emprendedores tienen la tarea de resolver problemas para que puedan crear valor y beneficio en cualquier tendencia... al alza, a la baja o lateral. Sin embargo, para beneficiarse el inversionista debe ser capaz de identificar la tendencia y tener una forma de determinar si esa tendencia cambiará y cuándo cambiará de dirección.

En pocas palabras, el análisis fundamental y el análisis técnico consisten en recopilar información y después analizarla para entender qué está sucediendo. Una vez que una persona tiene esa información y la ha analizado en busca de una oportunidad, el siguiente paso es convertirlo en flujo de efectivo. Cuando se trata de activos de papel, hay muchas formas en que los inversionistas pueden hacer esto. Muchos de estos métodos van más allá de la genérica, probada y certera fórmula de "comprar bajo y vender alto" con la que casi todos están familiarizados. Los empresarios pueden aprender cómo tomar una posición para generar ganancias basándose en la información que han recopilado. Algunas personas pueden tomar una posición para tener ganancia de capital (la típica estrategia de comprar y guardar) mientras que otros pueden tomar una posición por flujo de efectivo (ganar dinero sin importar qué suceda en el mercado).

Me encanta educar a las personas sobre las distintas posiciones que un inversionista puede tomar con activos de papel, ya que adquirir esta educación y después aplicar lo aprendido puede dar a cualquiera mayor control sobre sus inversiones y un manejo más efectivo del riesgo.

Esto nos lleva a la cuarta cosa que amo sobre enseñar acerca de activos de papel: se llama administración de riesgo. Uno de los problemas que tengo con los planes de retiro 401(k) es la cantidad tremenda de riesgo en que ponen al inversionista sin que éste tenga control alguno sobre la inversión o la administración del riesgo. Incluso si una persona se diversifica en todo el mercado de valores, sigue siendo susceptible a una caída en la bolsa... una caída sobre la cual no tiene control. La administración de riesgo significa que una vez que una persona ha realizado su análisis fundamental, su análisis técnico y decide qué tipo de posición quiere tomar, pueden jugar al abogado del diablo. Los emprendedores siempre se preguntan "¿qué pasaría si...?" para tener un plan B —o incluso un plan C— si los mercados cambian repentinamente.

Esto no es muy diferente a comprar un seguro para tu casa. El seguro te permite ser compensado en caso de que tu casa se queme por algo que estaba fuera de tu control, tal como un vecino menor de edad que sea travieso y juegue con cerillos.

Estas cuatro áreas —el análisis fundamental, el análisis técnico, las posiciones para flujo de efectivo y la administración de riesgo— constituyen lo que llamo los 4 pilares de la inversión.

Espero que tengas en cuenta que estas ideas y conceptos no sólo son para personas que invierten en activos de papel. Sé que Robert posee algunos activos de papel, pero la mayoría de sus activos están en petróleo, bienes raíces y negocios. No obstante, a Robert le interesa aprender sobre fundamentos y tendencias.

Lo que hace que la educación en activos de papel sea vital, creo yo, es que es la clase de activos en que la mayoría ha invertido su dinero. Me atrevería a decir que muchas personas esperan financiar su retiro con el valor de su cuenta 401(k), la cual se compone de fondos mutuos a los que han tirado su dinero por años o hasta por décadas.

Lo irónico para mí es que los activos de papel son un área de participación masiva, pero con educación casi nula. Permíteme decirlo de nuevo para darle énfasis: los activos de papel son una clase de activo con participación masiva… ¡pero casi nadie ha sido educado sobre cómo entender y administrar esas inversiones! En la mayoría de los casos los participantes en cuentas 401(k) entregan una parte de su sueldo a un asesor financiero o a un administrador 401(k) y dejan que ellos se preocupen por la inversión. Veo esto como un riesgo masivo para todos con una cuenta 401(k). Por eso estoy comprometido con hacer todo lo posible para que la educación relacionada con los activos de papel y el mercado de valores sea simple y divertida a todos los interesados en aprender más sobre este importante tema.

Otra cosa que Robert suele pedirme es discutir y enseñar, en relación con los activos de papel, qué ofrece esta clase de activo a inversionistas como tú y yo. Siempre he evitado colocar una clase de activo sobre otra porque creo que es cuestión de preferencia personal en lugar de una cuestión de "bueno" o "mejor". Cualquier persona que critique los bienes raíces tiene que explicar el éxito de Donald Trump. Cualquiera que critique a la industria de la energía tiene que explicar el éxito de T. Boone Pickens. Cualquiera que critique los negocios por ser demasiado arriesgados tiene que explicar el éxito de Sir Richard Branson. Y cualquiera que quiera criticar los activos de papel primero debe explicar el éxito del inversionista más grande de todos los tiempos, Warren Buffett, quien gana miles de millones de dólares al año en activos de papel.

La discusión más inteligente en relación con las clases de activos podría enfocarse en las diferencias entre las clases de activos y qué ofrece cada una en términos de fortalezas y debilidades; los pros y las contras. Como comenté, esto es algo que Robert suele pedirme que explique al enseñar sobre activos de papel. En el mundo de Rich Dad, la diversificación se hace entre clases de activos, no entre acciones y fondos de inversión.

Los activos de papel son líquidos. Esto puede ser bueno y malo. Es bueno porque puedes convertirlos en efectivo casi al instante si ves una mejor oportunidad o si ves peligro en donde actualmente inviertes tu dinero. Si no te gusta lo que ves, simplemente das clic a un botón y estás fuera. Si ves una oportunidad más atractiva en otro lado, puedes dar clic a un botón y rápidamente estás en una nueva inversión.

La desventaja de la liquidez es la volatilidad. Es por esto que ves que los altibajos en los mercados de valores son más violentos comparados con otros mercados. La liquidez le da velocidad a la oferta y la demanda en el mercado. Eso se presta a auges increíbles y caídas estrepitosas.

Los activos de papel son ágiles. Mencioné antes que una de las habilidades de emprendimiento que enseño es la habilidad de identificar tendencias. Los activos de papel son unas de las inversiones más acogedoras cuando se trata de encontrar éxito en un mercado de tendencia descendente. George Soros, un experto en identificar tendencias, se ha vuelto famoso por los miles de millones que ha ganado identificando tendencias bajistas. En 2013, por ejemplo, George Soros ganó más de 1 000 millones de dólares al tomar una posición bajista contra el yen japonés mientras que cualquiera que ahorra en yenes con una cuenta de ahorro perdió poder adquisitivo y valor. George Soros, en esencia, pedía prestado en yenes japoneses y tuvo mucho éxito al hacerlo. Ser capaz de obtener una ganancia o generar flujo de efectivo de algo que pierde valor es una idea difícil de entender para inversionistas novatos. Sin embargo, es una habilidad empresarial importante que puede mantener el flujo de dinero a tu cuenta sin importar qué esté sucediendo en el mercado. Mi trabajo es hacer que aprender y entender esta clase de habilidad sea fácil, simple y divertido.

Los activos de papel son adaptables. Ésta es otra razón por la que me encanta enseñar a la gente acerca de los activos de papel. Sé de muchas personas que han leído *Padre Rico, Padre Pobre* pero aún no compran su primera propiedad para renta o empiezan su primer negocio. Sé que a muchas de estas personas les gustaría tener algo en su columna de activos, pero por alguna razón aún no lo tienen. Los activos de papel son una forma increíble de empezar porque uno puede comprar muchos de los mismos activos que tiene Warren Buffett... incluso si no eres multimillonario. Por ejemplo, Warren Buffett tiene millones de acciones de Coca-Cola Company. Mis hijos también pueden ganar suficiente dinero con su puesto de limonada para comprar algunas acciones de Coca-Cola. Incluso recibirían un porcentaje de las ganancias similar al de Warren Buffett, sólo a menor escala. Más importante aún, pueden aprender muchas de las mismas lecciones porque son el mismo tipo de inversiones.

Si alguien ha jugado Cashflow y ahora quiere participar en el juego real, los activos de papel le permiten hacer eso a pequeña escala sin dejar de estar en el "juego" del mercado de valores... igual que en el juego Cashflow. No me malinterpreten, invertir en activos de papel requiere dinero real, riesgo real y la posibilidad de pérdida real. No obstante, la idea es que una persona puede adaptarlo para que las pérdidas sean mínimas y les ayuden a aprender grandes lecciones sin gran riesgo o pérdidas.

Los activos de papel te dan apalancamiento. En los bienes raíces, el apalancamiento principal es la deuda. Eso es algo bueno. Cuando enseño a las personas por primera vez sobre el mercado de opciones y aprenden cómo vender un contrato por flujo de efectivo quedan alucinadas. Vender acuerdos es una habilidad emprendedora que puede aprenderse y experimentarse fácilmente en el mercado de opciones. Asumir cantidades masivas de deuda inmobiliaria sin educación ni instrucción apropiada no es sabio, a pesar de que sea algo bueno para los que son educados y habilidosos. Lo mismo es cierto para los activos de papel. Es extremadamente arriesgado empezar a vender contratos de opciones —incluso aquellos que pueden cubrirse con acciones— sin conocimiento e instrucción apropiada.

En mi país natal, el programa de retiro predominante para las personas en el cuadrante E se llama 401(k). En Canadá se llama RRSR En Australia se llama Superannuation y en Japón también se llama 401(k). Sin importar en qué parte del mundo vivas, es esencial aprender sobre los tipos de programas diseñados para personas en el cuadrante E. La misión de Rich Dad consiste en elevar el bienestar de la humanidad mediante la educación financiera. Un gran porcentaje de la población aún vive en el cuadrante E; para mejorar sus vidas siento la responsabilidad de decirles acerca de los activos de papel, quizá de una forma en que un asesor financiero promedio no lo haría. Incluso si una persona decide quedarse en el cuadrante E y no ser un emprendedor, sigo creyendo que pueden beneficiarse de la educación financiera en inversiones como fondos mutuos o fondos de inversión. Creo que hay riesgos masivos de los que no son conscientes. También creo que muchos datos fundamentales del "panorama general" auguran turbulencia para aquellas buenas personas en el cuadrante E que se aferran a sus fondos mutuos como salvavidas. No digo que los fondos mutuos o fondos de inversión sean una mala inversión. Digo que te eduques para que puedas tomar mejores decisiones para ti y tu familia.

Me encanta enseñar a la gente acerca de los activos de papel. Me encanta aprender y enseñar en general; me considero un alumno y un maestro. Como asesor de Padre Rico, creo que la gente a veces me ve como alguien que "ya llegó" y tiene todas las respuestas. Algo que he aprendido pasando mucho tiempo con Robert y los demás asesores es que todos somos estudiantes. Estudiamos más de lo que casi todos piensan o creen. Es una de las formas más importantes en que aprendemos cosas nuevas. He aprendido más como maestro de lo que aprendí siendo estudiante.

Ésta es mi última reflexión para cualquiera que deseé convertirse en emprendedor: este proceso significa que también te conviertes en estudiante como resultado de tu deseo de resolver problemas y dar valor al mundo. Enfócate en esto y tu futuro en verdad será muy brillante.

Sobre Andy Tanner

Andy Tanner es un reconocido experto en activos de papel, un exitoso dueño de negocio e inversionista que se distingue por su habilidad para enseñar técnicas clave para invertir en opciones de acciones. Sirve como entrenador de instructores en el Rich Dad's Stock Success System y como asesor de Padre Rico en activos de papel.

Como educador altamente cotizado, Andy ha enseñado a decenas de miles de inversionistas y emprendedores de todo el mundo. Habla seguido con estudiantes a petición de Robert Kiyosaki, mostrando cómo los activos de papel pueden entrar al sistema de inversión Padre Rico. En 2008 Andy jugó un papel clave en el desarrollo y lanzamiento de Rich Dad's Stock Success System, un programa creado para enseñar a inversionistas las técnicas de compraventa de acciones avanzadas para beneficiarse tanto en mercados alcistas como bajistas.

Es el autor de dos libros: *401(k)aos* y *Stock Market Cash Flow*, un libro de la serie Asesores de Padre Rico sobre la inversión en activos de papel.

Andy también creó un curso de inversión online llamado *4 Pillar of Investing* (*Los 4 pilares de la inversión*). Puedes encontrar más información sobre el curso en www.4pillarsofinvesting.com.

Libros de Andy Tanner

Serie asesores de Padre Rico

Flujo de efectivo del mercado de valores
Cuatro pilares de la inversión para prosperar
en los mercados actuales

Libros de entrenamiento de Tanner

401(k)aos
Cómo nuestro sueño de retiro
se convirtió en pesadilla caótica

EXTRACTO DE

FOREWORD BY ROBERT KIYOSAKI

El Flujo de Efectivo del Mercado de Valores

Los Cuatro Pilares de la Inversión para Prosperar en los Mercados Actuales

ANDY TANNER

CAPÍTULO TRES

Presentando los 4 pilares de la inversión

Permíteme presentarte los 4 pilares de la inversión. Como estudiante descubrirás que todo lo que aprendes sobre ganar dinero con acciones entra en uno de estos cuatro pilares.

En el capítulo 2 describimos la construcción de riqueza como el aprender a comprar o crear activos inteligentemente. También vimos que las clases de activos incluyen negocios, bienes raíces, materia prima (*commodities*) y activos de papel como acciones y opciones. Aprendimos que cada clase de activo tiene su propio lenguaje y sutilezas.

Entonces, ¿cómo aprendes a comprar estas cosas con inteligencia? ¿Cómo tomas decisiones acertadas cuando se presenta una oportunidad? La respuesta está en aprender los 4 Pilares de la Inversión. Estos pilares contienen información vital para cada tipo de inversionista en cualquier clase de activo; son vitales sin importar si inviertes por ganancia de capital o por flujo de efectivo. Al prepararme para escribir este libro, me senté y revisé todo lo que había aprendido de mis mentores y maestros sobre inversiones. Entendí que todo lo que sabía encajaba muy bien en cuatro categorías:

1. Había aprendido a estudiar entidades (Análisis Fundamental).
2. Había aprendido cómo estudiar tendencias (Análisis Técnico).
3. Había aprendido técnicas para posicionarme y obtener ganancias (Flujo de Efectivo).
4. Había aprendido a manejar el riesgo (Administración de Riesgos).

Estas categorías conforman lo que llamo mis 4 Pilares de la Inversión. Cuando te dedicas a estudiar estos cuatro pilares, aprendes los criterios que te permitirán ver cualquier oportunidad de inversión en cualquier clase de activo y tomar mejores decisiones. Estos cuatro pilares te ayudarán en tus metas de educación financiera. Aprenderás a comprar activos de forma inteligente y a construir riqueza.

Empecemos viendo el Pilar #1.

Pilar 1: análisis fundamental

El análisis fundamental examina la fuerza de una entidad. Necesitamos ser capaces de distinguir entre una entidad que es fuerte y una entidad que es débil, sea una compañía privada, una organización caritativa o incluso una nación. Hacemos eso al ver los estados financieros. El estado financiero nos dice la fuerza de la entidad.

¡PUNTO CLAVE!

I
G

ANÁLISIS FUNDAMENTAL

Nos dice la fortaleza de una entidad

A	P

Mi entrenador de baloncesto era un maestro para enseñar fundamentos. Sus equipos ganaron muchos campeonatos y era reconocido entre los aficionados ávidos al baloncesto colegial. Las personas a menudo me preguntan por qué creo que era tan exitoso. La respuesta siempre es la misma: demandaba perfección absoluta en las partes del juego que no requerían talento, pero sí un esfuerzo tremendo. No todos tienen el mismo nivel de talento, pero todos podemos dar un máximo esfuerzo. Hay ciertas partes del juego que son básicas en cualquier nivel, sea preparatoria o profesional. Para tener éxito debes volverte competente en ellas. Ese entrenador estaba obsesionado con los fundamentos y los enseñaba muy bien.

El mismo rigor en los fundamentos es necesario para el éxito financiero. Las mismas reglas aplican para cada entidad... desde los gobiernos soberanos y las corporaciones hasta los individuos.

Hay ciertos fundamentos financieros que deben alinearse para que florezca cualquier entidad. En este capítulo empezarás a entender cuáles son estos fundamentos. También descubrirás cómo comparar una entidad con otra y saber de inmediato cuál está en una posición financiera más fuerte.

El análisis fundamental es el proceso de ver algunos números básicos y evaluar la fuerza financiera de la entidad basándote en esos números. Voy a ayudarte a descubrir qué significan esos números y dónde puedes encontrarlos. Descubrirás que conforme aprendas más sobre estos números fundamentales tendrás una capacidad mayor para tomar decisiones de inversión sabias. Serás capaz de establecer criterios para comparar y ver rápidamente si la oportunidad se ajusta a lo que esperas de una buena inversión.

Una forma útil de ver el análisis fundamental es pensar que es como ir a checarte con el doctor. Para analizar tu condición, el doctor empieza con lo básico. Probablemente no le preocupa el color de tu cabello o el color de tus ojos. Estas cosas no le dicen mucho al doctor sobre tu estado de salud. Sin embargo, te checará la presión sanguínea y tu pulso. Te tocará en la rodilla para ver si tus reflejos responden bien. Usará un estetoscopio para escuchar el latido de tu corazón y el sonido de tus pulmones. Escribirá tus "signos vitales". Estos signos vitales representan el estado fundamental de tu salud básica. Recolectar y analizar estos números es el primer paso del doctor para averiguar qué sucede con tu sistema general.

Cuando se trata de analizar la economía de una nación o tu propia situación financiera, realizar un análisis fundamental como primer paso te dará una comprensión rápida de la condición financiera para ver si todo está en orden. Los signos vitales financieros pueden decirnos mucho sobre la salud de la entidad.

El análisis fundamental también nos ayuda a determinar el valor. Mientras más salud financiera tenga la entidad, más valiosa es en el mercado.

El análisis fundamental es una herramienta crítica para todo tipo de líderes. Puede usarse para descubrir debilidades y, a su vez, guiar políticas de mejora sin importar si es usada por los niveles más altos de gobierno o por una pareja al frente de un hogar. Es una herramienta de diagnóstico muy valiosa.

Conforme estudiemos los fundamentos aprenderás:

1. Cómo medir la fuerza financiera de cualquier entidad.
2. Cómo ver el valor de una entidad.
3. Cómo diagnosticar las causas de debilidad.
4. Cómo cambiar políticas para arreglar debilidades y predecir cambios.
5. Cómo ver ambas partes de cualquier transacción e identificar al ganador y al perdedor.
6. Por qué parece que los inversionistas pueden predecir el futuro. ¡Ésas son cosas que desearía haber aprendido en la escuela!

CONSTRUYE SOBRE ÉL

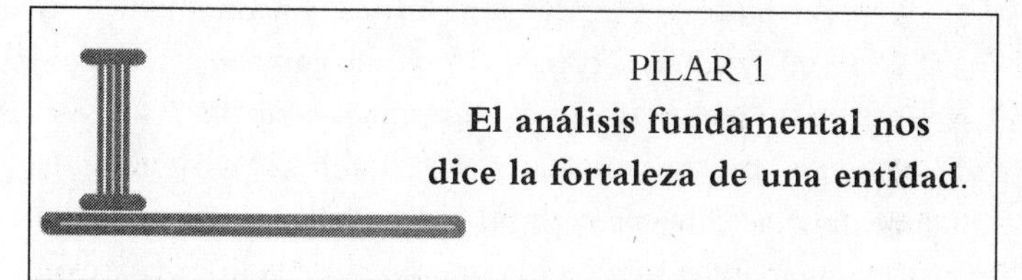

Pilar 2: análisis técnico

El segundo de los cuatro pilares se llama análisis técnico.

El análisis técnico es la historia de la oferta y la demanda en imágenes. La oferta y la demanda crean tendencias.

¡PUNTO CLAVE!

ANÁLISIS TÉCNICO
Nos dice la tendencia

Visualízate como dueño de un campo de golf. Has hecho un gran trabajo en cada parte de tu negocio. Tu campo es una de las mejores propiedades de golf en cualquier parte del mundo. De hecho, tantas personas quieren jugar en tu campo de golf que no hay forma de dar lugar a todos. Te has ganado el lujo de estar en alta demanda. Como resultado, los turnos de salida al campo son escasos.

¿Qué significa esto para tu negocio? Ahora puedes cobrar más que tus competidores porque hay mayor demanda por un turno de salida en tu campo que en cualquier otro lado. Tienes una gráfica en tu computadora que te muestra la historia de tus precios conforme han subido año tras año. Usando esta tendencia, puedes predecir dónde estarán tus precios en el futuro. Este proceso de examinar una gráfica y proyectar qué esperas que suceda en el futuro se llama *análisis técnico.*

Cuando compras un porcentaje de acciones en una compañía tiene sentido que quieras examinar con cuidado al menos dos cosas:

1. Como vas a ser dueño de una parte de la compañía, es normal que quieras saber qué tan financieramente fuerte es la compañía y cómo se compara con otras compañías en cuanto a sus números básicos (o *análisis fundamental*).
2. Quieres saber qué tan ansiosos están otros inversionistas de comprar acciones en la compañía y si hay una demanda alta por las acciones que podría impulsar el precio de la acción de la compañía a precios mayores (o *análisis técnico*).

Es muy importante entender las tendencias porque verás que, en el mercado de valores, la oportunidad siempre está presente. En esta sección sobre análisis técnico aprenderás:

1. Reglas para identificar una tendencia.
2. Cómo leer la historia que cuentan las tendencias.
3. Que los inversionistas usan patrones para determinar qué es lo más probable que suceda a continuación.

4. Cómo el uso de herramientas técnicas ayuda a los inversionistas a encontrar oportunidades y ver advertencias.

CONSTRUYE SOBRE ÉL

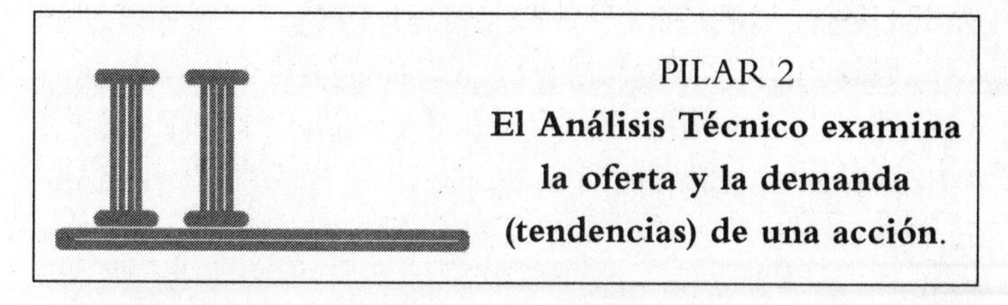

PILAR 2

El Análisis Técnico examina la oferta y la demanda (tendencias) de una acción.

Permite que el descubrimiento suceda

Los primeros dos capítulos de este libro te presentaron la idea del *contexto.* Estas discusiones fueron diseñadas para ayudarte a abrir tu mente y empezar a pensar diferente. Ahora puedes sentir que empezamos a entrar al *contenido* y a algunas de las lecciones importantes de las inversiones.

En este punto quiero que te des permiso de aprender sobre el análisis fundamental y el análisis técnico de una forma diferente. Si lo haces, tu experiencia será más divertida y enriquecedora desde el principio. Éstas son algunas sugerencias a tener en mente mientras profundizas en los capítulos sobre análisis técnico y fundamental:

Avanza a tu propio ritmo

A diferencia de la escuela, aquí no hay examen al final de la semana ni hay calificaciones. No hay presión para que aprendas todo de forma completa y perfecta a la primera.

Recuerdo que en la universidad tuve que tomar una clase de química orgánica. El tema era muy complejo. Sin embargo, lo que agravó el problema fue que tenía que aprender todo tan rápido. Sentía la presión porque debía entender todo lo presentado a la primera. El estrés fue brutal y no propició que realmente aprendiera el tema. Empecé a entrar en pánico porque las consecuencias de no entender las cosas eran tan severas e inmediatas. Podía llegar a ser inelegible para practicar deportes si reprobaba el examen. Era muy difícil pensar en algo que no fuera esa consecuencia.

Incluso después de la universidad notaba que reaccionaba de la misma forma, por hábito. Si me encontraba en una situación donde no entendía rápido el concepto que se me presentaba, me ponía tenso, nervioso y estresado. Ahora he aprendido a relajarme y a dejar que las cosas lleguen a su propio ritmo, pero requirió cambiar mi contexto. Al eliminar la presión, aprender se volvió una de mis actividades favoritas.

Entonces, cuando estudies los capítulos sobre análisis fundamental y técnico por favor permítete —y recuerda— relajarte. Estoy seguro de que te irá bien. Si llegas a sentir ansiedad, deja que sea una señal para respirar... y relajarte. Recuérdate que está bien leer el material más de una vez y que está bien ir más lento.

Aún recuerdo la lección que aprendí de una maestra mientras usaba como analogía el aprender a manejar con transmisión manual. Seguramente podemos pasar de la ignorancia a la consciencia —y luego a la competencia— en el continuo educativo con sólo escuchar a alguien más explicar el proceso de dejar ir el clutch y empujar el pedal del acelerador. Sin embargo, el dominio se logra cuando realmente tratamos de seguir las instrucciones sentándonos en el asiento del conductor e intentando operar al coche. Cuando tratamos de poner esos conceptos en acción, inevitablemente apagamos el carro. Sin embargo, no pasa nada porque apagar el auto es parte del proceso. Así es como aprendes a manejar un auto con transmisión manual. Aprendemos cometiendo errores.

Después de varios intentos empezarás a sentirte cómodo. Aprenderás cómo hacer pequeños ajustes hasta llegar al punto en que puedes cambiar de velocidad, escuchar el motor, saber cuándo subir o bajar la marcha... e incluso equilibrar con suavidad el clutch y el freno cuando arrancas en una colina. Al poco tiempo manejas ese auto sin siquiera pensar en ello. Has llegado al dominio.

Que se te apague el coche no significa que no estás aprendiendo. A mí se me apagó el carro cuando me enseñaba mi padre. ¿Le enseñaré a mis hijos exactamente de la misma forma? Por supuesto que sí. Sigue siendo la mejor forma de enseñar. Que se apague el motor sólo es parte del proceso. No le hará daño alguno a mis hijos; estaré ahí sentado junto a ellos hasta que empiecen a entenderlo.

Así que por favor recuerda que no hay necesidad de presionarte mientras aprendes estos conceptos de inversión. Respira y disfruta el descubrimiento. Cuando construyas la base de tu inversión con estos dos primeros pilares será momento de pasar al tercer pilar, el pilar que ciertamente es el más emocionante para los inversionistas: el flujo de efectivo.

Pilar 3: Estrategias de Flujo de efectivo

Una vez que vemos la fortaleza de una compañía (fundamentos) y la tendencia del mercado (análisis técnico), podemos decidir qué posición queremos tomar para beneficiarnos.

¡PUNTO CLAVE!

FLUJO DE EFECTIVO
Es tu posición en el mercado:
al alza, a la baja o lateral

Algunos inversionistas se posicionan en busca de una ganancia de capital, lo cual significa comprar bajo y vender alto igual que cuando compras y vendes una casa. Otros buscan posicionarse en busca de flujo de efectivo, como cuando rentas una casa. Para entender una estrategia, ayuda entender la otra.

El término *flujo de efectivo* ciertamente hace que el corazón de todos lata un poco más rápido. En última instancia, eso es lo que en realidad queremos como inversionistas. Cuando el dinero fluye libremente a tu cuenta gracias a decisiones de inversión inteligentes experimentas lo que se siente la verdadera libertad. El objetivo de este libro es ayudarte a empezar a sentirte confiado y cómodo en tu habilidad para obtener dinero del mercado de valores de forma regular… sin importar en qué dirección se mueva el mercado. Es lo bello de esto: aprenderás como se puede ganar en mercados que suben, bajan o se estancan.

El Flujo de efectivo es la solución al problema de los gastos

Todos tienen gastos como comida, ropa, vivienda, impuestos y recreación, entre muchos otros. Los gastos son un problema financiero básico de la vida. Podemos resolver ese problema de cuatro formas:

Empleado
Autoempleado
Dueño de negocio
Inversionista

Si necesitas 5 000 cada mes para resolver tu problema de gastos, entonces para moverte del lado derecho del cuadrante al lado izquierdo tu declaración financiera debe cambiar de esto:

Ingreso		← Empleo
Gastos	5 000	

Activos	Pasivos

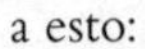
a esto:

Ingreso	
Gastos	5 000

Activos	Pasivos

El mejor Flujo de efectivo no depende de mercados alcistas

Muchas personas que trabajan en un empleo guardan su dinero en algún programa de ahorro para el retiro como un 401(k) o una cuenta de retiro individual (IRA, por sus siglas en inglés). El dinero puesto en estas cuentas llega al mercado de valores a través de fondos mutuos o fondos de inversión, dependiendo del país en el que vivas. Ganar o no dinero suele depender directamente del desempeño general de todo el mercado de valores. Debido a que estas estrategias están casi completamente enfocadas en el largo plazo, no son una fuente de flujo de efectivo actual para el inversionista. Sin embargo, éste es el problema: el mercado de valores no siempre (y no sólo) asciende de forma constante. Puede —y definitivamente va a— subir, bajar o permanecer estancado durante largos periodos de tiempo.

En los Estados Unidos las cuentas predominantes para invertir en el retiro se llaman 401(k). Desafortunadamente el valor de estas inversiones depende de un mercado alcista. En lugar de ser diseñadas para crecer el flujo de efectivo, están diseñadas para crecer el valor neto. Como el mercado fluctúa, también fluctúa el valor neto.

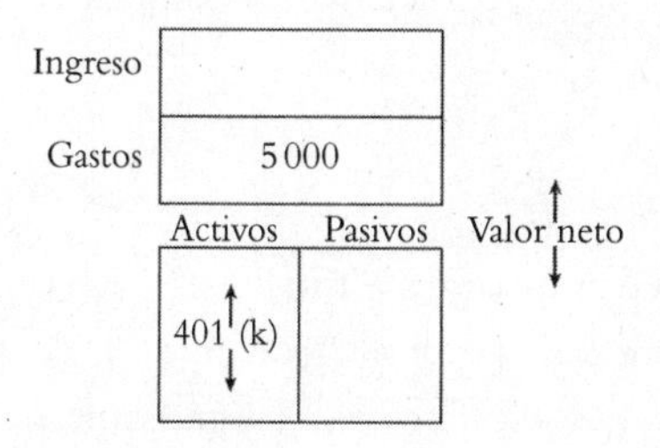

Pensar en las cuentas 401(k) me recuerda la fábula de Esopo sobre el ganso que ponía huevos de oro. Casi todos los planes de retiro con contribuciones dependen del dinero ganado en el pasado (lo que llamo "dinero viejo") para resolver problemas de gasto en el futuro.

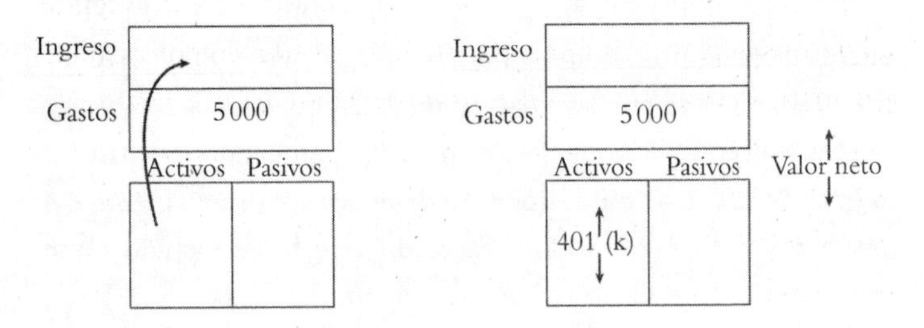

Los planes que dependen en el dinero viejo están en una situación arriesgada. En lugar de tener un flujo de efectivo mensual que pueda durar indefinidamente, el inversionista se queda con lo que parecen ser dos relojes de arena. Uno está lleno de dinero y el otro de tiempo. Es por eso que uno de los principales miedos que la gente tiene es quedarse sin dinero durante su jubilación. Esto no sucedería si supieran cómo generar "dinero nuevo".

Quiero presentarte una forma totalmente nueva de pensar... una que quizá nunca hayas considerado antes. Estas nuevas ideas —"gansos de oro"— son diferentes a las que experimentas cuando dejas tu dinero parado en una cuenta de retiro a largo plazo.

Cuando se trata de comprar acciones el análisis fundamental es el proceso de recopilar información sobre la fortaleza de la compañía y el análisis técnico es el proceso de recopilar información sobre la oferta y la demanda de esa acción. Cuando tienes esa información, puedes usarla para determinar si invertir tu dinero en un ganso de oro o en un huevo de oro. Descubrirás que hay una variedad de formas de cosechar lo que ves en los análisis fundamentales y técnicos.

En los capítulos sobre estrategias de flujo de efectivo verás algunos ejemplos para convertir esta información en potencial de ganancia, así como algunas reglas que debemos seguir cuando ejecutamos una estrategia de inversión determinada. También voy a darte ideas sobre cómo elegir una estrategia sobre otra y algunos métodos para darte confianza en las decisiones que tomes, ayudándote a avanzar hacia tus metas de dinero y estilo de vida.

Aprender muchas estrategias de flujo de efectivo diferentes es como tener muchos colores disponibles al pintar una imagen. Con una variedad de colores frente a ti, piensa en cuánto más efectivo puedes ser combinando estos colores para ayudarte a que tu pintura refleje la visión que querías plasmar. En su detrimento, muchos inversionistas desarrollan criterios fundamentales y técnicos que los limitan solamente a ganancias de capital. Por otra parte, muchos limitan su caja de herramientas a estrategias para mercados alcistas. Como atleta colegial tuve que aprender muchos esquemas ofensivos; tenía muchas opciones en mi libro de jugadas para poder resolver muchas situaciones diferentes. Tomaba lo que me ofrecía la defensa y encontraba la forma de ganar sin importar lo que pasara.

Lo mismo se puede decir de tomar lo que el mercado te da —sea al alza, a la baja o lateral— y resolverlo.

Al aprender diferentes formas de posicionarte para tener flujo de efectivo (o incluso para tener ganancia de capital, por cierto), comienzas a entender que hay oportunidad de ganar sin importar lo que haga el mercado.

Parte de lo que aprenderás en la sección de Flujo de efectivo es:

1. Cómo obtener una ganancia de capital cuando sube el mercado.
2. Cómo obtener una ganancia de capital cuando baja el mercado.

3. Cómo obtener apalancamiento sin usar deuda.
4. Cómo los mercados de acciones y de opciones (derivados) pueden trabajar juntos para generar flujo de efectivo.

CONSTRUYE SOBRE ÉL

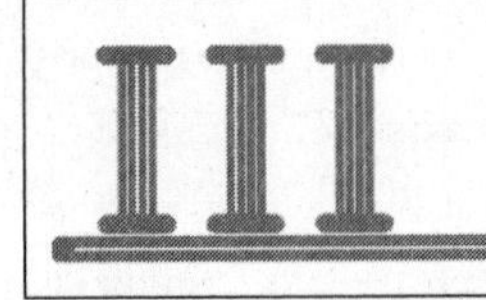

PILAR 3

El Flujo de efectivo se trata de elegir una posición en el mercado.

Pilar 4: administración de riesgo

Si inviertes en bienes raíces, acciones o cualquier otra clase de activo, recuerda siempre que las cosas pueden cambiar repentinamente.

¡PUNTO CLAVE!

ADMINISTRACIÓN DE RIESGO

Nos ayuda a lidiar con la incertidumbre o cuando nos equivocamos por completo.

Si el mercado colapsa y pierdes tu retiro, ¿tienes un plan B?

Si ahorras dinero y el dólar colapsa, ¿qué harás?

Si hay una inundación y pierdes tu casa, ¿tienes seguro?

Sin importar lo que hagas, siempre habrá algunas cosas fuera de tu control y otras que siempre puedes controlar. La administración de riesgo es usar las cosas que puedes controlar para lidiar con las cosas fuera de tu control. No puedo controlar la inundación, pero puedo controlar si compro o no un seguro.

La relación entre riesgo y control

Quizá quieras detenerte un momento y considerar este punto clave: el riesgo está relacionado con el control.

¡PUNTO CLAVE!

El RIESGO está relacionado con el CONTROL

más control		**más riesgo**
↑		**↑**
menos riesgo		**menos control**
sin control	→	apuesta

Cada que alguien esté a punto de invertir dinero o usar deuda como apalancamiento de inversión, sería prudente que considerara cuánto control tendrá sobre el resultado de la inversión. La pregunta de control es igual de importante para personas que han colocado grandes cantidades de dinero en planes de retiro tradicionales que se diversifican ampliamente en los mercados. ¿Cuánto control tienen sobre el resultado? Es un asunto serio a considerar.

Un inversionista no tiene control sobre los primeros dos pilares que discutimos, el análisis fundamental y el análisis técnico. Cuando vemos los números de una compañía, entendemos que ese desempeño está fuera de nuestro control. No tomamos decisiones día a día dentro de la empresa. No estamos en las calles vendiendo sus productos. Podemos tener algunas acciones de la compañía, pero tenemos poco o nulo impacto en la política de la empresa. Asimismo, cuando observamos la gráfica de la acción de una empresa y vemos una tendencia en el precio de la acción, entendemos que la dirección del precio de la acción también está fuera de nuestro control.

No importa cuánto quieras que el precio de la acción suba, está completamente fuera de tu control. Lo mismo es cierto con las ganancias de la empresa. No podemos controlar estas cosas más de lo que podemos controlar el clima o la lotería.

Recuerda que los primeros dos pilares, el análisis fundamental y el análisis técnico, se tratan de recopilar y analizar información... no de controlar esa información.

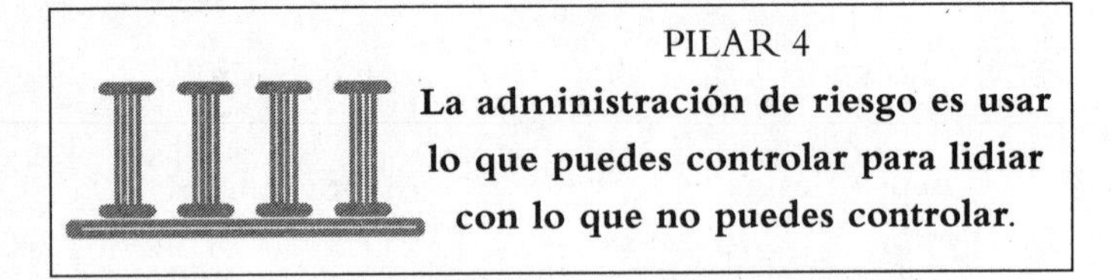

Cosas que puedes controlar

Después de haber obtenido algo de información vital mediante un análisis fundamental (ver la fortaleza financiera de la compañía) y un análisis técnico (ver la oferta y demanda de esa acción), es tiempo de considerar una estrategia de flujo de efectivo y cómo quieres administrar el riesgo asociado con esa estrategia. De nuevo, no tienes control sobre los primeros dos pilares. Sin embargo, tienes control total y plena responsabilidad mediante tus acciones en los últimos dos pilares.

En otras palabras: realmente no puedes controlar cuál va a ser el clima, pero sí puedes elegir cómo lidiar con él. No puedes controlar un huracán que se dirige hacia ti. No obstante, puedes recopilar esa información de que un huracán se dirige hacia ti, beneficiarte de esa información y empezar a vender suministros de emergencia a aquellos que lo necesiten. También puedes administrar tu riesgo comprando un seguro para proteger tu hogar. Estas acciones dependen totalmente de ti. Lo mismo es cierto con tu inversión en flujo de efectivo.

También controlas el nivel de tu educación financiera. En el capítulo 1 discutimos la importancia de que los inversionistas se vuelvan estudiantes serios. Depende completamente de ti cuán lejos quieras llegar con cada uno de los 4 Pilares de la Inversión. Ésas son muy buenas noticias. Si nos damos cuenta de que nuestros objetivos de estilo de vida y metas monetarias se logran cuando cumplimos nuestras metas educativas, entonces los 4 pilares de la inversión se convierten en un camino claro hacia el éxito. Ahora sabemos qué estudiar y en qué trabajar. Sabemos cómo crecer nuestros naranjos con un sinfín de fruta deliciosa.

Algo de lo que aprenderás en esta sección sobre riesgo:

1. Aprenderás sobre muchos tipos diferentes de riesgos que enfrentan los inversionistas.
2. Ampliarás tu vocabulario financiero.
3. Aprenderás sobre estrategias de salida.
4. Aprenderás sobre coberturas.
5. Aprenderás sobre dimensionamiento de la posición (*position sizing*).

Los 4 pilares del continuo educativo

Los activos de papel son un gran lugar para empezar a aprender los 4 pilares por su ventaja en escalabilidad y liquidez. Sin embargo, sería un grave error —por ejemplo— pensar que los inversionistas en bienes raíces no necesitan entender el análisis técnico en sus operaciones diarias. He escuchado al asesor de Padre Rico Ken McElroy declarar muchas veces que su negocio de bienes raíces es un negocio de tendencias. Los 4 pilares ofrecen la base para cualquier educación financiera.

Ahora que tienes una comprensión básica de cada uno de los cuatro pilares, es hora de volverte más conscientes de lo que son. Es tiempo de empezar a ser más *competente* en cada pilar. A medida que desees ser más competente, tu mente automáticamente buscará mentores y formas de practicar para volverte más y más *dominante* en ello por la ley de atracción. Simplemente así es como trabaja el cerebro de forma natural.

El continuo educativo®

Ignorancia → Conciencia → Competencia → Dominio

Enfocarte en tus metas educativas con mayor claridad identifica a las personas y a la oportunidad que te ayudarán a lograr tus metas. Este mayor enfoque y deseo de identificar soluciones te dará la sensación de que estas personas y oportunidades son atraídas hacia ti.

Al estudiar los 4 Pilares de las Inversiones, te invito a pensar sobre tu avance en cada pilar a lo largo del continuo educativo. Es una buena forma de evaluar dónde te encuentras en tu aprendizaje. Hay una gran diferencia entre ser consciente de qué es un estado financiero y dominar la realización de un análisis fundamental sobre esa declaración. Hay una gran diferencia entre ser consciente del análisis técnico y dominar la lectura de gráficas de acciones. El proceso de avanzar hacia el dominio en el continuo educativo es aún más importante con los últimos dos pilares: el flujo de efectivo y la administración de riesgos. Aquí es donde tus decisiones y acciones impactan directamente en tus ganancias.

Las estrategias de flujo de efectivo y administración de riesgo son armas de doble filo: es donde más te puedes ayudar o dañar. Como inversionistas, nuestra meta es dominar estos pilares. A medida que emprendes este viaje, disfruta descubrir cada pilar y recuerda que el éxito es el orden natural de las cosas. Sólo deja que suceda.

Resumen de capítulo

Revisemos algunos de los puntos importantes del capítulo 3:

1. El análisis fundamental nos ayuda a conocer la **fortaleza financiera de una entidad**.
   Un estado financiero revela la condición financiera de una entidad. Puedes usar esos números para ver su valor, diagnosticar sus problemas y pronosticar mejor su futuro.
2. El análisis técnico nos ayuda a **identificar tendencias**.
   Al leer gráficas podemos identificar tendencias. Podemos ver los cambios en oferta y demanda. Podemos ver patro-

nes que nos dicen lo que probablemente sucederá después. Podemos ver las señales de alerta en el mercado.

3. Las estrategias de Flujo de Efectivo son la forma en que elegimos **posicionarnos para obtener ganancias**.
   Aprender todas las estrategias de flujo de efectivo y ganancias de capital te dará la oportunidad de aprovechar lo que el mercado te ofrezca y tener potencial de ganancia en cualquier mercado —suba, baje o se mantenga estable— en lugar de estar a su merced.
4. La administración de riesgos se trata de **lidiar con lo inesperado**.
   Todo inversionista serio necesita medidas defensivas para lidiar con lo inesperado o para protegerse cuando estén equivocados.
5. Los 4 Pilares no sólo son para inversionistas en acciones, sino para **todos los inversionistas**.
   No importar la clase de activo. ¡Dominar los 4 Pilares te hará tomar mejores decisiones!

Josh y Lisa Lannon*

Historia personal y perfil emprendedor

Nombre	Josh Lannon	Lisa Lannon
Fecha de nacimiento	24 de agosto de 1974	16 de diciembre de 1970
Lugar de nacimiento	Long Beach, CA	Brookings, SD

Educación tradicional

JOSH

University of the Nations

Kailua Kona, Hawái

Grado: la escuela de la vida

Nivel educativo más alto: 1° de preparatoria

LISA

Black Hills State University University of Nevada, Las Vegas

Título: licenciada en justicia criminal

Nivel educativo más alto: licenciatura

Educación profesional

JOSH

Profesor mayor (séptimo dan), American Kenpo Karate Internacional (AKKI)

Graduado de operaciones especiales USASOL, niveles I, II y III

* Asesores de Padre Rico en capitalismo social.

LISA

Agente de policía – Las Vegas Metropolitan Police Department (LVMPD)

Promedio escolar

JOSH	Preparatoria: no lo sé
LISA	Preparatoria: 84-86
	Universidad: 80-83

Valor de la educación tradicional para convertirse en emprendedor

JOSH: Las bases son muy importantes: leer, escribir, aritmética, etc. Sin embargo, cuando se logra lo básico el sistema escolar debería permitirse al estudiante elegir sus áreas de interés. Mi problema era que no me interesaban los temas que me imponían. Honestamente, era confuso, aburrido y me sentía abusado. Esto hizo que me desagradara el sistema escolar tradicional. En ese entonces me interesaba el BMX (bicicleta motocross). Si los maestros hubieran podido relacionar su clase con un tema de interés, hubiera profundizado más en el estudio. Por ejemplo: "Una bicicleta Mongoose puede soportar a una persona de 180 libras. Sin embargo, los abogados de Mongoose no permitirían que esa información se publique en su sitio web. Exploremos la capacidad de carga y por qué crees que el equipo legal no permitiría que se publicara". Ahora sí captaste mi atención. ¿Qué hizo el sistema educativo tradicional para que me convirtiera en emprendedor? No mucho.

LISA: Fue útil para brindarme los fundamentos de la educación. Sin embargo, en retrospectiva desearía haber tomado algunas decisiones difíciles en la universidad como poner más atención a contabilidad básica y economía. Pudo haberme dado una mejor comprensión de los fundamentos cuando tomé educación financiera más adelante.

Materia que me gustó más en la escuela

JOSH: Matemáticas... hasta que dejó de relacionarse con mi vida.

LISA: Inglés... porque era fácil y yo era ayudante de los maestros en segundo y tercero de preparatoria. Eso me permitía algo de libertad durante el día escolar... y ésa era la meta en aquel entonces: la libertad. Supongo que no he cambiado mucho...

Materia que odié más en la escuela

JOSH: Inglés. Soy disléxico y me costó mucho seguir la clase. Siempre que teníamos que leer en voz alta me daba un ataque de pánico. Contaba el número de párrafos y estimaba los más cortos para ver qué sección tenía que leer. Lo leía una y otra vez en mi cabeza mientras esperaba mi turno. Después algunos estudiantes inteligentes leían más de lo que les tocaba y tenía que recalcular todo de nuevo. Era doloroso. ¡Hacía 10 veces más trabajo!

LISA: Algebra... no tenía sentido. Tuve que tomar la clase tres veces en la universidad para pasarla.

Primer proyecto de emprendimiento

JOSH: Comprar, entrenar en y (¡sí!) robar bicicletas BMX. Terminamos con una tienda de bicicletas completa (40 o más bicicletas) en la cochera. Cuando mi padre se dio cuenta de lo que hacíamos nos cerró el negocio. Fue una gran lección sobre regulación y cómo las autoridades pueden cerrar tu negocio.

LISA: Vender galletas de Girl Scout. Si bien no era mi propio negocio, lo veo como ser una "autoempleada" similar al marketing multinivel.

Después estaría construir Journey Healing Centers con Josh. Siempre me enseñaron a ir a la escuela, obtener buenas calificaciones y conseguir un empleo (de preferencia en el gobierno), así que el espíritu emprendedor no era algo en lo que había pensado o de lo que tuviera muchas ideas durante mis años de juventud.

Aunque siempre me preguntaba quién era dueño de los diferentes edificios y bienes raíces, no crecí rodeada de emprendedores.

La actividad empresarial clave que no aprendí en la escuela

JOSH: Cómo pensar de forma creativa.

LISA: No me enseñaron que está bien cometer errores. La escuela me hizo temer cometer errores. No me arriesgaba a levantar la mano si no estaba segura de la respuesta. La clase se reía y los niños se avergonzaban; había desaprobación a cometer errores. Incluso en los exámenes, una respuesta equivocada significaba una calificación más baja o reprobar. En la mayoría de los casos las respuestas equivocadas nunca se discutían y nunca revisábamos o hablábamos sobre por qué estaba mal ni tratábamos de aprender de nuestros errores. Sólo los estudiantes con las calificaciones más altas entraban a buenas universidades y tenían éxito.

Por qué me convertí en emprendedor y mi primer emprendimiento importante

JOSH: Máquinas expendedoras. Trabajé para mi padre en el negocio de clubes nocturnos. La realidad es que no me pagaba nada. También era un emprendedor y nunca olvidaré cuando le cuestioné por qué me pagaba tan poco. Dijo: "Hijo, si quieres ganar más dinero las respuestas están a tu alrededor". Tenía razón y empecé a poner máquinas expendedoras en el club, mesas de billar, etc. Al pensar de forma creativa, era libre.

Mi "por qué"... buena pregunta. Porque si quería ganar más dinero, dependía de mí y de nadie más.

LISA: Me convertí en emprendedora en 2002 con Josh al construir Journey Healing Centers. Crecimos JHC a seis centros en dos estados.

El "por qué" era porque habíamos superado una adicción y sabíamos que podíamos hacer la diferencia. Cuando Josh dejó de tomar, sabía que no podía volver a trabajar en clubes nocturnos; tuvimos que cambiar de entorno. Abrir nuestras propias instalaciones de salud tenía sentido para nosotros. Nos habían presentado *Padre Rico, Padre Pobre* y estábamos listos para tomar el control de nuestras vidas, lograr la libertad financiera y hacer una diferencia en el mundo.

Vendimos JHC en 2013 a una compañía grande de capital privado, EBH, y empezamos nuestro siguiente gran emprendimiento: Warriors Heart.

Mejor lección de mi primer negocio

JOSH: En retrospectiva, me parece muy gracioso que fuera la administración de efectivo. Lisa y yo teníamos cientos de dólares en monedas de 25 centavos. Los bancos lo odiaban y era una molestia enrollarlos. Comenzamos a cobrarlos en los casinos locales, pero empezaron a corrernos de ahí. Entonces comenzamos a llenar las cubetas de los casinos con nuestros centavos y los llevábamos a la caja para cobrar. ¡Al hacerlo (cargando tantas cubetas como podíamos) le decíamos a la gente apostando que ése era el mejor casino en Las Vegas! Actuábamos como "ganadores"… y dábamos propina al cajero. ¡Era genial!

LISA: El desarrollo personal y mantenerme enfocada en la misión fue una lección clave. Ser emprendedor es una montaña rusa. Ser capaz de manejar las emociones de un negocio es clave. Problemas como perder un ingreso fijo o tratar con empleados y clientes molestos pueden causar una amplia gama de emociones. Trabajar en mi desarrollo personal y crecer no sólo me hizo una mejor líder, sino que me ayudó a manejar las emociones que surgían.

Hace años me comprometí a ser una persona que siempre aprende, siempre toma cursos de desarrollo personal y siempre busca entrenadores y mentores.

Lo que aprendí de mi persona con el Índice Kolbe

FELICIDADES, JOSH

Obtuviste una calificación perfecta en el Índice Kolbe A®

Tienes la capacidad única de enfrentar desafíos orientados al futuro. Lideras el camino hacia posibilidades visionarias y creas lo que otros decían que no podía crearse. Dices "sí" antes de siquiera saber el final de la pregunta... después lo conviertes en una aventura productiva.

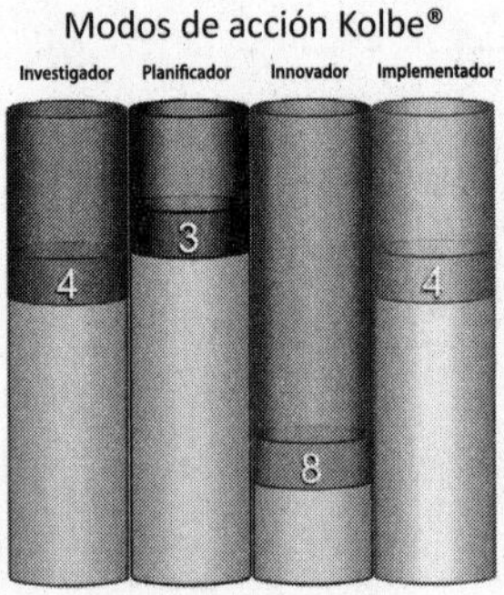

Reimpreso con permiso de Kolbe Corp.

JOSH: Soy un innovador. Soy muy bueno para iniciar proyectos. Puedo liderar con fuerza, unir a equipos y hacer las cosas. Sin embargo, una vez que el negocio opera suelo hacerme a un lado y dejar que los planificadores y los investigadores se encarguen de la operación.

Mi Kolbe también me enseñó mucho sobre la comunicación con la gente. Por ejemplo: como innovador, no puedo hacer que un investigador actúe hasta que ellos trabajen suficiente con los datos. Bromeamos sobre eso en la compañía. Sin embargo, ahora lo sabemos y eso ayuda tanto a la comunicación como a complementar nuestras fortalezas.

Lo que aprendí de mi persona con el Índice Kolbe

FELICIDADES, LISA

Obtuviste una calificación perfecta en el Índice Kolbe A®

Eres excelente alternando rápido entre prioridades cambiantes. Se te conoce por asumir riesgos basada en realidades prácticas. No pierdes el tiempo con lo que siempre se ha hecho, pero moderas tu proceso de prueba y error usando opciones estratégicas.

Reimpreso con permiso de Kolbe Corp.

LISA: Me encantó aprender sobre Kolbe. Validó cómo hacía las cosas y por qué me costaba hacer lo contrario a lo que soy según la gráfica de Kolbe.

Mis fortalezas están en el inicio rápido y en la visualización (categoría de implementador). Me encanta crear nuevos negocios y nuevas inversiones. Esto es emocionante para mí; entrar a algo nuevo y hacer cambios innovadores en los negocios. Tomar riesgos, crear urgencia en los proyectos y trabajar con fechas de entrega está en mi naturaleza.

Cuando tenía un proyecto, a veces me frustraba por no empezarlo hasta el último minuto. Siempre buscaba formas de cambiar esto. Ver mi Kolbe —y aprender que trabajaba bien bajo presión y con fechas de entrega— me quitó mucha de la presión de sentir que tenía que cambiar a la procrastinadora en mí. Eso iba en contra de mi naturaleza.

Soy una persona que ve el panorama completo. Puedo visualizar cómo deberían ser o deberían cambiar las cosas.

No tengo que poner manos a la obra. Uno de mis talentos es encontrar nuevas propiedades para nuestros negocios. Puedo ver cómo serán y cómo funcionará. Esto funciona realmente bien para proyectos nuevos y para crear el futuro. Construir un equipo fuerte que complemente nuestras fortalezas Kolbe también es clave.

Mi rol en el Triángulo D-I

JOSH: La parte externa del Triángulo D-I, 100% seguro. Comunicar la misión con claridad, construir el equipo correcto (lo cual incluye la definición y apoyo de la cultura) y el liderazgo. Siempre trabajo en mejorar mis destrezas y habilidades para liderar.

LISA: Utilizamos cada parte del Triángulo D-I en nuestros negocios. Como emprendedores sociales y al construir negocios que tienen un aspecto social, nuestro rol en el equipo de asesores está en las áreas de misión, equipo y liderazgo. Tener un "por qué" fuerte —o propósito— es la base de los emprendedores sociales, así que en realidad nos enfocamos en la misión.

Habilidades que son esenciales para los empresarios... pero no se enseñan en las escuelas

JOSH: Para los empleados —producidos por el sistema educativo— aprender a no cometer errores es bueno. Por ejemplo, queremos entrenar bien a nuestros empleados y hacer que sigan las políticas y procedimientos. Sin embargo, los emprendedores somos los que creamos la política. Eso sólo sucede mediante la prueba y error. Tengo una mejor idea: recompensar a los niños en programas de emprendimiento por cometer errores. Así es como aprendemos. Y a mayor error, ¡mejor anécdota!

LISA: Tres cosas...

Perseverancia: Las escuelas se enfocaban en los estudiantes de 10. Los elogios iban a los mejores estudiantes y atletas cuando en realidad se trata de sacar lo mejor de cada persona. Todos tenemos una habilidad, un regalo. La escuela debería ayudar a los estudiantes a encontrar su fortaleza para que puedan triunfar en lo que sea que quieran ser o hacer... en lugar de sólo enfocarse en los mejores.

A los niños que no son los mejores en la escuela a veces les hacen creer que serán perdedores en la vida y no tendrán éxito. Si no se les enseña a perseverar, pueden adoptar estas creencias al no dar su mejor esfuerzo o encontrar su talento en la vida.

Está bien cometer errores: Hablé sobre esto antes en las cosas que no se enseñan en las escuelas. Creo que es una habilidad esencial que tenemos derecho a aprender. Aprendemos con los deportes extracurriculares que la práctica nos hace mejores, ¿así que por qué no se enseña esto dentro de los salones de clase? La mayoría de los deportes extracurriculares los enseñan los mismos maestros que dicen que no está bien cometer errores en el salón de clases.

Cuando era empleada, me entrenaron para un trabajo y me metía en problemas (¡incluso reportado a mis superiores!) si cometía un error. Aprender que está bien cometer errores me brindó algunas de mis mejores lecciones en los negocios. Aunque quiero hacer mi mejor esfuerzo para limitar los errores porque pueden ser costosos, parte de la vida es que a veces todos cometemos errores.

Cuando un empleado comete un error, lo revisamos para evaluar si necesita más entrenamiento o si hubo otra causa. Siempre y cuando aprendan, hemos aprendido a perdonar. Si cometen los mismos errores, entonces obviamente no se está aprendiendo la lección y deben tomarse otras medidas.

Equipo: En los negocios es crucial tener un equipo fuerte. Un equipo alineado con la misma misión, valores y visión. La escuela es un juego individual. No podemos colaborar en exámenes y la tarea se hace de forma independiente. Hay muy pocas clases o tareas en las que se apruebe trabajar como un equipo.

Aprender a jugar en equipo y trabajar juntos es esencial, sobre todo cuando se introducen personalidades diferentes en un entorno laboral o un negocio. Si pudiéramos aprender esto en la escuela, sería más fácil trabajar juntos en los negocios.

Cómo aprendí a recaudar capital

JOSH: ¡Empecé pidiéndole dinero a mamá y papá! Si tienes hijos, entrénalos en diferentes técnicas de ventas y formas de mejorar su presentación. Recompénsalos por no rendirse fácilmente. Me gusta ver a padres que no destruyen el ánimo de sus hijos por pedir dinero. Esta habilidad de "recaudación de capital" se puede mejorar, practicar y recompensar.

LISA: Aprendimos a recaudar capital cometiendo muchos errores. En nuestro primer negocio, intentamos la forma tradicional: bancos. Nos rechazaron una y otra vez. Eventualmente fuimos con un inversionista privado con el que pudimos recaudar los 1.5 millones de dólares que necesitábamos para iniciar nuestro negocio. Nos tomó varios intentos con muchas revisiones a un plan de negocios malo. En retrospectiva, entendimos que cometimos muchos errores esa primera ocasión, pero nuestro inversionista apostó por nosotros. Lo que más me enorgullece es que incluso cuando fuimos rechazados muchas veces nunca nos rendimos.

Cómo aprendí a superar el medio y el fracaso

JOSH: Quería una novia. ¡Tenía que superar el miedo y sólo invitarla a salir! Luego, cuando me cortaban (¡en verdad pasaba!), aprendí cómo superar el fracaso y el rechazo. Dolió, pero aprendí algo cada que pasó. (No le digas a Lisa… ¡nos conocimos cuando tenía 19 años y cree que fue mi primera novia!)

LISA: Siempre habrá miedo y fracaso. El desarrollo personal fue clave para controlar el miedo y aceptar el fracaso. Cuando entramos a algo nuevo como nuestro negocio nuevo —y a pesar de que lo hemos hecho antes— lo adaptamos a un nicho específico y nos adentramos a territorio desconocido para nosotros. Hoy existe el miedo a lo desconocido y al fracaso. La mejor forma que he aprendido para lidiar con el miedo es dividirlo en partes que puedo controlar, así como buscar información para hacer que algo de lo desconocido sea conocido.

Como policía siempre hay miedo al peligro de no saber qué pasará en la próxima situación, miedo tanto a ser herido como a morir. Fue la práctica de nuestras tácticas defensivas y entrenamiento lo que calmó esos miedos. Con el fracaso, se trata de aprender a aceptarlo y a aprender de él para no cometer los mismos errores en el futuro.

Mi fortaleza personal

JOSH: ¡Siempre voy hacia adelante! Vamos, ¿por qué no? Si tienes una visión, sueño, meta… persigúelo con todo lo que tengas. Ésa es mi fortaleza. Creo que deberíamos dedicar nuestra vida, nuestra energía y nuestro tiempo a lograr lo que queremos en la vida.

LISA: Mi fortaleza personal es la perseverancia y ser una protectora… una guerrera. Tengo corazón de guerrera. Entrar a la fuerza policiaca para proteger y servir, luchar por mi matrimonio y nuestro negocio actual —Warriors Heart, curando a los guerreros de nuestra nación— es reflejo de la protectora en mí.

Mi debilidad personal

JOSH: Puedo llevar a las personas al límite. Soy muy crítico conmigo mismo y espero que otros actúen de la misma forma.

Estoy aprendiendo a ser más gentil (conmigo y con los demás) y a apoyar a las personas a ser mejores en lugar de demandárselos.

LISA: Trabajo muy bien con las fechas de entrega, pero antes de tenerlas soy muy buena postergando las cosas. A veces esto es una fortaleza, ya que soy muy buena bajo presión. Dicho esto, sin presión como una fecha de entrega no siempre empiezo a hacer las cosas. He aprendido que tengo que fijar fechas límite… y engañarme con fechas de entrega falsas o arbitrarias no siempre funciona.

Las habilidades de emprendimiento que enseño mejor

LISA y JOSH: Misión.

La habilidad de emprendimiento que enseño

LISAy JOSH: Los capitalistas pueden ser buenas personas y modelos de negocios enfocados en necesidades sociales.

Modelos de negocio enfocados en necesidades sociales

de Josh y Lisa Lannon

El mundo está lleno de gente avara
que hará lo que sea por dinero…
pero no necesitas ser uno de ellos.
Josh y Lisa demuestran que puedes
ser capitalista social,
emprendedor con un corazón,
y ganar mucho dinero.

Robert Kiyosaki

Josh:

Lisa y yo creemos que uno debe estar alineado con lo que hace y enseña. En otras palabras, es difícil respetar la asesoría de un asesor financiero en bancarrota o respetar a un nutriólogo gordo. Podrán ser personas grandiosas, pero están desalineadas de sus áreas de experiencia. Simplemente no practican lo que predican.

Ésa es una de las razones por las cuales nos encanta aprender con el equipo Rich Dad. Todos y cada uno de los asesores de Robert y Kim viven lo que enseñan cada día de su vida. Es parte del código de Rich Dad. Robert, Kim y su equipo de asesores han construido, destruido y reconstruido negocios en todo el mundo. Hablan desde la experiencia y tienen tanto las cicatrices de guerra como las cuentas bancarias para demostrarlo. Para nosotros, eso es integridad. Robert suele citar a R. Buckminster Fuller, igual que nosotros, y esto es lo que dice sobre el tema: *"La integridad es la esencia de todo lo exitoso"*.

Haremos lo mejor posible para quedarnos dentro de nuestra área de especialidad. La habilidad empresarial que mejor enseñamos —y vivimos— es la misión… sin lugar a dudas, 100%

convencido. Nuestra misión nos impulsa, desde cómo invertimos, pasamos el tiempo, construimos y operamos negocios a cómo elegimos vivir. Tener un propósito en la vida y en los negocios da enfoque a nuestro trabajo y nos da satisfacción por hacerlo.

Lisa:

Hemos sido muy exitosos aplicando los principios de Rich Dad en nuestras vidas personales y profesionales. Ambos principios nos parecen directos y de sentido común… Es interesante que nadie más, según nuestra experiencia, ha sido capaz de enmarcar enseñanzas como el equipo de Rich Dad. Por ejemplo, la lección 1 de Rich Dad es que los ricos no trabajan por dinero. Al principio es difícil entender la profundidad y simplicidad de ese principio. Si los ricos no trabajan por dinero, ¿entonces para qué trabajan?

Una de las razones por las cuales amamos este proyecto actual, *Más importante que el dinero*, es que para nosotros esta lección siempre ha estado incluida en el mensaje de Rich Dad. Al revelar la verdadera esencia del trabajo de Rich Dad, este libro podría ser el proyecto más importante hasta la fecha.

El dinero es importante, muy importante… pero no es el aspecto "más importante" de nuestras vidas. Si permitimos que el dinero sea el enfoque más importante, el "por qué" estás en los negocios o tienes un trabajo, entonces… estás perdido. Hay mucho más en la vida.

Josh:

Por ejemplo, desde 2002 Lisa y yo hemos dedicado nuestras vidas al área de la salud conductual. Hemos construido y operado siete centros de tratamientos de alcohol y drogas exitosos en varios estados. Al estar en el área de las adicciones sabemos que las personas muestran las mismas características y comportamientos hacia el dinero que un adicto a la heroína hacia su droga de preferencia.

Si el dinero es la cosa más importante en tu vida, entonces eres adicto a él. El dinero es tu droga. No decimos que esté mal, pero llamemos las cosas por su nombre. ¿Te da una sensación de euforia cuando llega un cheque? ¿A mayor cheque, mayor euforia? ¿Te sientes ansioso cuando ves que baja tu cuenta bancaria? Quizá nunca antes lo has lo has visto de esta forma, pero retira las apariencias y evalúa si tienes adicción.

Puedes escucharlo en las palabras que usan las personas. "Tengo que ganar al menos 80 000 dólares al año. No lo entiendes: tengo hijos que alimentar, cuentas que pagar, créditos escolares, deuda…" Todos lo hemos escuchado… y las excusas no terminan.

Si quieres ver si eres adicto al dinero quédate sin cheques por un año o incluso un mes. Ve qué sucede. ¿Pasarás por una desintoxicación violenta? ¿Temblarás, patearás y gritarás tras perder tu empleo? Si respondiste que sí, este libro es para ti.

Primer paso

Nuestra área de enfoque es la misión, liberando tu mente de la atadura de la adicción. En AA (Alcohólicos Anónimos) a esto se le llama el Primer Paso. "Admitimos que éramos imponentes ante el alcohol, que nuestras vidas se habían vuelto ingobernables."

Usualmente se requiere una fuerte dosis de sufrimiento que un alcohólico tome el Primer Paso. Para tomar el Primer Paso en la recuperación, es necesario que el individuo sea suficientemente humilde para admitir que necesita ayuda. Algunas personas ven la humildad como un tipo de debilidad, pero esto no podría estar más alejado de la verdad. Sólo significa que el individuo acepta la realidad de que no tiene todas las respuestas. La humildad también significa que el individuo ya está dispuesto a aceptar ayuda para su problema.

Con el equipo de asesores de Rich Dad practicamos la humildad de forma regular y entre todos nos mostramos nuestros estados financieros personales y empresariales. ¿Por qué? Porque todos, en un momento u otro, descubrimos que "nuestras vidas financieras se habían vuelto ingobernables". Como en AA, practicamos la honestidad rigurosa entre nosotros. El estándar no es la honestidad —es la *honestidad rigurosa*— y es importante entender la diferencia entre las dos. La verdad es lo que impulsa a la honestidad mientras que la veracidad (la cualidad de parecer o ser percibido como honesto, incluso si no es necesariamente cierto) es la fuerza motivadora detrás de la honestidad rigurosa.

Esta revisión rigurosamente honesta de nuestras vidas financieras nos hace ser responsables ante esta integridad: *¿Realmentepracticamos lo que enseñamos?* Como estudiantes, ¿somos capaces de aplicar los principios en nuestras vidas? Si yo aún fuera un borracho, ¿enviarías a tu ser querido a uno de mis centros de tratamiento para lograr la sobriedad? ¡Por supuesto que no! ¿Entonces por qué tomamos consejos de gente en bancarrota?

Esto es un vistazo al código de conducta de Rich Dad; todo se relaciona con la misión. Practicamos la integridad, la honestidad rigurosa, la vulnerabilidad y la competencia positiva. A este nivel, la vulnerabilidad fortalece al equipo y crea un nivel extremadamente alto de confianza. ¿En quién de tu equipo confías? ¿Quién te hará responsable de vivir con propósito sin aprovecharse de ti?

Si estás listo para empezar, encuentra a un mentor en el que confíes y revélale tu estado financiero personal. Eso es tomar el primer paso: "Admitimos que éramos impotentes ante el dinero, que nuestras vidas se habían vuelto ingobernables".

El Primer Paso del *Libro grande* de AA (página 21) es: *"No hay otro tipo de bancarrota como ésta. El alcohol, ahora convertido en nuestro acreedor más despiadado, nos despoja de toda confianza en nosotros mismos y toda voluntad para resistirnos a sus exigencias. Una vez que se acepta esta dura realidad, nuestra bancarrota como seres humanos es total".*

Fácilmente podríamos remplazar *alcohol* por *falta de educación financiera* como el "acreedor más despiadado" que "nos despoja de toda confianza en nosotros mismos y toda voluntad para resistirnos a sus exigencias". Una vez que se acepta esta dura realidad, nuestra bancarrota como preocupaciones humanas andantes está completa.

Me volví sobrio en 2001, al mismo tiempo en que Lisa y yo empezamos a estudiar libros de Robert y Kim Kiyosaki. Fue personal para nosotros... y no iba a dejar que ninguna droga me volviera a controlar. Al ser un alumno de la recuperación, la lección 1 de Rich Dad —los ricos no trabajan por dinero— me habló al alma.

Los ricos trabajan por activos... y para mí, ¡el activo era la sobriedad! Lisa y yo trabajamos juntos, tal como hicimos en nuestro matrimonio, y empezamos nuestro viaje de emprendimiento social. Ya no íbamos a trabajar por dinero. Habíamos encontrado nuestra misión en la vida y en los negocios. Nuestros esfuerzos futuros iban a usar los negocios como fuerza del bien.

Lisa:

Antes de que Josh se volviera sobrio en 2011 éramos empleados con seguridad laboral. Josh trabajaba con su padre en sus clubes nocturnos y yo estaba en la fuerza policiaca trabajando para el Metropolitan Police Department de Las Vegas. Para el mundo externo, todo se veía genial. Teníamos un hogar de clase media, carros lindos y algunos dólares en nuestros bolsillos... pero por dentro nos estábamos cayendo a pedazos. Esto fue evidente en nuestro matrimonio (el cual estaba a punto de colapsar), en el deterioro de salud de Josh y en el dinero que desaparecía de nuestras cuentas por tantas fiestas nocturnas.

Tras años de estar en clubes nocturnos de Las Vegas, el alcoholismo de Josh estaba destruyéndolo. Como trabajaba todas las noches como policía con adictos, su adicción me cobraba factura. Lidiaba con eso tanto en mi trabajo como en mi matrimonio. Tras varios años de vivir una montaña rusa emocional, tuve que dar el ultimátum: divorcio o rehabilitación. Llegué a mi límite.

Josh también estaba listo para que terminara la locura. Llevábamos años con este juego. Trataba y decía: "Sólo tomaré los fines de semana" o "Esta vez será diferente". Intentó de todo, pero se le acabó el cuento. No más promesas rotas; estaba en mi límite. Gracias a Dios eligió la rehabilitación, ya que llegamos al punto en que la decisión realmente era de vida o muerte.

Cuando salió de rehabilitación, Josh no quería regresar a la industria de clubes nocturnos. Ya no quería ser parte del problema. Su plan de negocio era simple: embriagar a los clientes, ayudarles a pasar un muy buen rato y cuidar a todos. Funcionaba. Era el club número 1 de Las Vegas y a la gente le encantaba el lugar. Sin embargo, incluso tras trabajar tan duro durante años para crear el bar de country y honky-tonk número 1 de Las Vegas, dijo basta. Estaba listo para apartarse del negocio de su padre, un negocio que algún día podría haber sido suyo.

Tuvimos que hacer cambios. Era hora de una nueva misión. A pesar de que Josh dejó de tomar, aún era temprano en su recuperación y seguía en el mismo entorno. El ambiente era tentador y devastador al mismo tiempo. Nuestros amigos creyeron que estábamos locos por irnos. El negocio del club iba muy bien; pasaban 1 500 personas cada noche por sus puertas y yo tenía mi prometedora carrera en la fuerza policiaca. Y de nuevo, para el mundo exterior nuestra vida parecía genial. Sin embargo, personal y espiritualmente sabíamos que era momento de salimos.

Como dice el proverbio: "Cuando el alumno está listo, el maestro aparece". Ésa ciertamente fue nuestra experiencia con el mensaje de Rich Dad. Nos llegó en el momento correcto y cambió nuestras vidas. Con la sobriedad como la base de nuestra misión, decidimos abrir nuestro propio centro de rehabilitación. Teníamos un "por qué" fuerte al entrar a este campo y eso nos brinda una base sólida.

Como dijo Josh, entrábamos al mundo del emprendimiento social.

Josh:
Esto es lo que hacen los emprendedores sociales. Usamos nuestra pasión, nuestro *por qué*, para resolver problemas. Simón Sinek fue quien lo dijo mejor en su libro *La clave es el por qué: cómo los grandes líderes nos inspiran a actuar.* Escribe: *"Cuantas más organizaciones y personas aprendan a comenzar con el* POR QUÉ, *más personas habrá despertándose realizadas por el trabajo que hacen".*

¿Por qué empezar con el *por qué*? Nuevamente las palabras de Sinek:
"La habilidad de motivar a las personas, en sí misma, no es difícil. Usualmente está atada a un factor externo. Los grandes líderes, en comparación, son capaces de inspirar a las personas a actuar. Aquellos que son capaces de inspirar dan a las personas un sentido de propósito o pertenencia que poco tiene que ver con cualquier incentivo o beneficio externo que pueda obtenerse. Aquellos que realmente lideran son capaces de crear seguidores que no actúan porque fueron convencidos, sino porque fueron inspirados.

"Para aquellos que fueron inspirados, la motivación para actuar es profundamente personal. Es menos probable que sean persuadidos por incentivos. Aquellos que son inspirados son capaces de pagar una prima o resistir un inconveniente, incluso sufrimiento personal Aquellos que son capaces de inspirar crearán seguidores —partidarios, votantes, clientes, trabajadores— que actúan para el bien de todos no porque tengan que hacerlo, sino porque quieren hacerlo.

"Las personas que aman ir al trabajo son más productivas y creativas. Las personas van a casa más felices y tienen familias más contentas. Tratan mejor a sus colegas y clientes. Los empleados inspirados hacen a las compañías y a las economías más fuertes".

El dinero y poder (aunque son tentadores) no son nuestro por qué. Nuestra motivación fue profundamente personal. Nuestro matrimonio era más importante que el dinero. Nuestra felicidad era más importante. Mi sobriedad era más importante que el dinero. Estábamos dispuestos a pagar el precio y resistir el sufrimiento personal de abrir un negocio. Dimos el salto de fe.

Los emprendedores sociales usan los negocios como una fuerza para el bien. El Triángulo D-I de Rich Dad nos brindó una guía para desarrollar nuestro plan de negocio y convertir nuestros pensamientos en acción. No vamos a entrar en todos los detalles aquí, pero si te interesa te invito a leer *Retírate Joven, Retírate Rico* de Rich Dad.

No sorprende que la base del Triángulo D-I sea la misión.

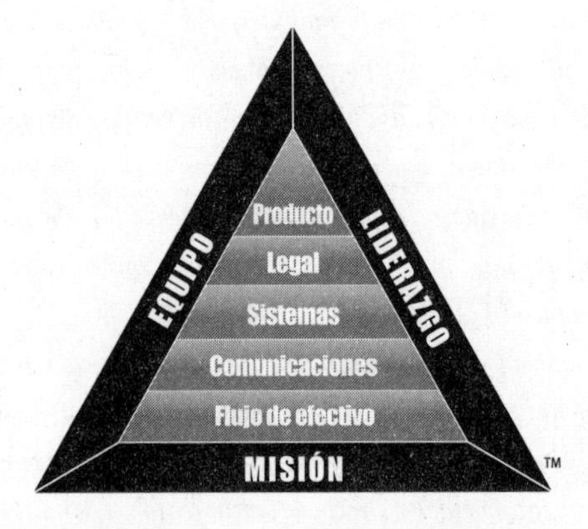

Con la misión como base sobre la cual construir, tuvo sentido (por lo menos para nosotros) que un negocio fuera diseñado para impulsarse con la misión. Los individuos pueden aprovechar ese poder de las empresas para hacer de este mundo un lugar mejor y obtener un beneficio.

Los emprendedores sociales no somos motivados por el dinero; somos inspirados por el propósito y nuestra motivación es profundamente personal. La meta: construir negocios sustentables con un propósito más elevado.

Si volteas a tu alrededor, estoy seguro de que verás incontables problemas que resolver. ¿Por qué no usar el poder de la empresa privada para atender esos problemas? Desde la falta de educación financiera a la adicción, al combate del tráfico sexual, el abuso infantil, agua limpia, el crimen, la alimentación, las viviendas... la lista es interminable. La empresa privada puede ofrecer soluciones a causas sociales, pero requerirá que personas como tú estén dispuestas a levantarse y ser ese cambio. Vale la pena repetir las palabras de Simón Sinek:

"Para aquellos que fueron inspirados, la motivación para actuar es profundamente personal. Es menos probable que sean persuadidos por incentivos. Aquellos que son inspirados son capaces de pagar una prima o resistir un inconveniente, incluso sufrimiento personal".

Lisa:

Es por esto que nuestra fortaleza clave son las compañías impulsadas por su misión. Nuestro proyecto actual, Warriors Heart, es impulsada por su misión. Nuestro nicho es servir a la población de guerreros —hombres y mujeres que sirven en el ejército, veteranos, policías, bomberos, paramédicos y otros profesionales de primera respuesta—. Los ayudamos a superar la adicción y el trastorno de estrés postraumático junto a otros desórdenes producto de traumas que incluyen la ansiedad, el duelo, las lesiones y la depresión. Así que pregúntate: ¿Qué te hace levantarte y te motiva por las mañanas? ¿Qué problema ves en el mundo? A veces tu motivación viene de algo intensamente personal, tal como sucedió con nosotros. En otros casos puede ser algo que simplemente te molesta y sabes que tienes que hacer algo al respecto.

Si te interesa convertirte en emprendedor social, ahora es el momento. Para eso escribimos el libro *El capitalista social*. Puedes aprender de otros capitalistas sociales y convertir tu pasión en un negocio rentable. Puedes hacer el bien en este mundo y tener éxito financiero.

Creemos que estamos entrando en una etapa de rendición de cuentas y responsabilidad corporativa. Es un momento en que los clientes, accionistas y empleados demandan transparencia. Ésta es una era nueva y mucho emprendedores sociales lideran el camino del cambio. Esto es lo que enseñamos en Rich Dad; la misión de construir negocios sustentables aplicando los principios, la pasión y las ganancias de Rich Dad. Somos emprendedores sociales.

Sobre Josh Lannon

Descrito como "una persona motivada con ideas poco convencionales", Josh Lannon ha abierto y operado siete centros de curación acreditados en tres estados con éxito y ha sido CEO desde 2002. Su misión más reciente, Warriors Heart, tiene la visión audaz de sacar a 1000000 de guerreros de la adicción y el trastorno de estrés postraumático. Warriors Heart es líder en el tratamiento privado de adicciones a drogas para nuestros guerreros.

Josh tiene amplia experiencia en liderazgo, desarrollo de negocios, salud conductual, licénciamiento, acreditación, bienes raíces, inversiones, oratoria, emprendimiento social, coaching empresarial y planeación estratégica. Su experiencia de vida y carrera ha ido desde ser jefe de construcción (Kohala Ranch en Hawái) y gerente general de una cadena de clubes nocturnos (Dylan's en Nevada) a fundador —con su esposa Lisa— de Journey Healing Centers (Utah y Arizona), centros de diagnóstico y tratamiento de drogas y alcohol. Durante 12 años, entre 2000 y 2013, JHC se expandió a seis ubicaciones en múltiples estados con un equipo profesional de más de 100 personas y tratamientos exitosos a miles de clientes. A finales de 2013 las seis localidades de JHC fueron adquiridas por EBH Elements Behavior Health, un proveedor nacional con respaldo financiero de Frazier Health Care.

En 2014 los Lannons lanzaron Warriors Heart en Bandera, Texas. Warriors Heart es un centro de tratamiento residencial con 40 camas, licencia y doble acreditación para curar a los guerreros de nuestra nación. Su enfoque es servir a los hombres y mujeres que son nuestros veteranos, militares, policías, bomberos, paramédicos y otros guerreros.

Josh es un egresado del Curso de Liderazgo LUF Navy SEAL SOT-G y de Operaciones Especiales USASOL (niveles I, II y III).

Sobre Lisa Lannon

Lisa Lannon es una emprendedora social, autora, inversionista, conferencista internacional y madre.

Descrita como una "protectora con compasión", Lisa tiene una audaz pasión en la construcción de negocios, así como en brindar entornos curativos y seguros de clase mundial que ayuden a guerreros en su sobriedad y curación. Su misión actual es Warriors Heart, un centro de curación para guerreros: veteranos, militares activos, policías, bomberos y otros paramédicos y protectores.

Lisa es coautora del libro *El capitalista social* en la serie Asesores de Padre Rico. Como emprendedora exitosa, ella ha construido y vendido seis instalaciones privadas de tratamiento de acciones JHC con su esposo Josh. Es fundadora de Brooke Property Management con inversiones en residencias, edificios comerciales, complejos de apartamentos y otros activos con más de 2600 unidades.

Antes de convertirse en emprendedora, Lisa era oficial de policía en el Metropolitan Police Department de Las Vegas. Lisa y Josh han sido inseparables desde 1995 y son los orgullosos padres de dos hijos increíbles. Se han dedicado a construir negocios con sentido y a atender problemas sociales.

Durante casi dos décadas Lisa se ha fortalecido por la convicción de que hacer el bien y ganar dinero no tiene que ser mutuamente excluyente. Ella cree que el mundo pide a gritos que emprendedores se levanten, creen trabajos y resuelvan problemas. Su vida ha sido una historia inspiradora de problemas convertidos en soluciones. Lisa es una visionaria que construye organizaciones impulsadas con propósito y valor para crear un cambio positivo.

Libros de Josh y Lisa Lannon

Serie Asesores de Padre Rico

El capitalista social

El viaje del emprendedor — De la pasión a las ganancias

Emprendedores sociales*

---

* Disponible en español.

UN EXTRACTO DE

Capítulo dos

Entendiendo el capitalismo social

Para todo aquel que haya dicho "Esto no está funcionando" o "¡Podemos hacerlo mejor!" —para cualquiera que disfrute desafiar el statu quo*, agitar el sistema o practicar algo de "destrucción creativa emprendedora"— éstos son tiempos prósperos.*

David Bornstein, *Cómo cambiar el mundo*

Quizá la mejor manera de definir el capitalismo social sea remontarnos a uno de sus pioneros.

J. Gregory Dees, profesor adjunto y director académico fundador del Centro para el Avance del Emprendimiento Social (Center for the Advancement of Social Entrepreneurship) (CASE, por sus siglas en inglés) de la Escuela de Negocios Fuqua en la Universidad de Duke, es considerado el académico líder en el área del emprendimiento social. En 2006, durante una reunión patrocinada por New Profit Inc., Dees afirmó que el término "emprendedor social" conlleva "una mezcla de secciones —una combinación del propósito social que típicamente asociamos con organizaciones no lucrativas y el tipo de orientación empresarial que asociamos con negocios, especialmente con las partes más creativas y dinámicas de los negocios".

En otras palabras, los emprendedores sociales crean buenos negocios mientras cumplen con misiones sociales.

Por supuesto, nosotros no pensábamos convertirnos en emprendedores sociales a finales de 2001. Tomar la decisión de crear una nueva vida para nosotros tan sólo fue el inicio del viaje. Como podrán afirmar los emprendedores en cualquier industria, la mayoría de los negocios no logra pasar de su idea inicial a un negocio exitoso, tenga o no un fin social.

Una vez que descubrimos que queríamos crear una vida nueva para nosotros, y ser financieramente libres, debimos aceptar que nos esperaba un largo y arduo camino. No teníamos que cambiar algunas cosas en nuestras vidas... Teníamos que cambiarlo todo, desde los pensamientos derrotistas que teníamos hasta las palabras que usábamos, los amigos con los que nos reuníamos y las actividades que realizábamos en nuestros ratos libres. Ese momento nos hizo sentir que habíamos descifrado todo, lo cual fue un alivio. Estábamos listos para aceptar el cambio, sin importar lo difícil que fuera el camino por delante.

Pero entonces todo el peso de nuestra decisión cayó sobre nosotros.

Nos gustaría decir que estábamos tan conmovidos por mi experiencia en rehabilitación y que controlar nuestras vidas se convirtió inmediatamente en la pasión de nuestra vida, pero mentiríamos. No decidimos abrir los centros de rehabilitación durante el viaje del sur de California a Las Vegas. Lo que más nos apasionaba era reconstruir nuestras vidas y nuestro matrimonio.

Sólo éramos dos personas regresando de un centro de rehabilitación para iniciar de nuevo, dispuestas a reincidir en los clubes, el dinero y el estilo de vida destructivo del que recién salíamos. Pero todavía era la mano derecha de mi padre, empleado de un centro nocturno, y por más que no quería esa vida, no tenía idea de la vida que sí quería. Y compartir esto con mi padre, un hombre que seguro lo tomaría como un acto de debilidad, no era una opción viable para mí. Me aterraba regresar al trabajo, pero también me aterraba no regresar.

Habían pasado pocos días cuando de nuevo me encontré en la pista del Dylan's, rodeado de más de 1 500 personas celebrando el Año Nuevo de 2001. Pasé toda la noche preguntándome qué hacía ahí. Me sentía vencido y atrapado. Veía las sonrisas y felicidad de todos a mi alrededor, y conforme avanzaba la noche me quedaba claro que todo era una gran mentira. No lo sé, quizá proyecté mis problemas en ellos, pero en ese momento pensé que muy pocas de esas personas eran verdaderamente felices. Veía cómo la pelota de Times Square caía en las grandes pantallas de televisión en cada muro y escuchaba el conteo regresivo para iniciar un nuevo año. Sentí que mi miedo de separarme del negocio de mi padre se evaporaba y en vez de eso temía pasar otro año en ese lugar. Nada, nada, ni el temor a mi temperamental y a veces violento padre, ni la amenaza de la ruina financiera, ni la incertidumbre sobre mi futura carrera o el posible distanciamiento con mi familia, nada podía hacer que esta vida tóxica valiera la pena. Tenía que SALIR. De inmediato.

Mientras tanto, Lisa enfrentaba sus propios miedos. El reloj contaba hacia la media noche y ella pasaría la víspera de Año Nuevo patrullando la Franja de Las Vegas con sus colegas. La multitud, cientos de miles de personas, eran suficientemente peligrosas, pero Lisa más bien temía por lo que pasaría conmigo, un alcohólico recién recuperado, en un centro nocturno, sobre todo en esta noche en que todos parecían dedicarse a beber y celebrar. Ella sabía que debía retirarme de los negocios nocturnos, ya que un solo trago me haría recaer. Tuvo el estómago hecho un nudo por la preocupación toda la noche.

Conforme caía la noche y el sol empezaba a salir, terminamos de trabajar y finalmente podíamos descansar. Una vez en casa, ella estaba sorprendida, aliviada, excitada y nerviosa por mi decisión de alejarme del negocio de mi padre en la mañana de Año Nuevo. Esa mañana decidimos iniciar desde cero.

Había llegado el momento. No sabíamos lo que íbamos a hacer, pero lo que sí sabíamos era que si no actuábamos en ese momento, quizá nunca escaparíamos. Pasamos el día de Año Nuevo pensando felices en todo lo que podríamos hacer. Sentía que era un tabú el considerar hacer algo distinto de trabajar en el negocio de clubes de mi padre, o que Lisa no fuera un

Tu entorno puede apoyar o destruir lo que eres y lo que quieres hacer. Si quieres cambiar, debes revisar tu entorno y convertirlo en un apoyo.

oficial de seguridad, pero también sentíamos que era lo correcto. Nos emocionaba imaginar todas las posibilidades que se encontraban a nuestro alcance. Lisa y yo lanzábamos todo lo que se nos ocurría en una tabla para discutirlo ese día. Se aceptaban todas las propuestas. No nos guardamos nada.

Entonces, de repente, mi discusión con Spencer apareció en mi cabeza —Spencer, el antiguo restaurantero que decidió abrir centros de rehabilitación cuando el negocio de los restaurantes se interpuso con su sobriedad—.

¿Había sido una señal? ¿Nos atrevíamos a soñar una vida similar para nosotros? Sí, lo hicimos. Porque tan pronto como compartí con Lisa esta memoria en voz alta, los dos nos quedamos callados y nos vimos el uno al otro, completamente serios. Reconocimos que éste era nuestro llamado. Después de todo, ya sabíamos cómo las personas combatían su adicción y cómo esto afectaba a sus seres queridos. Todas las piezas de nuestras vidas parecían ensamblarse en el momento correcto, y podíamos ver cómo todo lo que nos había pasado quizá tenía un propósito.

Porque por supuesto que tenía sentido. Yo había pasado varias veces por rehabilitación, sabía qué funcionaba y qué no. Tanto Lisa como yo conocíamos el dolor de la adicción, lo difícil que era regresar a una vida de sobriedad y los sistemas que debían usarse para permanecer limpio y sobrio. Sería inmensamente valioso compartir lo que aprendimos para guiar a otras personas, para devolver a las familias la paz que Lisa y yo conocíamos y amábamos.

Decidimos dormir con la idea en mente y llamar a Spencer al día siguiente. Fue lo primero que hice. Le expliqué todo lo que estábamos viviendo —el sentirme atrapado en centros nocturnos y la certeza de que seguir trabajando ahí sería un suicidio espiritual—. Le dije que era cuestión de tiempo antes de sucumbir nuevamente a ese entorno. Le conté que Lisa sentía lo mismo que yo y que apoyaba mi decisión de retirarme.

Le dije que quería ser parte de la solución y que no podía seguir siendo parte del problema. Después pregunté a Spencer si podía enseñarme sobre el negocio de la rehabilitación, asegurándole que apreciaría mucho su apoyo y consejo.

"¿Estás seguro de esto?", me preguntó.

Le aseguré que sí, estaba completamente seguro.

"Bueno, ya está, ¡excelente!", me dijo. "Preséntate en mi oficina el lunes por la mañana."

Manejé de regreso al sur de California para reunirme con Spencer y aprender todo lo que pudiera de él, un hombre que caminó la misma senda que Lisa y yo deseábamos tomar, aún sin saber a dónde me llevaría o si tenía planes ocultos.

Nuestra reunión duró la increíble cantidad de 10 minutos, tiempo en el cual me entregó manuales con políticas y procedimientos de sus centros de rehabilitación. Me dijo: "Ten. Así es como abres un centro de tratamiento". De hecho, incluso me compartió información confidencial, para consternación de sus empleados.

"Obtener la licencia es una de las cosas más difíciles que puedes hacer en esta industria", me dijo a la vez que me entregaba más formularios. "Aquí está cómo hacerlo." Me quedé parado, agradecido pero impactado, sosteniendo una pila creciente de carpetas de triple argolla que Spencer ponía sobre mí. Cuando terminó de entregarme documentos, habló en un tono similar al que usarías para ordenar a un empleado. "Quiero que vueles a Florida para que visites mi centro de tratamiento allá. ¿Entendido? Llegaré en unos días, así que te veré ahí y platicaremos un poco más." Después salió por la puerta para atender a su siguiente paciente, sin siquiera despedirse de manos para desearme suerte.

"¿Cómo te fue?", me preguntó Lisa a mi regreso a casa esa noche.

"Bueno, fueron unos excelentes diez minutos", le respondí, sorprendido de lo bien que aún me sentía con el plan, alentado por las herramientas que Spencer me había compartido y por su aparente seguridad en mis habilidades para triunfar. En ningún momento me cuestionó a mí o a nuestra decisión. "Lisa, quizás sea porque le pedimos su apoyo en lugar de sólo tomar algo de él. No lo sé. Pero ahora tenemos que ir a Florida."

Afortunadamente ella confiaba lo suficiente en mí y en mi nuevo mentor, Spencer, para subirse a un avión conmigo hacia Florida. Ninguno de los dos dudaba. Reservamos nuestro vuelo a Florida con nuestro dinero y nos entregamos completa y absolutamente a las indicaciones de Spencer. Después descubrimos que él y sus asociados habían reservado un día completo de reuniones para nosotros, incluyendo viajes a distintas partes de Orlando y pláticas con muchos expertos en el negocio del tratamiento de adicciones. En retrospectiva, estamos convencidos de que ésta era una prueba de Spencer para medir qué tan comprometidos estábamos con nuestra decisión. Y parecía que habíamos aprobado.

Al finalizar el día no sólo estábamos más convencidos con nuestra decisión, sino que ansiábamos comenzar de inmediato. Sin embargo, habíamos reservado una semana completa en Florida. Así que, tan pronto terminó nuestro día con Spencer, decidimos retirarnos algunos días de nuestra nueva aventura y visitamos Disneyworld. Fue durante esos días que concebimos a nuestra hija, Haley. Lo aceptamos como una señal del universo, la tercera en una serie de señales que incluían mi encuentro cercano con la muerte y el providencial regalo navideño de mi padre. Estos mensajes indicaban que estábamos a punto de iniciar nuestras metas de vida.

Entre los dos teníamos años de experiencia en administración y liderazgo, una base sólida de entrenamiento financiero gracias a padre rico, los manuales de políticas y procedimientos con información para obtener una licencia, un colega y mentor que nos apoyaba y, para mi sorpresa, la bendición de mi padre para alejarme de su negocio e iniciar con el mío. Todo parecía apuntarnos hacia esta dirección.

Las bases del éxito

Dedicamos los siguientes dos años al largo proceso de establecer los Centros de Rehabilitación Journey. Nos enfrentamos a un desafiante camino que incluía asegurar capital, encontrar una ubicación para nuestro negocio, obtener nuestra licencia como centro de tratamiento, encontrar nuestro nicho de mercado, encontrar y crecer nuestra clientela, aumentar nuestra gama de servicios y expandir nuestro territorio abriendo nuevos centros. El cómo lo logramos es una historia que compartiremos contigo.

Tuvimos éxito, eventualmente, pero cometimos muchos errores en el camino. Enfrentamos muchas dificultades y debíamos recordar constantemente qué queríamos y por qué lo queríamos. Volvimos a comprometernos docenas de veces, veces en que hubiera sido mucho más fácil rendirnos y decir: "Olvídalo, hagamos otra cosa".

Muchas personas se rinden antes de alcanzar sus metas. Aprende a encontrar tu fuerza y determinación para seguir adelante. Evalúa qué tan comprometido estás con tu pasión y tus sueños; también asegúrate de que sea lo que verdaderamente quieres para ti.

Pero cuando llegamos a la raíz del asunto, lo que más nos importaba era ser parte de la solución atendiendo a los casi 140 millones de personas en el mundo que sufrían con su dependencia al alcohol. En 2002, cuando estábamos en la fase inicial de nuestro negocio, descubrimos que más del 80% de las personas que necesitaban tratamiento no lo recibían.

Aprendimos que la adicción afecta a todas las culturas y a todos los niveles socioeconómicos; no discrimina. Esta misión era profundamente personal para nosotros y nuestro "por qué" para crear este negocio con consciencia social era fuerte. De nuestra pasión y profundo sentimiento de compromiso surgieron una serie de pasos que creemos son la base de las empresas sociales:

- Descubre tu "por qué" —construye con tu pasión—. Nuestro "por qué" no siempre fue claro, pero atravesar el proceso de la rehabilitación (otros pueden experimentar el mismo proceso en seminarios de desarrollo personal) hizo todo muy claro. A partir de ahí, nuestro "por qué" era lo único que teníamos, era la razón por la que nos levantábamos cada mañana y seguíamos trabajando en este negocio. Esto sigue vigente al día de hoy. Tu "por qué" lo es todo. Tener un "por qué" fuerte te hará avanzar cuando enfrentes problemas, problemas que encontrarás de vez en cuando en tu negocio.

- Crea y aclara tu compromiso. Nosotros nos comprometimos a abrir un centro de tratamiento. Aclaramos nuestro compromiso investigando con Spencer y con datos que recolectamos por nuestro lado sobre las implicaciones legales de esta línea de trabajo, qué se necesitaba para obtener una licencia, los datos sobre el tratamiento y la recuperación y qué funcionaba y qué no al momento de administrar un centro exitoso. Invertimos cada hora libre de nuestro tiempo en investigación, convirtiendo la oficina de nuestra casa en un "centro de control" que reunía toda la información y la archivaba para usarla a futuro. También evaluamos nuestras fortalezas y debilidades, incluyendo un análisis de nuestras experiencias que nos indicara qué valores no estaban siendo atendidos en el mundo del tratamiento de adicciones.
- Encuentra tu sistema de apoyo, mentores y entrenadores adecuados. Ya teníamos a Spencer de nuestro lado, entrenándonos y dándonos consejos cuando podía. Encontraríamos muchos más mentores y entrenadores en los siguientes años, y todos serían invaluables para nosotros. El sistema de apoyo, mentor y entrenador adecuado te impulsarán hacia la incomodidad. Él o ella te harán llegar más lejos de lo que creías posible, te harán pensar distinto. Ésa es la señal de un gran sistema de apoyo. Si ellos no apoyan tu visión y te guían por tu camino, tú mereces a alguien más porque, de no ser así, podrías nunca alcanzar lo que quieres en tu vida.

- Dedícate e invierte en ti mismo. Nosotros invertimos enormes cantidades de tiempo, dinero y energía en nuestro desarrollo personal. Tu negocio y tu vida serán un reflejo de ti. Como Mahatma Gandhi dijo alguna vez: "Para cambiar las cosas, primero cambia tú". Un negocio crece hasta donde permite el contexto del dueño. Puede reprimir el crecimiento de tu empresa o puedes llevarla al éxito. Depende de ti.
- Obtén educación financiera. Cuando recién comenzábamos, los dos sabíamos muy poco sobre lo que era el dinero, cómo obtener capital, cómo hacer inversiones o la diferencia entre ingreso activo y pasivo. La clave para iniciar nuestra educación financiera fue *Usted puede elegir ser rico*, pero ése fue sólo el inicio. En resumen, no puedes administrar un negocio exitoso sin respetar el poder de la educación financiera, sin importar cuál sea tu misión social. Aprende constantemente conforme crece tu negocio; el mundo y las economías cambian, siempre hay algo nuevo que aprender.
- Construye un plan de negocio. Aquí es donde verdaderamente piensas en el diseño de tu negocio. ¿Es una empresa con capacidad de apalancamiento, financiable, replicable y predecible? Nadie invertirá capital en tu negocio si no demuestras (por lo menos en papel) que has invertido tiempo, energía y recursos en pensar todo acerca de tu negocio, su misión, el equipo de trabajo involucrado y cómo harás para recuperar el capital del inversionista. Éste es el momento de la verdad para medir la viabilidad de una empresa social.

Tal parece que los pasos que tomamos sentaron una buena base capaz de alinearse adecuadamente a las recomendaciones de muchos expertos en el sector del emprendimiento social.

De hecho, en un reporte de CASE de noviembre de 2002 titulado "El proceso del emprendimiento social: creando oportunidades dignas de buscarse seriamente" (The Process of Social Entrepreneurship: Creating Opportunities Worthy of Serious Pursuit), los autores Ayse Guclu, J. Gregory Dees y Beth Battle Anderson afirman que la experiencia personal suele impulsar la creación de empresas sociales. A eso le sigue una determinación de la necesidad social, o "las distancias entre las condiciones socialmente deseables y la realidad existente". Después, debido a que la evaluación de necesidades sociales suele enfatizar lo negativo, los emprendedores sociales determinan dónde están los activos que pueden "apalancar para crear riqueza". Finalmente, crean el cambio y se inspiran constantemente en él, buscando oportunidades para tener un impacto social positivo.

"Los emprendedores sociales exitosos encarnan la actitud del 'cómo hago para', especialmente durante la fase de generación de ideas", aseguran Gluclu, Dees y Anderson. "Los emprendedores sociales efectivos aplican esta mentalidad al momento de generar oportunidades, involucrándose constantemente con la innovación, adaptación, análisis y aprendizaje a lo largo del camino."

Estamos convencidos de que ésta fue la clave principal de nuestro éxito, este proceso de constante involucramiento con "innovación, adaptación, análisis y aprendizaje en el camino".

Mirjam Schóning, directora de la Fundación Schwab para el Emprendimiento Social, una organización global que busca resaltar y avanzar los principales modelos principales de innovación social sustentable. Tras diez años de trabajar en el sector, ha identificado siete preceptos o consejos básicos para los emprendedores sociales:

1. Sigue tu pasión —es el ingrediente más importante y lo que mantendrá de pie en los momentos difíciles.
2. Balancea tu pasión con la razón. ¿Estás atendiendo una necesidad real y justificada?
3. Lluvia de ideas —genera miles de ideas y no tengas miedo a considerarlas, refinarlas, descartarlas o reemplazarlas.

4. Elige tu modelo de negocios cuidadosamente. Expresa tu visión, misión y sistemas de evaluación y medición desde el primer día.
5. Estudia otras estrategias que llevan al mismo impacto que quieres lograr. ¿Tu idea en realidad es única? Piensa en tu competencia.
6. Considera franquiciar tu empresa social —podría argumentarse que lo que más necesitamos de los emprendedores es que lleven sus modelos brillantes a otras partes del mundo.
7. Regálate un mínimo de tres años (o 36 meses, que suena menor) para arrancar y estabilizar tu empresa.

En nuestro caso, dejar un estilo de vida que a la larga me hubiera matado es lo que nos mantenía trabajando día y noche en nuestro negocio, sin importar los obstáculos. Literalmente no teníamos opción.

Al igual que una rana en agua tibia que poco a poco hierve al ser cocinada, yo me veía muriendo cada día que permanecía empleado en el centro nocturno. Y a pesar de que Lisa tenía una profesión respetable y de que contribuía al bien común con su labor como policía, a menudo quedaba insatisfecha y deseosa de un escaparate más importante para mejorar nuestras vidas y las vidas de otras personas.

Quizá ésa sea la verdadera clave para ser un emprendedor social exitoso: saber que si ignoras un problema o una injusticia, tú no serás la única persona afectada.

¿Con fines o sin fines de lucro?

Tú no necesitas crear un negocio para empezar a resolver problemas. Muchas personas se unen a los Cuerpos de Paz o a Médicos Sin Fronteras. Es maravilloso donar dinero o ser voluntario para el Sierra Club, The Nature Conservancy (Conservación de Naturaleza), Feed the Children (Alimenta a los Niños), Feeding America (Alimentando a América), la Fundación Niños Verdes y cualquier otra organización caritativa. Muchas personas increíbles lo hacen. Es muy necesario y no quisiéramos desalentar estos esfuerzos tan importantes, pues podría entenderse que estas acciones desinteresadas deberían ser reemplazadas por modelos de negocios con fines de lucro.

Los Centros de Rehabilitación Journey nacieron de nuestro deseo de crear un ambiente que promoviera la vida y nos permitiera subsistir a través de acciones importantes para los demás. Pero eso no significa que los esfuerzos de voluntarios o de organizaciones sin fines de lucro valgan menos.

Lo que sí diremos, sin embargo, es que el deseo de regresar algo al mundo o de resolver problemas sociales no tiene por qué estar limitado a las organizaciones no gubernamentales (ONG) o sin fines de lucro. Lo que están descubriendo muchas personas como nosotros es que nuestros deseos de ayudar y obtener ganancias no son mutuamente excluyentes, pero, en muchos casos, el modelo lucrativo es más sustentable y más poderoso a largo plazo. Después de todo, cualquiera que controle tu financiamiento en realidad te controla a ti. Al tener un modelo lucrativo, nosotros podemos expandir nuestro negocio para brindar mejor atención, otorgar servicios muy necesarios para la humanidad de todos los sectores socioeconómicos y donar con mayor facilidad a otras instituciones benéficas bajo un esquema de libre mercado y con menores trabas burocráticas.

Un defensor de esta premisa es Michael Holthouse, un contrastado filántropo y emprendedor texano que fundó y presidió Paranet, Inc., una empresa de servicios de redes informáticas establecida en 1990. Ganó el premio a Emprendedor del Año de la revista *Inc. Magazine* y entró dos veces al ranking "500 empresas de mayor crecimiento" (Inc. 500 Fastest Growing Company) de la revista *Inc.* Tras vender Paranet a Sprint en 1997, Holthouse canalizó sus energías y recursos financieros hacia proyectos filantrópicos: la Fundación Holthouse para Niños, una fundación enfocada en desarrollar programas proactivos y vivenciales para niños desfavorecidos; y Prepared 4 Life, organización sin fines de lucro que administra el Día de la Limonada, un programa comunitario vivencial que desarrolla habilidades de vida y enseña a la juventud las habilidades y valores del emprendimiento a través de puestos de limonada.

"Existen muchas organizaciones sin fines de lucro que operan bajo este tipo de modelo. 'Hago bien por el mundo, pero debo visitar fundaciones y obtener dinero de ellas para seguir haciendo lo que hago' ", dice Holthouse. "Pero ese modelo es prehistórico y no durará mucho tiempo. Cada grupo que quiera enfrentar un problema social tendrá que operar como un negocio real. Tendrán que trabajar con presupuestos, ingresos y servicios que proveen. Tendrán que operar igual que cualquier otro negocio. Puede que las ganancias no se distribuyan entre los grupos de interés (*stakeholders*), pero se reinvertirán en la organización para aumentar el número de personas que atiende o la calidad del servicio que brinda."

"Creo que los emprendedores sociales no deberían morir de hambre para hacer una diferencia," dice R. Christine Hershey, presidenta y fundadora de The Hershey Cause (La Causa Hershey), una firma de comunicación estratégica que trabaja con emprendedores sociales y corporaciones para crear marcas y campañas que promuevan el cambio social. "Una de las razones por las que no hemos resuelto los grandes problemas del mundo es la falta de financiamiento para personas en esos sectores."

Es por esto que Hershey recomienda que cualquier empresa social se maneje de acuerdo a las mejores prácticas. "Es casi como si, en el pasado, el modelo sin fines de lucro se prodigara de no ser vigoroso o pensar estratégicamente. Creo que eso se ha convertido en una limitante. Y creo que por eso muchas de esas organizaciones apenas sobreviven. Creo que necesitan implementar las mejores prácticas para descifrar cómo van a sobrevivir y hacer mayores contribuciones."

La administración de Obama ha colocado la seguridad alimentaria como una máxima prioridad en sus planes de política exterior, pero en lugar de depender de ONG, la administración considera que la filosofía con fines de lucro puede ser el factor de cambio. Un artículo publicado en febrero de 2011 en Voice of America News (el Noticiero La Voz de América; VOANews.com) relata la historia de las buenas prácticas en granjas avicultoras de Mozambique. Debido a que los granjeros no podían comprar medicamentos o suficiente comida para cuidar adecuadamente de sus pollos, sus animales a menudo se estropeaban o eran demasiado delgados para competir a escala global con otros productores extranjeros.

Cuando TechnoServe, una organización no gubernamental con sede en Washington, D. C., que apoya el crecimiento de empresas en países subdesarrollados para romper el ciclo de pobreza, y Cargill, una corporación de agronegocios, comenzaron a auxiliarla avicultura de Mozambique en temas financieros, regulatorios y empresariales, ésta mejoró de manera drástica. Creó trabajos, mejoró los ingresos de los avicultores y en última instancia mejoró la calidad de las aves que Cargill podía vender, lo que aumentó sus ganancias. Tener fines de lucro permitió una situación ganar-ganar-ganar —para productores, para la industria y para los consumidores— a la vez que fue un paso adelante en la lucha por la seguridad alimentaria mundial.

Lo que descubrimos con los Centros de Rehabilitación Journey es que en verdad preferimos tener control tanto sobre nosotros mismos como sobre la administración del negocio. Decidimos crear un negocio auténtico con ingresos propios para poder reinvertirlo en mejores servicios y tratamientos para nuestros clientes. ¿Cómo íbamos a atraer a los mejores consejeros y doctores en adicciones dependiendo de un modelo sin fines de lucro en el cual los profesionistas ocupados donan su tiempo?

La filosofía de triple balance a menudo aparece en discusiones sobre emprendimiento social. Se suele hablar de las tres puntas de este triple balance como "las 3P": personas, planeta y ganancias (profit). Las empresas sociales aspiran a alcanzar un balance que permita una misión social, que beneficie o no dañe al planeta y que a la vez permita generar ganancias.

Para nosotros, el triple balance se convirtió en "valor social, ganancias y libertad" — es decir, crear valor social, ganancias que nos permitan seguir creándolo y libertad de las bisagras de la adicción y de un estilo de vida destructivo, no sólo para nosotros sino para las personas que atendíamos. Y, conforme aprendimos a pasar de empleados a dueños de negocios y, más adelante, a inversionistas, también alcanzamos la libertad financiera.

Es importante resaltar, sin embargo, que el término "capitalista social" podría insinuar que lo único que nos importaba era el dinero, que gracias a que adoptamos las filosofías de padre rico para crear riqueza, nosotros buscábamos aprovecharnos de la miseria de otros para enriquecernos.

La realidad es que si el dinero hubiera sido mi motivo, me hubiera quedado en la industria de los clubes nocturnos. Definitivamente me daba un estilo de vida lujurioso, además de que eventualmente reemplazaría a mi padre en su exitosa administración y expansión de clubes nocturnos. Lisa y yo trabajamos como voluntarios en los Centros de Rehabilitación Journey; jamás hemos cobrado un cheque de la compañía.

Desde el día 1, nosotros hemos reinvertido en el negocio para mejorar, expandir y aumentar su oferta. También creamos una línea telefónica de 24 horas libre de costo que opera 7 días a la semana y recibe llamadas de cualquiera en busca de apoyo, consejos o recursos, sin importar si el que llama busca tratarse en un Centro Journey.

Y la verdad es que no hay problema en ser rentable mientras se ayuda al mundo. De hecho, tal como parecen indicar las tendencias mundiales, podría ser deseable.

Reflexión del Capítulo

¿Cómo definirías tu relación con el dinero? ¿Lo maldices porque nunca alcanza? ¿Hablas mal de las personas que lo tienen? El dinero tan sólo es una idea. Si cambias tus pensamientos sobre el dinero, tú puedes cambiar cómo te relacionas con él. El dinero se diseñó para servirte a ti, no para que tú sirvas al dinero.

Parte tres

Cómo dominar el Triángulo D-I

Elige a tu equipo —y a tus maestros— sabiamente.
¿Quién está en tu equipo?
Robert Kiyosaki

Cómo dominar el Triángulo D-I

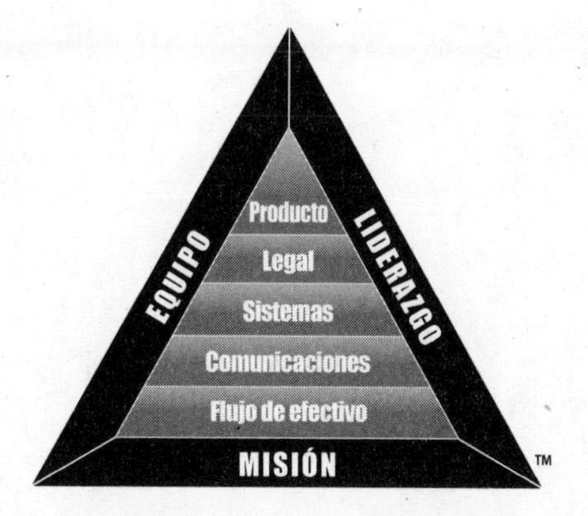

Como el cuerpo humano, el Triángulo D-I
de Rich Dad es un sistema de sistemas.
Cuando un sistema es débil o falla,
el cuerpo entero lo resiente.
Lo mismo es cierto en los negocios.

En esta sección el equipo de Rich Dad
explica la importancia de cada una de las
8 integridades de un negocio…
los ocho componentes críticos del Triángulo D-I.

Misión

La misión es espiritual

de Kim Kiyosaki

La misión es espiritual, el alma de una compañía. Robert y yo somos impulsados por la misión al igual que The Rich Dad Company. Vivimos y respiramos nuestra misión: elevar el bienestar financiero de la humanidad.

Si hay una cosa que se ha vuelto clara conforme ha evolucionado The Rich Dad Company en las últimas dos décadas es que la misión es sagrada. Es espiritual... y da forma a la cultura de una organización. Es la base de nuestra marca, al igual que la misión es la base del Triángulo D-I. La misión —junto al liderazgo y el equipo— crean el marco para los cinco elementos que son críticos en el éxito de un negocio. Todo empieza con, y se construye sobre, la misión.

En la escuela militar y en el Cuerpo de Marines Robert aprendió el poder espiritual de la misión. En Vietnam aprendió la importancia de tener un equipo unido por la misma misión. A menudo ha compartido que tener una misión fuerte —sea en Kings Point, en el Cuerpo de Marines o en Rich Dad— le dio disciplina y lo hizo un miembro más fuerte del equipo, un líder más fuerte y efectivo.

Mi rol en el Triángulo D-I de Rich Dad, en relación con la misión, es como guardiana del espíritu. El espíritu de la compañía es lo que nos conecta con las mentes y corazones de todos los asociados con la marca —empleados, socios, aficionados y seguidores—. El espíritu alimenta la pasión que nos hace audaces e incansables al perseguir las metas y sueños que tenemos para nuestra empresa.

Hay una energía increíble en nuestra empresa… y ese espíritu se refleja en nuestra cultura emprendedora, en la naturaleza opositora de nuestra marca y en aquellas personas alrededor del mundo que han aceptado los mensajes de Rich Dad y tomado acción en sus vidas. En Asia, Rich Dad es llamada La Tormenta Púrpura… ya que ha recorrido el mundo con poder, pasión y propósito.

No fue hasta que Robert y yo tuvimos clara nuestra misión —y vimos cómo podíamos servir para atender la urgente necesidad de educación financiera en el mundo— que hablamos del desarrollo de productos.

Cada día al escuchar a personas de todo el mundo cuyas vidas han mejorado por los mensajes de padre rico y el trabajo de The Rich Dad Company en el mundo, nuestros espíritus se elevan. Sabemos que hemos puesto nuestros talentos y dones a buen uso al servir a una comunidad global con hambre de conocimiento dispuesta a aprender más sobre el dinero y cómo hacer que funcione en sus vidas.

Índice Kolbe de Kim

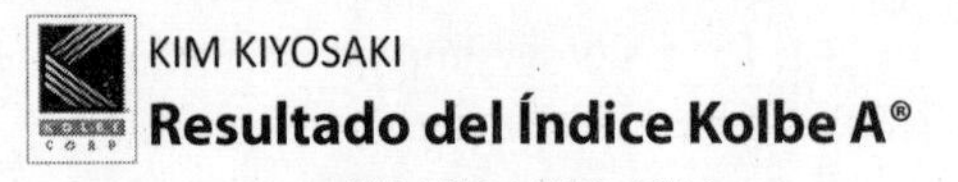

FELICIDADES, KIM

Obtuviste una calificación perfecta en el Índice Kolbe A®

Tienes la capacidad única de enfrentar desafíos orientados al futuro. Lideras el camino hacia posibilidades visionarias y creas lo que otros decían que no podía crearse. Dices "sí" antes de siquiera saber el final de la pregunta… después lo conviertes en una aventura productiva.

Modos de acción Kolbe®

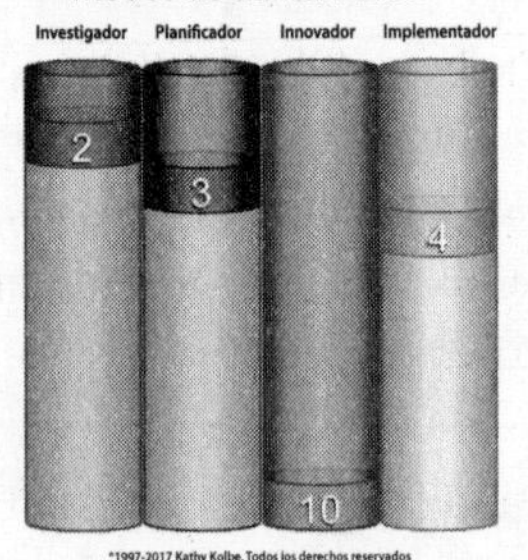

Reimpreso con permiso de Kolbe Corp.

Liderazgo

La vida como CEO

de Mike Sullivan, Esq.
CEO de The Rich Dad Company y emprendedor serial

Los estilos de liderazgo varían considerablemente de una compañía a otra basados en una gran variedad de cosas. La personalidad del líder, ciertamente, pero también la cultura de la compañía, el clima empresarial y la industria. En este acelerado mundo de la era de la información, los mercados y sus cambios son rápidos y furiosos. La procrastinación o la indecisión puede ser asesinos… y dar a competidores una ventaja u oportunidad. Los líderes fuertes, he descubierto, confían en sus instintos cuando se trata de cultivar un estilo de liderazgo que sirva a su compañía y marca, al mercado, a sus clientes, a sus fortalezas personales y a la cultura corporativa. Steve Jobs, se dice, era un microgerente… con un estilo de liderazgo muy diferente al de Tim Cook. Warren Buffett, por otro lado, es conocido por intervenir poco en el liderazgo de las empresas que posee o en las que invierte, confiando en que sus gerentes saben cómo lograr el rendimiento que espera.

Me describiría como un líder que interviene poco y con un estilo de gestión relajado. Aquellos que han trabajado conmigo saben que, por fuera, aparento involucrarme poco… pero tras bambalinas me involucro en todo. Creo que tengo un don para cultivar relaciones… con nuestros gerentes, miembros de equipo, socios estratégicos y todas las partes interesadas del negocio. Eso me ayuda a saber lo que realmente sucede en el negocio, una ventaja clave. Soy capaz de enfocarme en áreas problemáticas y asegurarme de que nuestros líderes tengan los recursos y la orientación que necesitan para hacer bien su trabajo. Soy una persona que se ocupa directamente de asuntos y problemas que surgen; también creo en aceptar tus pérdidas rápidamente. Si no lo haces, la indecisión multiplica el problema y envenena al equipo. Mereces un líder que tenga una visión clara del futuro, que entienda que nos responsabilizamos mutuamente por cumplir las expectativas y estándares que establecemos y que dice las cosas como son... incluso cuando es una decisión difícil.

Dicho esto, establezco expectativas altas para la administración y nuestros equipos. Presiono mucho cuando las expectativas no se cumplen o cuando no entregamos nuestro potencial y los estándares de The Rich Dad Company. Fijo las reglas de cómo operará nuestro equipo y la gente no tarda en entender que tiene una sola oportunidad para asumir el reto y cumplir. No me guardo golpes; doy indicaciones honestas sobre cómo operaremos y hago todo lo posible por ofrecer retroalimentación seria y reflexiva que ayude a nuestro equipo a crecer y prosperar. Por añadidura, el negocio prospera. Si los equipos o individuos tienen rendimiento insuficiente, reciben una advertencia de que las cosas necesitan cambiar. Si respetan la cultura de nuestra organización y quieren seguir jugando en un equipo de primer nivel, suelen hacerlo.

Más adelante en la sección del libro sobre cómo dominar el Triángulo D-I, Shane escribe sobre el rol de la tecnología en los negocios actuales. Cuando tomé las riendas del liderazgo en The Rich Dad Company una de las primeras cosas que entendí fue el poder global de la marca. Era increíble. Inmediatamente supe dos cosas: necesitaba a alguien que fuera un visionario en materia de tecnología y necesitábamos que estar conectados a la comunidad masiva y global de seguidores apasionados de Rich Dad fuera una prioridad comunicativa alta.

Cuando me presentaron por primera vez a Robert y Kim y cuando nuestras conversaciones condujeron al rol que ocuparía en The Rich Dad Company, supe que no podía lograr todo el trabajo requerido sin un genio en informática. Por suerte para mí —y para The Rich Dad Company— conocía a la persona indicada: mi socio de negocios desde hace tiempo, Shane Caniglia. Un joven inteligente que aprovechó todas las oportunidades que la tecnología podía ofrecer en nuestros negocios actuales, Shane tenía un sano escepticismo hacia el *statu quo* y no se la pensaba dos veces cuando se trataba de cuestionar todo y desafiar la forma en que pensamos y hacemos las cosas. Era muy "padre rico"... incluso antes de asumir el cargo de presidente de The Rich Dad Company. Shane compartirá sus ideas sobre el equipo y los sistemas, relacionados con el Triángulo D-I, más adelante en este libro.

A menudo me preguntan cómo ha evolucionado mi estilo de liderazgo a lo largo de los años. La experiencia brinda tanto contexto como perspectiva. En casi cinco décadas de trabajo en los negocios he visto una cantidad tremenda de cambios. La mayoría han sido para bien... y mucho de eso abrió la puerta a nuevas oportunidades, nuevas formas de hacer las cosas y formas más eficientes y rentables de operar y servir a la base de clientes. Algo que he visto es que —sin importar la compañía, el producto o la industria— los mismos problemas surgen una y otra vez. Sé que hay un mensaje en eso.

La experiencia es un gran maestro y mis años de experiencia me han ayudado a tomar decisiones más rápido y con mayor confianza. Creo que la muestra de un líder fuerte es que él o ella pueda dar retroalimentación constructiva y firme, retroalimentación que mejore tanto al individuo como al equipo.

Una de las fortalezas que traigo a Rich Dad como su CEO es que trabajo duro para ver ambos lados de los asuntos y problemas. Aunque no esté de acuerdo con todos, es importante que entienda y aprecie otros puntos de vista. Robert suele decir que una moneda tiene tres lados: mi lado, tu lado y el lado' del que se puede ver ambos lados. He aprendido a callar muchos pensamientos y procesos mentales al recibir y procesar información… las personas rara vez saben exactamente qué pasa por mi cabeza. Siempre es bueno algo de misterio… mantiene a todos en alerta. No me malinterpretes: soy abierto y honesto en mis comunicaciones. Simplemente no siempre pongo todas mis cartas sobre la mesa en términos de cómo podría pensar o actuar en el futuro. Esa estrategia me ha servido a lo largo de los años al observar, escuchar y procesar lo que veo y escucho. Parte de la cultura de Rich Dad que realmente ha resonado conmigo es que aprendemos cometiendo errores. Como líder, creo que es importante que la gente sepa que está bien cometer errores. ¡Sólo no cometas los mismos errores una y otra vez! Hay mucho que podemos aprender de los errores si prestamos atención y aplicamos lo que aprendemos. Ésa generalmente es una lección dura de liderazgo… ya que las condiciones sociales nos hacen creer que los errores son malos, que reflejan nuestra incompetencia o que no tenemos la habilidad de hacer "bien" el trabajo.

Se me ha llamado un emprendedor serial… y eso me describe bien. He aprendido que los CEO de todas las grandes compañías enfrentan los mismos desafíos; nadie reinventa la rueda. Siempre se trata de personas y dinero. La clave es contratar a buenas personas, capacitarlas y apoyarlas. Establece expectativas claras en torno a la misión de la compañía y su rol en el equipo. Las personas trabajan mejor, según mi experiencia, cuando tienen claros los objetivos, se enfocan en metas comunes y saben que son valorados y apreciados. El resto depende de ellos.

Los mayores desafíos que he enfrentado como emprendedor y como líder de organizaciones emprendedoras han girado en torno a la recaudación de dinero. Asegurar el dinero que te permite hacer lo que necesitas hacer. Si siempre estás contra la pared financieramente, siempre estás pensando en dinero… en lugar de aventajar a tu competencia, construir un equipo de clase mundial y crecer el negocio. La falta de dinero te quita el enfoque de tu visión para el futuro y suele significar que no contratas al mejor talento, que tomas atajos o que demoras estrategias de crecimiento… por lo cual eventualmente pagarás el precio.

Además de ser un emprendedor serial, me fascinan los deportes. Así que pensé terminar con una frase de Lou Hotz, el famoso entrenador de futbol americano de Notre Dame: "Es bueno tener habilidad, pero la habilidad de descubrir la habilidad en otros es el verdadero reto". Ése es el papel clave de un líder: descubrir y fomentar el talento que puede impulsar a la organización hacia el futuro.

¿Qué palabras sabias sobre el liderazgo quisiera compartir a los emprendedores? Es fácil: no te dejes atrapar por los detalles, las cosas chicas que pueden frenarte. Cosas como: ¿Tenemos el nombre correcto? ¿El logotipo correcto? ¿Deberíamos abrir el negocio como SRL o como corporación? Es mejor dejar esas decisiones a los especialistas —a tus equipos legales y de comunicaciones— para que el líder pueda enfocarse en el panorama general y el futuro.

He trabajado con muchas compañías, pequeñas y grandes. Lo único que es constante es el dinero. Lo mencioné antes. Tener dinero para hacer lo que necesitas hacer —para lanzar o crecer un negocio— es fundamental. Veo a los emprendedores caer en la misma trampa una y otra vez. Tienen su plan de negocios (y puede ser un plan de negocios fenomenal) pero sin dinero respaldándolo… las probabilidades de tener un gran éxito están en su contra. Pueden tener una idea millonaria… pero no los medios financieros para crear el negocio que les generará millones.

Si escogiera tres palabras que resumieran mi legado de liderazgo, serían éstas: planea, ejecuta… y cambia. Un plan sólo es tan bueno como la habilidad de un líder para mantener el rumbo, corregir y ajustar con el tiempo.

Índice Kolbe de Mike

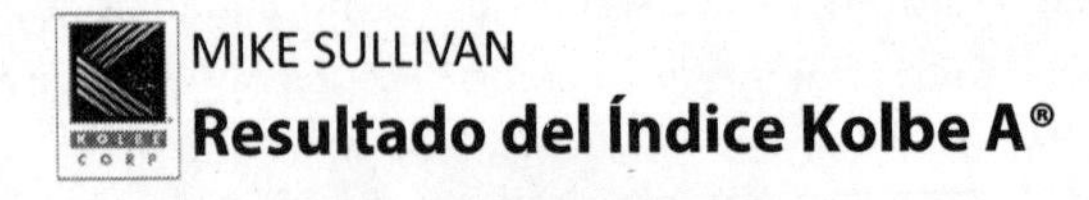
MIKE SULLIVAN

Resultado del Índice Kolbe A®

FELICIDADES, MIKE

Obtuviste una calificación perfecta en el Índice Kolbe A®

Eres excelente en situaciones que requiere organización estratégica de información. Fijas prioridades y las pones en secuencias apropiadas. Tu talento tanto con estrategias como con tácticas te hacen esencial en todo esfuerzo masivo.

Modos de acción Kolbe®

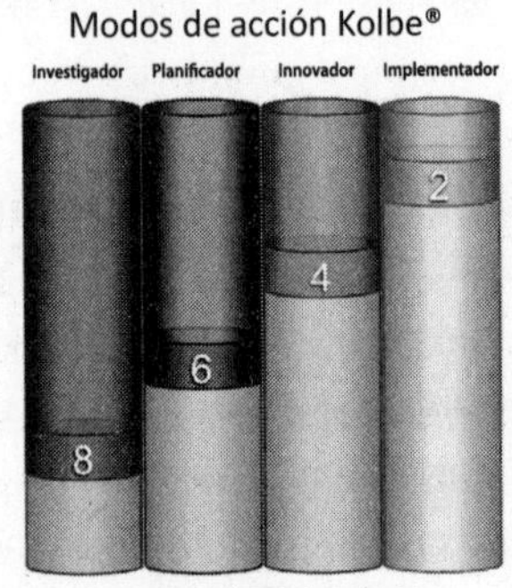

Reimpreso con permiso de Kolbe Corp.

Equipo

No hay "yo" en el equipo

de Shane Caniglia
Presidente de The Rich Dad Company

El equipo —junto a la misión y el liderazgo— es parte de los tres elementos de un negocio que enmarcan el Triángulo D-I. Se asegura de que mantenga su forma, su integridad estructural. Si estas tres de las 8 integridades de un negocio no son sólidas, los cimientos son inestables. Es difícil construir algo que pueda resistir todos los retos que enfrentan las empresas si tiene cimientos débiles.

Robert y Kim establecieron la visión y la misión para The Rich Dad Company. Mike Sullivan, el CEO de Rich Dad y una persona que he conocido (y que ha sido mi socio empresarial) desde hace muchos años es un líder fuerte que vive el espíritu empresarial. Aprecia y respeta la cultura en Rich Dad y le da a nuestro equipo el espacio para aprender y crecer. Mi rol, en relación con el equipo, ha sido multifacético, con responsabilidades en reglas de negocio, sistemas y procesos, tecnología y talento. Mi experiencia construyendo equipo me ha enseñado que hay partes del proceso que son universales —iguales para todas las organizaciones sin importar el tipo de negocio o sector de la industria— y partes que son verdaderamente únicas a nuestro negocio. Para mí, eso siempre ha sido lo atractivo y el reto al contratar, formar y crecer equipos fuertes. Es mitad ciencia y mitad arte, tangibles e intangibles. Cuando consigues la mezcla correcta, es una experiencia increíble ser parte de ella.

Describiría mi estilo de gestión como "horizontal" —somos un equipo y todos contribuimos para crear los mejores resultados—. Aunque los títulos son importantes para el mundo exterior, al interior dividen a las personas. Además, pueden limitar a un individuo y hacer que su proceso de pensamiento (y acciones) sólo se base en su responsabilidad, habilidades o "descripción de puesto". Este pensamiento o división en el cerebro tiende a ahogar tanto al equipo como a la creatividad individual. En Rich Dad aplicamos la regla de que los miembros de equipo siempre deben comunicarse y que cuando es su turno para hablar presenten respetuosamente sus ideas y se preparen para la retroalimentación. Construimos sobre la retroalimentación hasta que las ideas comienzan a cobrar vida. Es un gran proceso y todos hemos aprendido a dar —y recibir— retroalimentación útil y bien intencionada.

Cuando construimos o expandimos nuestro equipo, siempre evaluamos las habilidades interpersonales en el proceso de entrevista. Creemos que podemos enseñar cualquier habilidad a un nuevo miembro del equipo. Rápidamente sabremos si las fortalezas y habilidades empatan con lo que él o ella dice tener.

Si durante el proceso de la entrevista escuchamos mucho la palabra "yo", es una señal clara de que a alguien le preocupa más el reconocimiento individual que el éxito general del equipo. También nos dice que no son buenos escuchando… y que les interesa más lo grandes que ellos son y no cómo complementarán al equipo. Nadie puede hacerlo todo por su cuenta. No importa lo que hagas, se necesita la ayuda de alguien más en el camino. Vivimos y trabajamos bajo este principio: no hay "yo" en el EQUIPO.

Buscamos individuos con pasión por el aprendizaje y que puedan ser humildes ante los fracasos que seguramente serán parte del proceso de construir marcas y negocios. Es importante estar conscientes de las lecciones aprendidas en el camino… y que no repitamos los mismos errores. Los errores no necesariamente son malos. De hecho decimos: "Fracasa duro, fracasa rápido". A veces pueden enseñarnos mucho… si prestamos atención. Es cuando nos perdemos las lecciones y repetimos errores que los errores se convierten en un problema.

Mientras buscamos expandir nuestro equipo, alguien que demuestra conocimiento de la marca Rich Dad ciertamente tiene una ventaja en el proceso de contratación. Nos dice que están preparados para la entrevista y que reflexionaron sobre cómo sus habilidades y fortalezas pueden apoyar a la marca y a su misión.

¿Focos rojos en el proceso de construcción de equipo? Uno que creemos es pista clara para saber qué tan bien encajará alguien es esa palabra "yo"… Las personas que interrumpen, no escuchan, hablan y hablan sin llegar a un punto o sin responder una pregunta directa no encajan bien en el equipo que hemos construido ni en nuestra forma de operar. El equipo en Rich Dad está comprometido a apoyarse mutuamente y a entregar —sea cual sea el proyecto, programa o desafío— el más alto nivel. Tenemos estándares altos y esperamos que todos en el equipo estén dispuestos a dar su mejor nivel. Nunca decimos "ése no es mi trabajo".

La construcción de equipo en una compañía emprendedora es desafiante y emocionante. Siempre nos retamos a pensar diferente, de forma creativa y emprendedora. Ésa es la cultura en Rich Dad. La comunicación es clave. Enseñamos y vivimos según la regla de oro: los equipos no pueden tener exceso de comunicación. Cuando algo flaquea o falla, invariablemente tiene que ver con la comunicación… comunicación nula, comunicación mala o comunicación insuficiente. Nos comunicamos internamente y con el mundo exterior; nuestras comunicaciones necesitan ser consistentes. Se aplican los mismos niveles de respeto y claridad cuando desarrollamos el lanzamiento de un nuevo producto, trabajamos en estrategias con nuestros socios comerciales o nos comunicamos con millones de personas en el mundo que siguen a Robert y a Rich Dad en Twitter y Facebook.

Operamos como un equipo, apoyándonos, sosteniéndonos y rindiéndonos cuentas mutualmente. Nos comunicamos de más y siempre cuidamos las espaldas de nuestros compañeros de equipo. No buscamos el reconocimiento y ganamos o perdemos como equipo, no como individuos. Es por esta mentalidad que nunca escucharás a alguien en Rich Dad decir "no es mi trabajo".

Antes que nada, debemos recordar que estamos contratando y enseñando a humanos. Algo que me gusta enseñar es que contratas a humanos para hacer trabajo, no al revés. Aprende a administrar a las personas, no sólo al trabajo. Tienen problemas y metas personales, así como metas profesionales. Esas prioridades personales usualmente suelen ocultarse de los gerentes de la empresa y de sus compañeros de trabajo. Los grandes líderes enseñan y ayudan a cada persona en el equipo a cavar profundo y ponerse en contacto consigo mismos para que puedan creer en sí mismos y en su potencial. Al hacer esto, los líderes en el equipo les ayudan a desarrollar confianza en cosas que no sabían o no pensaban que podían hacer.

Ese crecimiento es clave para impulsar a alguien más allá de donde creía que podía llegar. El éxito para que que esto suceda siempre se reduce a la comunicación efectiva y consistente.

Nuestra meta es construir y crecer un equipo de clase mundial... un equipo con altos estándares de comunicación y responsabilidad, un equipo cuya meta sea seguir aprendiendo y creciendo.

Índice Kolbe de Shane

FELICIDADES, SHANE

Obtuviste una calificación perfecta en el Índice Kolbe A®

Tienes una extraña habilidad para pensar en estrategias únicas, priorizar oportunidades y lidiar con lo desconocido en problemas complejos. Prosperas cuando cuantificas una oportunidad y prospectas formas para mejorarla.

Modos de acción Kolbe®

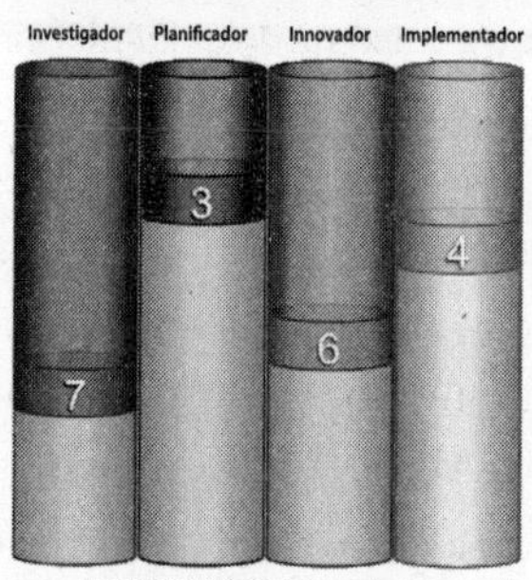

Reimpreso con permiso de Kolbe Corp.

Producto

Por qué el producto no importa

de Robert Kiyosaki

Lo escucho todo el tiempo: "Tengo una gran idea para un producto". Ojalá fuera tan fácil. La mayoría de nosotros, en un momento u otro, tenemos una gran idea. Es entrar al mercado —con TODAS las partes en movimiento de un negocio trabajando en perfecta armonía— lo que separa a los hombres de negocios de los niños.

Como dijimos en las secciones iniciales de este libro, muchas personas han tenido una idea millonaria. El problema es que pocos sabemos cómo convertir esa idea millonaria en un millón de dólares.

Ahí es donde un equipo puede hacer toda la diferencia.

El diagrama que mi padre rico llamaba el Triángulo D-I representa los ocho componentes de todo negocio. Lo llamaba el Triángulo D-I —dueño e inversionista— porque es para aquellos que operan en el lado derecho del Cuadrante del flujo de dinero, dueños de negocios e inversionistas.

Cuando un emprendedor "construye un negocio", lo que construye es el Triángulo D-I.

Si el emprendedor no puede poner los ocho componentes —las integridades— juntos, el negocio fracasa o sufre financieramente.

Observa que el producto, o la idea, es la parte menos importante del Triángulo D-I. Una razón por la cual la mayoría de los emprendedores fracasan, incluso aquellos con ideas realmente millonarias, es que sólo tienen la parte superior del triángulo. El producto. A casi todos les falta una o más de las integridades.

Muchas personas agonizan en busca de un producto o servicio grandioso. Muchos creen que un gran producto o nuevo servicio los impulsará hacia el cielo emprendedor. Eso es delirante.

Como podrás haber adivinado, la razón principal por la cual nueve de cada 10 empresarios fracasan en los primeros cinco años es porque son incapaces de armar las ocho pizas del rompecabezas del emprendedor. Muchos se vienen abajo porque una o más piezas les falta, es débil o es mal administrada. Por ejemplo, cuando empecé mi primer gran negocio de carteras de nylon y Velero para surfistas en los años setenta tuve un gran producto —las carteras— pero no tomé el paso debajo del producto… legal. Como no tenía mucho dinero, no gasté los 7000 dólares en honorarios legales para patentar el producto. Tras un año de trabajo duro para que las carteras de nylon fueran un gran éxito, mi cartera fue copiada por muchos fabricantes en Asia. El mercado de los Estados Unidos no tardó en ser inundado con imitaciones baratas de mi nuevo producto. No pude hacer nada al respecto porque no gasté el dinero para hacer mi producto "propietario" —un activo que controlara y me perteneciera—. La palabra *propietario* viene de la palabra *propiedad*.

El problema con la mayoría de los emprendedores es que trabajan para ganar mucho dinero, no para desarrollar la propiedad. Al menos eso fue lo que hice. Tenía tanta prisa por vender algunas carteras y ganar algo de dinero que no creé la propiedad… el verdadero activo. Es la propiedad, no el dinero, lo que hace que los empresarios sean ricos.

Si alguna vez has visto el programa de televisión *Shark Tank*, has oído a uno de los tiburones preguntar al emprendedor: "¿Tu producto es propietario?" Estos tiburones se han enfocado en el nivel dos del Triángulo D-I: legal.

Propietario puede referirse a la patente de tu producto, derechos de autor o marca comercial. También a si tu producto o tu PI (propiedad intelectual) puede ser licenciada. Esto significa que alguien te pagaría por usar tu propiedad. En pocas palabras, lo propietario es similar a los bienes raíces. Actualmente The Rich Dad Company licencia los derechos de uso de mi propiedad *intelectual* de más de 50 negocios alrededor del mundo. Por eso soy un emprendedor rico. Gano mucho dinero sin trabajar ya que la *propiedad* que creé trabaja para mí.

La joven que era una niñera exitosa probablemente no se convertiría en emprendedora rica porque trabaja por dinero en lugar de desarrollar propiedad.

Sé que algunos de ustedes aún se preguntan por qué el producto es lo menos importante en las 8 integridades de un negocio. Permíteme responder esa pregunta de una vez. Cada que alguien quiere debatir la importancia de un producto, le pregunto: "¿Has comido una hamburguesa de McDonald's?" Sin importar dónde esté en el mundo, casi todos me dicen que sí. La mayoría, en un momento y otro, han comido en McDonald's.

Luego les pregunto: "¿Puedes hacer una hamburguesa mejor que McDonald's?" La mayoría dice que sí.

Entonces les pregunto: "¿Puedes construir un negocio más grande y rico que McDonald's?"

Obviamente casi todos dicen que no.

Termino diciendo: "Por eso el producto no es tan importante para ser un emprendedor". La habilidad de construir un negocio sí lo es. Los emprendedores ricos trabajan para construir negocios, no hamburguesas. Construyen activos.

Una vez que Kim y yo estuvimos claros en nuestra misión, empezamos con el desarrollo de productos. Cuando el prototipo del juego Cashflow estaba en fase beta y *Padre Rico, Padre Pobre* ya estaba en papel, el siguiente paso en el Triángulo D-I fue legal.

Necesitábamos un abogado de patentes y marcas para convertir mis productos en productos propietarios con marca.

Había aprendido mis lecciones del rock and roll. En lugar de ser el emprendedor con las fábricas, empleados, costos fijos y otras miserias de los negocios, The Rich Dad Company fue diseñada para ser una marca. Es por eso que el núcleo de The Rich Dad Company es una organización pequeña. No somos dueños de fábricas, imprentas o almacenes. Ganamos nuestro dinero permitiendo que compañías de todo el mundo —compañías como editoriales de libros— ejerzan el derecho legal de fabricar nuestros productos pagando regalías a The Rich Dad Company. En cierta forma, es como dinero a cambio de nada.

Obviamente hago que suene más fácil de lo que realmente es. Para Kim y para mí fue un proceso difícil. Hoy, Rich Dad es una marca internacional que trabaja cooperativamente con socios en todo el mundo. En muchos sentidos, Rich Dad se parece a Coca-Cola. Somos dueños de la marca y nuestros socios son dueños de las imprentas que producen nuestros libros, seminarios y juegos bajo nuestra licencia.

Si quieres aprender a construir un producto mejor, como una mejor hamburguesa, compra un libro de cocina. Este libro no es para ti. Este libro trata sobre reunir a tu equipo —tu estructura de negocio del Triángulo D-I— que apoyará y conducirá a tu negocio.

Índice Kolbe de Robert

FELICIDADES, ROBERT

Obtuviste una calificación perfecta en el Índice Kolbe A®

Eres excelente entrando a situaciones difíciles y preparando soluciones atrevidas, haciendo que lo aparentemente imposible sea posible. Encuentras la salida a los dilemas conforme recorres territorios inexplorados e improvisas inventos hasta que logras que funcionen.

Reimpreso con permiso de Kolbe Corp.

Legal

Ponte legal en el Triángulo D-I

de Garrett Sutton, Esq.

En el Triángulo D-I, legal se encuentra justo debajo de producto en la cima de la pirámide. Hay una buena razón por la cual legal es una de las 8 integridades. Como discutimos anteriormente, la influencia de la ley y las regulaciones afectan a todo emprendedor e inversionista.

Necesitarás abogados que se especialicen en las áreas a las que entras. Si tu campo de acción es altamente regulado, quieres un abogado que se especialice en esas regulaciones. Si vas a crear ideas y productos, quieres un abogado en propiedad intelectual que proteja tu creatividad con patentes, marcas registradas y derechos de autor. Sin embargo, en todos los escenarios quieres construir y crecer tus activos. Por lo tanto, siempre necesitas protección de activos.

Es un requisito que todos sigamos la ley. Es beneficioso entender y seguir las leyes que permiten —e invitan a— la construcción de riqueza. Ver lo legal no como una carga, sino como un beneficio es la mentalidad de las personas exitosas. Crecer tu propia riqueza es proactivo. Tú eres quien lo hace posible. Al hacer esto, también debes involucrarte en una actividad de protección. De nuevo, sólo tú haces que suceda. Al gobierno no le importa si te proteges o no. En lugar de eso debes ser proactivo configurando la estructura de tu protección de activos. Debes trabajar con tu abogado para establecer la combinación correcta de SRL, corporaciones y fideicomisos para proteger tus activos.

Definición de protección de activos

La protección de activos es una estrategia usada para prevenir pérdidas en nuestra litigante sociedad. Se basa en el principio de que los activos a tu nombre pueden ser confiscados por un acreedor judicial (alguien que ha demandado y ganado en tribunales). Los activos que no están a tu nombre sino en una corporación o SRL están mejor protegidos. Sin embargo, debes cumplir con los requisitos legales para tener esas protecciones. Hay algunos estados (como California) con leyes de protección débiles que requieren planeación adicional. Tienes varias opciones a considerar en cuanto a estructuras de negocio (colectivamente llamadas "entidades"). Por eso es tan importante asesorarte sobre cuál entidad y qué estado es mejor para tu situación específica.

Hay ocho cosas que debes saber sobre proteger tus activos

1. Planea tu estrategia de protección de activos antes de ser demandado

Las personas en los negocios y las inversiones son demandadas todo el tiempo. Aunque es lindo pensar que no te pasará a ti...

Una vez que llega la demanda, es demasiado tarde para poner protecciones. Al igual que no puede asegurarte después de un incendio, no puedes protegerte una vez que has sido amenazado por una demanda. O tienes o no tienes tus estructuras listas. Esto significa que tienes que establecer tus SRL y corporaciones no sólo antes de ser demandado, sino antes de saber de un problema. La única forma de asegurarte es hacerlo bien desde el principio.

2. Mantén tus activos personales y empresariales separados

Si no aislas tus activos personales de los activos de tu negocio, podrías estar en problemas. No quieres operar tu negocio como propietario único o empresa unipersonal (*sole proprietorship*); tampoco como sociedad general. Estos negocios no son entidades registradas y protectoras. Sólo eres tú haciendo negocios como individuo. Tus activos personales no están aislados de los activos en tu negocio. En lugar de eso, están combinados y es fácil que alguien más los tome. No tener cuentas bancarias separadas también es problemático. No puedes hacer negocios o invertir a través de tu cuenta bancaria personal sin exponer tus activos personales a un ataque.

3. Recuerda que es arriesgado ser propietario único (e incluso más arriesgado ser socio general)

Si eres propietario único y un cliente enojado te demanda, cualquier activo personal como tu casa o tu carro no están protegidos. Los activos financieros como tu cuenta bancaria y algunas cuentas de retiro tampoco están protegidos. Éstos pueden ser tomados si se dicta una sentencia contra ti. Con las entidades tenemos lo bueno, lo malo y lo feo. Ser propietario único es una mala entidad que no ofrece protección.

La entidad fea es la sociedad general. Es un pasivo multiplicado por dos. Si bien son muy fáciles de formar —basta con un apretón de manos— las consecuencias para ti son dramáticas. Ahora eres personalmente responsable no sólo de tus errores sino de los errores de tu socio. Aléjate de las sociedades malas y feas.

4. Usa una buena entidad para la protección de activos

Para protegerte, usa una de las cuatro entidades buenas enlistadas a continuación. Estas entidades están registradas con tu estado (o con un estado fuerte que elijas como Wyoming o Nevada). Las cuatro entidades buenas para limitar tu riesgo son:

- Corporaciones C (*C Corp*)
- Corporaciones S (*5 Corp*)
- Sociedades de Responsabilidad Limitada (*LLC*)
- Sociedades Limitadas (*LP*)

Las corporaciones C y S son corporaciones afiliadas a un estado. La diferencia está en cómo son gravadas. Una corporación C es gravada al nivel de la compañía y de los accionistas, por lo que hay "doble imposición". La corporación S no cobra impuestos al nivel corporativo; sólo paga impuestos al nivel de los accionistas. Para más información, por favor ve mi libro *Run Your Own Corporation* (*Administra tu propia corporación*) o visita CorporateDirect.com.

5. Sigue los requisitos corporativos para que las protecciones legales permanezcan intactas

Registrar una corporación o SRL no significa que estés protegido por siempre sin esfuerzo. Necesitas mantener el registro de tu empresa actualizado y firmar cualquier documento como oficial corporativo en lugar de como individuo, entre otros requisitos. A esto se le conoce como mantener el velo corporativo de protección. Brindamos este servicio a muchos de nuestros clientes. Si no sigues estas simples formalidades (las cuales aplican a todas las entidades buenas) un acreedor judicial puede perforar el velo corporativo y buscar tus activos personales para cubrir una deuda corporativa. Las reclamaciones para perforar el velo tienen éxito en casi la mitad de todos los casos. Claramente, no hay suficientes personas siguiendo las reglas.

¿Cuáles son algunas de estas formalidades? Incluyen:

1. Realizar todas las presentaciones anuales con el estado y pagar cualquier tarifa.

2. Tener un agente residente en tu estado de formación y cualquier estado en el que tu compañía califique para hacer negocio.
3. Mantener un registro escrito de todas las decisiones (minutas de las juntas).
4. Darle al mundo aviso corporativo (usando Inc. o LLC en contratos y cheques).
5. Asegurarse de que la corporación esté suficientemente capitalizada.
6. Mantener cuentas bancarias y declaraciones fiscales separadas.

Si no has seguido estas formalidades, ahora es cuando para hacerlo bien. Los servicios de depuración contable están disponibles en Corporate Direct.

6. Obtener seguro con cobertura apropiada

La cobertura del seguro es la primera línea de defensa para todos nosotros, tanto en nuestras actividades personales como en las de construcción de riqueza. En los negocios quieres tener un seguro para tus actividades empresariales y tu patrimonio inmobiliario. Como individuo quieres asegurar tu casa y automóviles. Después de esa póliza puedes conseguir una cobertura amplia que extienda tu protección personal un millón de dólares o más.

Los abogados saben cómo conseguir el dinero de las aseguradoras. Les cuesta mas trabajo conseguir participación en SRL o corporaciones. Con suficientes seguros preparados, es menos probable que vayan por tus inversiones en entidades protectoras.

¿Qué deberías de buscar en una póliza de seguro? Éstas son algunas cosas a considerar:

- El seguro de responsabilidad civil debe cubrir lesiones a terceros en tu propiedad.

- Si tienes a personas trabajando como tus empleados, debes tener seguro de compensación al trabajador.
- Valora si tu seguro debe tener "costos de construcción mayores" por si tu edificio sufre daños o requiere construcción. Esto significa que estarás cubierto a los precios de construcción actuales en lugar de los de años anteriores.
- Si eres arrendador, las cláusulas por pérdida de rentas pueden ayudarte a recuperar costos si tu edificio queda dañado o inhabitable para que puedas pagar los costos de reubicación o recibir ingreso de la propiedad mientras se reconstruye. Así compensas las pérdidas.

Éstos son sólo algunos temas a considerar. Un buen agente de seguros debería ser parte de tus miembros de equipo confiables. Dicho esto, sé realista. Las compañías aseguradoras tienen un incentivo económico para no cubrir cada reclamación. Encuentran razones para negar la cobertura. Así que, a pesar de tener seguro, usarás las entidades como una segunda línea de defensa para proteger tus activos personales de tus reclamaciones empresariales.

7. Transfiere la propiedad a nombre de una entidad

Demasiadas personas establecen una SRL para sus activos inmobiliarios y creen que ya terminaron. Hay otro paso crucial.

Debes transferir el título de la propiedad de tu nombre al nombre de tu nueva SRL. Si la SRL existe sin aparecer como dueña en registros de la oficina del condado, no tienes protección. Alguien que demanda por la propiedad llevará su reclamación al dueño del registro. Sin una transferencia a la SRL sigues siendo el dueño. Ups.

Una vez que establezcas la SRL, asegúrate de presentar una escritura de concesión o garantía (no una escritura de renuncia) que transfiera la propiedad dentro de la SRL. Hay varios otros temas en relación con este proceso, los cuales se explican en mi libro *Loopholes of Real Estate* (*Lagunas legales de los bienes raíces*).

8. ¿Puedo establecer protección de activos después de ser demandado?

La respuesta corta es: no. No serás capaz de establecer protección de activos después de ser demandado.

La protección de activos es un privilegio, no un derecho. Antes de poder proteger tus activos con una SRL o corporación debes establecerla de manera oportuna. Si eres demandado en martes y estableces tu SRL en miércoles, no estás protegido. Un juez puede ignorar tu nueva SRL porque llegó tarde a la fiesta.

Hace algunos años una mujer de California se me acercó para preguntar cuánto costaban mis servicios de incorporación. Era dueña de varios dúplex y los había rentado a varios inquilinos. Sentía que el precio de la protección era demasiado alto (en parte porque el estado de California cobra 800 dólares al año por entidad). Decidió no establecer una SRL como protección entre ella y sus inquilinos.

Pocos meses después llamó a nuestra oficina. Había sido demandada por un inquilino que se resbaló en las escaleras. Me preguntó si había algo que pudiéramos hacer por ella. Desafortunadamente, no lo había.

Como no tenía su protección de activos lista, todos sus activos estaban en juego para el demandante y su abogado, incluyendo su hogar, cuentas bancarias y todos sus dúplex.

Lo peor de todo es que es una historia común. De hecho, 50% de los dueños de negocio a lo largo del país son personalmente responsables cuando los activos de sus negocios o inversiones reciben demandas, ya que no se han incorporado o no cumplen con las formalidades corporativas.

Por eso es tan importante establecer protecciones antes de empezar a crecer tu riqueza. Es igual de importante seguir las formalidades para continuar con esas protecciones.

Índice Kolbe de Garrett

FELICIDADES, GARRETT

Obtuviste una calificación perfecta en el Índice Kolbe A®

Eres excelente alternando rápido entre prioridades cambiantes. Se te conoce por asumir riesgos basado en realidades prácticas. No pierdes el tiempo con lo que siempre se ha hecho, pero moderas tu proceso de prueba y error usando opciones estratégicas.

Modos de acción Kolbe®

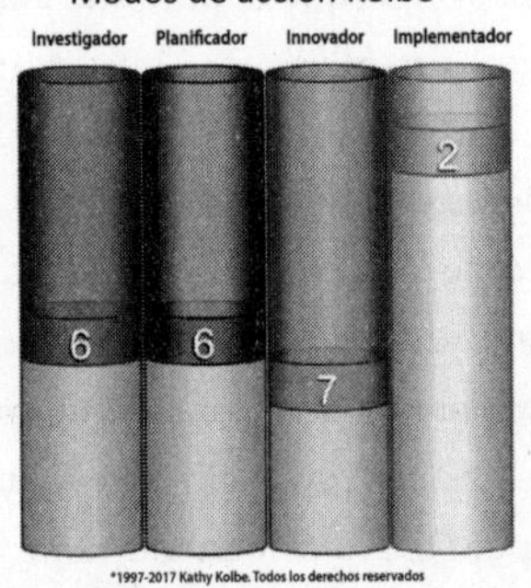

Reimpreso con permiso de Kolbe Corp.

Sistemas

SISTEMAS = TECNOLOGÍA DE LA INFORMACIÓN

de Shane Caniglia

Presidente de The Rich Dad Company y IT Wizard

El mercado de negocios actual adora al altar de la TI (tecnología de internet). Ha cambiado la forma en que el mundo hace negocio y brindado una gran cantidad de oportunidades a aquellos que aceptan su poder. Por otro lado, la evolución de la tecnología es constante, acelerada y demanda que seamos tanto vigilantes como proactivos. Hacer menos que eso hoy en día es suicidio empresarial.

En el mundo actual, los sistemas en el Triángulo D-I son tecnología de la información. La tecnología se ha convertido en el núcleo de las infraestructuras empresariales e impacta cada aspecto de un negocio, desde legal y flujo de efectivo a producto y comunicaciones. Especialmente comunicaciones. Implica grandes recompensas, así como algunos riesgos.

Usamos sistemas para dos cosas principales: comunicación y análisis. Tenemos sistemas para comunicación, tanto interna como externa. Como escribí en la sección de Equipo... los equipos no pueden tener exceso de comunicación. No puedo enfatizarlo lo suficiente. La comunicación es esencial y constante, tanto interna como externa. Usamos tecnología y sistemas para asegurarnos de que el equipo está enfocado en las ideas o productos. También usamos los sistemas para decirnos lo que funcionó —y no funcionó— en relación con nuestro mensaje y marketing. Hay herramientas que ayudan a nuestros equipos de marketing a aprender qué necesitan hacer para afinar o ajustar lo que comunican o cómo posicionar mensajes y productos. Ajustamos, evaluamos... luego lo intentamos de nuevo. Todo siempre se reduce a la comunicación (que, por cierto, es un componente en el Triángulo D-I: comunicaciones. ¡No es sorpresa!)

El Triángulo D-I en realidad es un sistema de sistemas interconectados. La función clave de los sistemas internos es apalancar la tecnología para pintar una historia de lo que sucede en el mercado y cómo usarlo para tu ventaja.

Hoy la tecnología impacta cada faceta de cada negocio, desde la presencia web a la contabilidad, recursos humanos y sistemas de negocio. Ha cambiado la forma en que abordamos las ventas y marketing, construimos y gestionamos bases de datos y cómo almacenamos y accedemos a información.

En el mundo actual, si no tienes una presencia web fuerte para tus clientes no serás tomado en serio. Esta presencia debe ser perfecta, sin importar qué dispositivo usa la persona —móvil, laptop o computadora de escritorio—. Lo mismo ocurre con los sistemas internos. Deben cumplir ese mismo nivel de expectativa con tus empleados para que se puedan enfocar en nuevas ideas y productos... no en si algo funciona o no. Es una bendición a medias, ya que los sistemas y procesos deben evolucionar de forma regular para mantenernos al día con el mundo empresarial en constante cambio.

Las oportunidades son increíbles y hay nuevas oportunidades que emergen todo el tiempo. Hoy ¡los emprendedores y negocios tienen acceso al mundo! Hace una década los negocios pequeños o nuevos se enfocaban en su área local. ¡Ya no! Usando herramientas gratuitas como Facebook, Twitter e Instagram podemos comunicarnos directamente con personas tal como quieren que nos comuniquemos con ellos.

Los negocios y las marcas tienen la habilidad de realizar pruebas y experimentar con sus comunicaciones. Podemos conocerlos, leer datos relacionados con lo que nos dicen que quieren y cómo quieren recibirlo.

Nuestra estrategia es escuchar hasta acertar. Es un ganar-ganar para la compañía y sus audiencias.

El cambio se ha convertido en la única constante a medida que la tecnología continúa evolucionando y se vuelve más sofisticada. Las redes sociales ahora dan una voz y un foro a todos para decir lo que quieran y como quieran decirlo. Debemos mantenernos al tanto de esto. Con un equipo interno fuerte que sea humilde y enfocado, será natural para ti mantenerte en sintonía con tus comunidades. Ellos lo notarán.

Hay cosas emocionantes en el horizonte. La automatización en ciertas industrias ya es una realidad. Si bien es cierto que afectará a algunos puestos de trabajo, creará otros. ¡Es la razón por la cual los equipos y los negocios nunca pueden dejar de aprender y crecer!

El futuro pertenece a aquellos que saben que la única constante es el cambio. Nuestra estrategia para anticiparnos a las innovaciones y herramientas del mañana es nombrar a miembros de nuestro equipo, de manera rotativa, para investigar nuevas tecnologías y cómo podríamos usarlas. ¡Lo hacemos… todo el tiempo!

Índice Kolbe de Shane

FELICIDADES, SHANE

Obtuviste una calificación perfecta en el Índice Kolbe A®

Tienes una extraña habilidad para pensar en estrategias únicas, priorizar oportunidades y lidiar con lo desconocido en problemas complejos. Prosperas cuando cuantificas una oportunidad y prospectas formas para mejorarla.

Reimpreso con permiso de Kolbe Corp.

Comunicaciones

Cómo las relaciones públicas y el marketing impulsan las ventas

de Mona Gambetta

Directora y Relacionista Pública de Plata Publishing

En la parte uno de este libro Robert escribió sobre la construcción de una marca. Un elemento clave de ese proceso es el reconocimiento de marca: hacer que tu producto o servicio sea *la marca* que viene a la mente cuando las personas necesitan algo, sea copiadoras, pañuelos, limpiador de vidrios o llantas.

Hay muchas formas de impulsar el valor y el reconocimiento de marca. Todas entran en la sección de comunicaciones del Triángulo D-I.

Enfoquémonos primero en las comunicaciones externas. El internet ha cambiado la forma en que las personas se comunican y ofrece una gran cantidad de oportunidades nuevas. También ha nivelado el campo de juego al ser una forma accesible de construir comunidad, compartir mensajes y mantenerse conectado. Los días en que necesitabas tener una agencia publicitaria fuerte y un presupuesto publicitario con muchos ceros son historia. Eso no significa que se haya hecho más fácil o que requiera menos enfoque o disciplina. Los vehículos han cambiado, y con ellos las reglas y parámetros de cómo nos comunicamos. Hoy se trata más sobre mensajes enfocados, crear valor y respetar el hecho de que sólo tienes minutos —si no segundos— para captar la atención de alguien. Es una tarea difícil.

Dicho todo esto —y más allá de enormes cambios en los sistemas de entrega— no mucho ha cambiado en términos de mensaje y publicidad empresarial. Los componentes de marketing aún incluyen las ventas, publicidad y relaciones públicas. Robert a menudo comparte lo que su padre rico decía sobre las ventas: Ventas = ingreso.

Según el padre rico de Robert, las ventas son la habilidad número 1 que un emprendedor necesita para ser exitoso. Todos en una organización deben vender, interna o externamente. Si no lo hacen, es poco probable que el negocio tenga éxito. Significa que la compañía necesitará toneladas de dinero en publicidad... cuando enfocarse en ventas podría ser más eficiente y ofrecer mejor retorno sobre inversión.

La publicidad puede volverse cara. Ya sea un anuncio en Google o en el *Wall Street Journal*, pone valiosos dólares en riesgo sin garantía de éxito o ventas. Ahí es donde las relaciones públicas, el acercamiento que impulsa a la publicidad, entra en juego.

Tanto la publicidad como las relaciones públicas requieren una inversión en definir tus mercados meta y diseñar mensajes que resuenen con esas audiencias, pero los diferenciales de costo pueden ser significativos. En muchos casos, las relaciones públicas pueden tener más costos blandos que costos duros... y con las empresas nuevas, los dueños suelen tener más tiempo que dinero. Generar publicidad toma tiempo y esfuerzo consistente, pero el retorno sobre esas inversiones puede ser enorme.

Si te das tiempo para investigar y detectar los medios de comunicación más fértiles para tus mensajes, tú y tus publicistas pueden convertirse en proveedores de servicios —una fuente confiable de información que sirve a las audiencias y les brinda valor real—. Hoy hay más medios de información que nunca antes... programación 24/7, canales de redes sociales, contenido en sitios web, podcasts y blogs además de medios tradicionales como imprenta, radio y televisión. Todos necesitan contenido de calidad para mantener a sus audiencias involucradas y activas... y los expertos que son grandes comunicadores y tienen mensajes fuertes están en alta demanda.

Como Robert escribió en su sección sobre desarrollo de marcas, The Rich Dad Company ha gastado poco a nada en publicidad durante las últimas dos décadas. Podrías preguntarte: *¿Cómo puede ser? ¿Cómo creció la marca hasta ser la potencia mundial que es hoy?*

Probablemente lo adivinaste: comunicaciones. En el mundo de la comunicación hay tres medios principales para promover y vender tus productos o servicios. Los mencioné antes: relaciones públicas, publicidad y ventas.

A lo largo de los años The Rich Dad Company ha dedicado mucho tiempo (pero relativamente poco dinero) en relaciones públicas. Comenzó en 1997 cuando *Padre Rico, Padre Pobre* fue publicado. Robert y Kim usaron un servicio que programaba apariciones de autores en shows de radio por todo el país. Cada semana Robert hablaba por teléfono con locutores de radio y contaba la historia de *Padre Rico, Padre Pobre.* Él no *vendía*... contaba su historia. Era un gran invitado; elocuente y animado, contando una historia que resonaba con audiencias en todo el mundo. Al contar su historia logró que la gente quisiera *comprar* el libro.

Inevitablemente, al final de cada entrevista el presentador del programa preguntaba: "¿Dónde puede encontrar tu libro nuestro público?" La respuesta de Robert siempre era la misma: "En librerías de todo el mundo".

La gente iba a las librerías y preguntaba por *Padre Rico, Padre Pobre. Querían comprarlo.* Las librerías no necesitaban "vender" el libro porque dejamos que la publicidad impulsara las ventas.

Aquellas ventas —el resultado directo de acercamiento en relaciones públicas y entrevistas— impulsaron a *Padre Rico, Padre Pobre* a la lista de bestsellers de *The New York Times.* Captó la atención de Oprah Winfrey en el año 2000; tras una hora como invitados en *Oprah!*, Robert y Kim entendieron el Efecto Oprah. Cuando el mundo conoció a Robert Kiyosaki y los mensajes de padre rico, la energía que Robert y Oprah compartieron —dos grandes personalidades, ambas apasionadas por la educación— catapultaron tanto a Robert como a su libro al escenario mundial. Convirtió a padre rico en palabra de uso común y en marca de clase mundial, además de permitir que Robert y Kim fueran férreos defensores de la educación financiera.

¿Por qué era más poderosa una entrevista de 10 minutos en radio que un anuncio de 1 000 dólares y 60 segundos en radio? Porque Robert no vendía. Usaba la publicidad para llevar a compradores a las librerías. Su objetivo era entrar a los corazones y mentes de su público contando la historia de su padre rico y su padre pobre, así como la lucha de un joven con dos puntos de vista contrarios sobre el dinero. El público llegó a entender por qué escribió el libro... y por qué la educación financiera era tan importante.

Hay otra ventaja de la publicidad —el acercamiento en relaciones públicas y cobertura de medios— que suele pasarse por alto. Es lo que puede llamarse "patrocinio de terceros". Si un reportero elige entrevistar y citar a Robert en un artículo sobre finanzas personales —o sobre lo absurdo que es ahorrar dinero hoy, cómo usar deuda responsablemente o cómo ser más inteligente con tu dinero— él o ella comunica que Robert es una autoridad, una voz importante en el campo de las finanzas personales que amerita nuestra atención. Lo mismo es cierto cuando forma parte de un panel en Fox News, CNN o MarketWatch con otros expertos reconocidos y respetados. Afirma algo sobre él, su mensaje y su credibilidad, algo que el dinero no siempre puede comprar. Ése es el poder de las relaciones públicas.

Los canales de redes sociales y el éxito de compañías como Facebook, Twitter e Instagram han tenido un enorme impacto en cómo se comunica actualmente el mundo... y ha demostrado la importancia y el valor de las comunicaciones. Las redes sociales han hecho a la comunicación rápida, eficiente... y mucho menos costosa.

Igual de importantes, y críticas para la sección de comunicaciones en el Triángulo D-I de un negocio, son las comunicaciones internas. Merecen la misma atención y consistencia que las externas. Para hacer eco a las palabras de Shane: *no existe* el exceso de comunicación. Internamente nos comunicamos con miembros del equipo, administración, dueños de compañías y accionistas, así como con socios estratégicos, vendedores y afiliados. Los emprendedores exitosos son testigos de que las comunicaciones internas claras, concisas y respetuosas construyen equipos, marcas y negocios fuertes. Las comunicaciones internas fuertes pueden hacer toda la diferencia en el éxito de una nueva campaña o lanzamiento de producto... o algo tan mundano (pero importante) como una actualización al plan de salud de la compañía. En el mundo acelerado de hoy —con periodos de atención más cortos y menos paciencia para descifrar mensajes— necesitamos comunicarnos en frases cortas e ir al grano. Las estrategias para la construcción de relaciones y marcas pueden sumarse en capas, cuando es apropiado, una vez que se establece una conexión fuerte... interna o externamente.

A lo largo de los años Robert ha hecho miles de entrevistas y contribuido a cientos de artículos en decenas de medios de comunicación en todo el mundo. Ha aparecido en las portadas de tantas revistas que he perdido la cuenta. La emoción alrededor de Rich Dad y *Padre Rico, Padre Pobre* —que hoy ocupa el lugar 1 como el libro de finanzas personales más vendido de todos los tiempos— continúa y está influyendo en las nuevas generaciones. Los medios de comunicación pueden ser un poco diferentes —mensajes de correo electrónico o publicaciones en Facebook en lugar de entrevistas impresas en el *Chicago Tribune*— pero el poder de las comunicaciones, así como los mensajes de *Padre Rico, Padre Pobre*, resisten la prueba del tiempo. Es un componente crítico del Triángulo D-I en todo negocio.

Índice Kolbe de Mona

FELICIDADES, MONA

Obtuviste una calificación perfecta en el Índice Kolbe A®

Eres fantástica para hacer comparaciones, documentar información y definir prioridades. Se puede contar en ti para investigar detalles históricos, convertirte en experta en áreas de especial interés y tomar decisiones estratégicas.

Reimpreso con permiso de Kolbe Corp.

Reimpreso con permiso de Kolbe Corp.

Flujo de efectivo

VENTAS = RESULTADO INICIAL...
FLUJO DE EFECTIVO = RESULTADO FINAL

de Tom Wheelwright, CPA

Una vez que tengas tu liderazgo, equipo y misión en su lugar y operando en unísono, es hora de pasar al flujo de efectivo. El flujo de efectivo es la línea de vida de cualquier negocio. Sin él, el negocio falla. Con él, el negocio y los dueños del negocio prosperan. Entonces, ¿de dónde viene el flujo de efectivo y cuál es la mejor forma de asegurarse de que el flujo de efectivo continúe aumentando y siempre esté disponible para las necesidades de los negocios y sus dueños?

El flujo de efectivo proviene de múltiples fuentes y puede atribuirse a tres categorías amplias. Estas categorías constituyen lo más importante del estado financiero de la compañía, el estado de flujo de efectivo. El estado de flujo de efectivo explica de dónde provino el flujo de efectivo en un determinado periodo (mensual o anual) y a dónde se fue.

Primero, el flujo de efectivo puede venir de las operaciones. Ésta es la mejor forma de generar flujo de efectivo. Empieza con las ventas (ve comunicaciones en el Triángulo D-I). Las ventas crean ingreso. El ingreso puede estar en forma de efectivo o en forma de cuentas por cobrar. Si vendes tu producto a un cliente y otorgas a ese cliente cierto número de días o meses para pagar, tienes una cuenta por cobrar de ese cliente. Las cuentas por cobrar no se convierten en efectivo hasta que se cobran. Un desafío para muchos dueños de negocio es cuando tienen ingreso positivo en su estado de resultados (balance de pérdidas y ganancias) y no tienen la misma cantidad de efectivo entrando al negocio. Esto probablemente es porque sus cuentas por cobrar aumentan, así que hay mucho ingreso y nada de efectivo.

Por supuesto, las ventas son sólo el inicio del flujo de efectivo por operaciones. Una vez que entra el efectivo, suele ser consumido por los gastos. Aquí es donde el dueño de negocio inteligente presta mucha atención. El empresario exitoso pone tanta atención en los gastos como en los ingresos. Veamos un ejemplo sencillo. Supongamos que tu balance de ganancias y pérdidas se ve así:

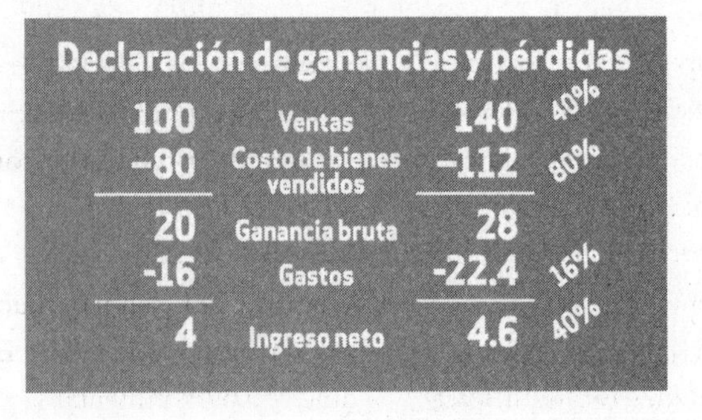

Declaración de ganancias y pérdidas

100	Ventas	140	40%
–80	Costo de bienes vendidos	–112	80%
20	Ganancia bruta	28	
-16	Gastos	-22.4	16%
4	Ingreso neto	4.6	40%

Decides que te gustaría aumentar tu ganancia neta en un 40%. Una opción, por supuesto, es aumentar tus ventas en un 40%. Esto se vería así:

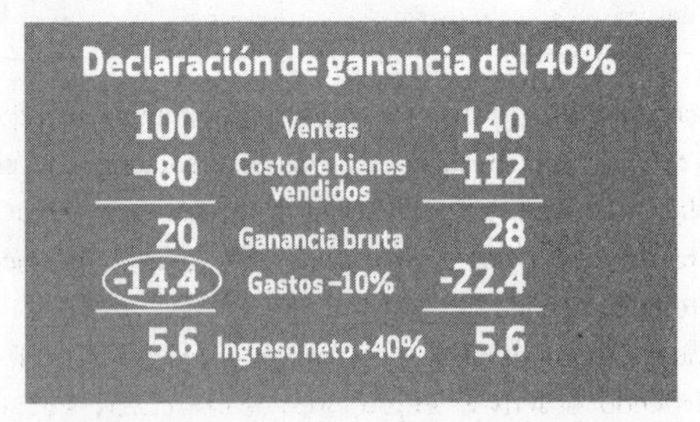

Declaración de ganancia del 40%

100	Ventas	140
–80	Costo de bienes vendidos	–112
20	Ganancia bruta	28
-14.4	Gastos –10%	-22.4
5.6	Ingreso neto +40%	5.6

Otra opción es reducir tus gastos. En este ejemplo sólo tendrías que reducir tus gastos un 10% para aumentar tu ganancia neta un 40%. Se ve así:

Declaración de ganancia del 40%

100	Ventas	140
−80	Costo de bienes vendidos	−112
20	Ganancia bruta	28
-14.4	Gastos	-22.4
5.6	Ingreso neto	5.6

Entonces, ¿qué es más fácil: aumentar tus ventas un 40% o reducir tus gastos un 10%? Por supuesto, reducir gastos un 10% siempre es más fácil. La forma de hacer esto es examinar cada gasto con la pregunta: ¿Este gasto aumentará mi ingreso? El propósito de cualquier gasto debería ser aumentar el ingreso. Cualquier gasto que no aumenta el ingreso debería ser eliminado. Por ejemplo, muchas compañías ahora brindan comida y bebidas a sus empleados. Esto puede ser un gasto significativo. Si funciona para aumentar la productividad del empleado y —como resultado— aumentar el ingreso, entonces es una buena forma de gastar dinero. Si sólo hace engordar a los empleados y no tiene impacto en la productividad, entonces deshazte de ese gasto y busca otra forma de aumentar su productividad.

Todo gasto debe analizarse de esta forma. Empieza viendo tu estado de resultados de los últimos 12 meses. Siéntate con tu contador público certificado y examina cada categoría de gastos. ¿Qué gastos te dan dinero y qué gastos pueden eliminarse con poco o nulo efecto en el negocio?

El siguiente lugar donde puedes ganar o gastar flujo de efectivo es invirtiendo en activos. El propósito de los activos es generar flujo de efectivo. Puedes tener mucho efectivo entrando pero que se gasta en mobiliario, equipo y otros activos, por lo que al final de cuentas terminas sin flujo de efectivo. No hay problema, siempre y cuando lo administres correctamente.

Igual que hiciste con los gastos, revisa con cuidado cada activo en tu balance. Tu balance incluye tus activos (lo que posees) y tus pasivos (lo que debes) así como lo que sobra para los dueños (capital contable). Si un activo no produce ingreso, deshazte de él. Véndelo o dónalo a una causa noble (si lo donas, por lo menos recibirás algo de flujo de efectivo en forma de deducción).

Si un activo no produce ingreso, ya no es un activo. Sólo está sentado en tu balance sin hacer nada. Llamamos a esto un *activo no utilizado o subutilizado*. Estos activos deben irse. No importa si vender el activo resulta en una pérdida. Es un recurso que no produce ingreso y debe convertirse en un activo que produzca ingreso.

Primero decide cuál es un retorno sobre inversión (RSI) aceptable para tus activos. Cualquier activo que no cumpla con este RSI debe ser retado. ¿Hay alguna forma de mejorar el RSI del activo? De ser así, toma las acciones requeridas para mejorar el RSI. Si no, deshazte del activo. En mi firma contable tuvimos varios clientes hace algunos años que no nos generaban mucho ingreso. Vendimos a los clientes a otra firma contable. Eso liberó a nuestro equipo para que se enfocara en clientes más fuertes.

La última forma de aumentar flujo de efectivo es con financiamiento. Esto incluye financiamiento por acciones de inversionistas, así como financiamiento de bancos. Puedes tener mucho ingreso en tu declaración de ganancias y pérdidas y preguntarte por qué no tienes efectivo. La razón sería que usas ese dinero para pagar deuda. Es decir, tu patrimonio neto crece a expensas de tu flujo de efectivo. Esto no es necesariamente malo.

Tal como hiciste con los gastos y activos, regularmente debes revisar tus pasivos (*pasivos* son el término contable y bancario para la deuda) y cuestionar si hacen su trabajo. El propósito de todo pasivo es crear un activo. Si tienes pasivos que no producen activos, estos pasivos son deuda mala. Los pasivos que producen activos (que a su vez producen flujo de efectivo) son deuda buena.

Los dueños de negocios que prestan atención a su flujo de efectivo y siguen estos principios básicos rara vez se meten en problemas. Acostumbran ver sus declaraciones de flujo de efectivo y examinar sus gastos, activos y pasivos para asegurarse de que sus gastos produzcan ingreso, sus activos produzcan flujo de efectivo y sus pasivos produzcan activos.

Una última área que es crucial para el flujo de efectivo son los impuestos. A excepción del costo de bienes vendidos (el costo de producir lo que vendes) y la mano de obra (tus empleados y contratistas), los impuestos serán tu gasto más grande. Por fortuna, la ley fiscal en todos los países está diseñada para beneficiar a los dueños de negocios.

El gobierno también quiere asegurarse de que tus gastos produzcan ingreso. De hecho, ésa es una las pruebas para evaluar si un costo es deducible como gasto empresarial. ¿El gasto es necesario para tu compañía? ¿El gasto aumenta tu ingreso o tu cuota de mercado? De ser así, y si documentas apropiadamente ese gasto, el gobierno te permitirá deducirlo contra tu ingreso. Recuerda que pagas impuestos sobre tu ingreso neto, así que cualquier gasto que deduzcas reduce la cantidad de impuestos a pagar.

La forma en que está legalmente constituida tu compañía también tendrá un gran impacto en tus impuestos. Este registro se llama tu *entidad*. Garrett habla de esto en la sección legal del Triángulo D-I. La entidad que uses —sea una entidad de sociedad, entidad corporativa o entidad de responsabilidad limitada— tendrá un gran impacto en cómo se te grava. El gobierno te recompensará con impuestos más bajos si estás configurado correctamente. En los Estados Unidos, esto significa que probablemente quieres una Corporación S o S Corp para una empresa en operación o una sociedad limitada fiscalizada como sociedad para una compañía de inversión (tal como la renta de bienes inmuebles).

Claro, la parte más importante de reducir tus impuestos y administrar tu flujo de efectivo serán los miembros de tu equipo. Tu equipo de flujo de efectivo debería incluir a un contador público certificado o su equivalente (un "contador acreditado" en muchos países equivale a un CPA o contador público certificado en Estados Unidos y Canadá). Tu contador puede ayudarte con tus estados financieros y tus declaraciones de impuestos, además de ser una parte integral de tu equipo de flujo de efectivo. Para más sobre cómo encontrar un buen contador público certificado y asesor fiscal, te invito a leer el capítulo 23 de mi libro *Riqueza libre de impuestos* en la parte dos de este libro.

Índice Kolbe de Tom

FELICIDADES, TOM

Obtuviste una calificación perfecta en el Índice Kolbe A®

Tienes la capacidad única de enfrentar desafíos orientados al futuro. Lideras el camino hacia posibilidades visionarias y creas lo que otros decían que no podía crearse. Dices "sí" antes de siquiera saber el final de la pregunta... después lo conviertes en una aventura productiva.

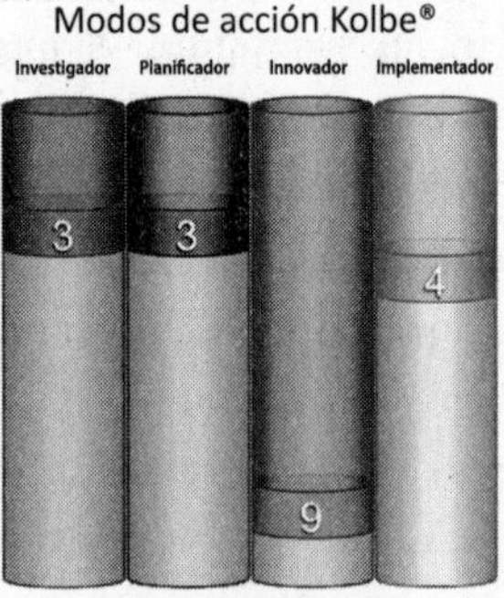

Reimpreso con permiso de Kolbe Corp.

En conclusión
ROBERT KIYOSAKI

Este libro fue un trabajo de equipo. Me recuerda, una vez más, la riqueza de talento y experiencia en el equipo que Kim y yo hemos reunido. Espero que te inspire a buscar y encontrar el talento que necesitas para construir un equipo empresarial de clase mundial.

Empieza hoy a construir tu equipo. Crea tu código de honor y exíjanse estándares altos mutuamente. Esto te ayudará a atraer clientes, socios, mentores y asesores de calidad que pueden ser la diferencia entre un negocio que sufre y uno que prospera.

Aprovecha el poder y las lecciones del Triángulo D-I. Úsalo como tu guía para crear y apoyar las 8 integridades fuertes de tu negocio... integridades que resistirán todas las pruebas que enfrentan los negocios.

Estoy orgulloso de tener esta oportunidad de compartir a mi equipo contigo. Sé que las lecciones e historias que han compartido te ayudarán a evitar algunos de los errores que cometí al inicio de mi carrera empresarial. Estarás de acuerdo en que son grandes activos... y más importantes incluso que el dinero.

Nuestra idea final para ti es una pregunta: ¿Quién está en tu equipo?

La misión de Kolbe Corp es ayudar a las personas a tener éxito al tener la libertad de ser ellos mismos. Esto comienza con el Índice Kolbe A®, una evaluación que mide lo que ninguna otra evaluación: tus fortalezas conativas. La conación involucra una tercera parte de la mente que no se menciona mucho. En términos simples, es la parte de la mente que dicta lo que realmente HARÁS O NO HARÁS cuando resuelvas problemas. Piensa en esto como tus instintos.

Al entender estos instintos, cómo resolver problemas según tu naturaleza o qué situaciones te causan estrés, es más fácil tener éxito en los negocios y en tu vida personal.

Kolbe ayuda a las empresas a colocar a las personas correctas en los puestos correctos, reducir el estrés laboral y a que los equipos trabajen mejor juntos... todo identificando las fortalezas naturales. Una vez que entiendas tus instintos y los que impulsan tus relaciones con un amigo, socio o pareja, podrás discutir tus diferencias con mayor facilidad, reír sobre ellas y desarrollar técnicas para lidiar con ellas.

Lo mismo aplica con tus hijos para ayudarlos a aprovechar sus fuerzas instintivas.

Empieza realizando el Índice Kolbe A en Kolbe.com.

El Triángulo D-I de Rich Dad

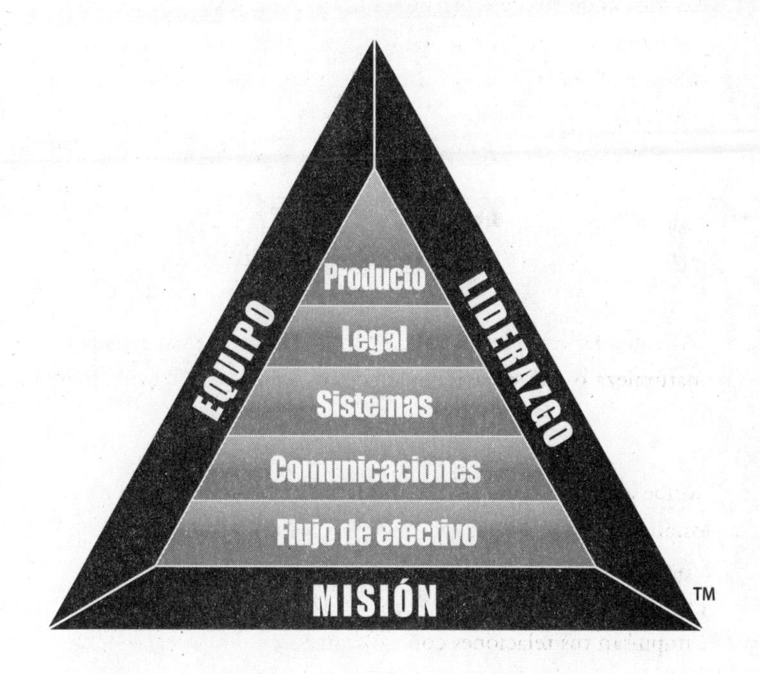